ANDREW FARLEY
TIM CHALAS

DEIN MAKELLOSES HERZ

Gottes Einladung,
aus dem Geist zu leben

Aus dem Amerikanischen von
Thilo Niepel

Die Deutsche Nationalbibliothek verzeichnet diese Publikation in der Deutschen Nationalbibliografie; detaillierte bibliografische Daten sind im Internet über https://dnb.de abrufbar.

Bibelzitate, sofern nicht anders angegeben, wurden der Schlachter Bibelübersetzung entnommen. Bibeltext der Schlachter, © 2000 Genfer Bibelgesellschaft. Alle Rechte vorbehalten. Alle Bibelübersetzungen wurden mit freundlicher Genehmigung der Verlage verwendet. Hervorhebungen einzelner Wörter oder Passagen innerhalb von Bibelzitaten wurden vom Autor vorgenommen.

ELB *Revidierte Elberfelder Bibel*, © 2006 SCM R.Brockhaus, Witten.
EÜ *Einheitsübersetzung der Heiligen Schrift*, © 2016 Kath. Bibelanstalt GmbH, Stuttgart.
HFA *Hoffnung für alle*, © by Biblica, Inc.®, hrsg. von Fontis.
LUT *Lutherbibel*, © 2016 Deutsche Bibelgesellschaft Stuttgart.
NASB *New American Standard Bible*, © 1995 by the Lockman Foundation.
NIV *New International Version*, © 2011 International Bible Society.
NLB *Neues Leben Bibel*, © 2017 SCM R.Brockhaus, Witten.
NLT *New Living Translation*, © 2007 by Tyndale House Foundation.
ZÜB *Züricher Bibel*, © 2007 Verlag der Züricher Bibel beim Theologischen Verlag Zürich.

Umschlaggestaltung: John Caruso
Corporate Design: spoon design, Olaf Johannson
Lektorat: Gabriele Kohlmann
Satz: Grace today Verlag
Druck: CPI Clausen & Bosse, Leck
Printed in Germany

1. Auflage 2022

Paperback: ISBN 978-3-95933-248-4, Bestellnummer 372248
E-Book: ISBN 978-3-95933-249-1, Bestellnummer 372249

www.gracetoday.de

STIMMEN ZU DIESEM BUCH

»Ich weiß jetzt, wie aufregend es ist, aus meinem neuen Herzen zu leben. Alles in diesem neuen Leben entspringt dem Wissen um das eigene ›makellose Herz‹ und dem Vertrauen auf Jesus im Inneren. In diesem fesselnden Buch laden Andrew Farley und Tim Chalas dich ein, Gottes perfekte (und korrekte!) Sicht auf dich zu feiern. Du wirst entdecken, wie du authentisch in Gottes Gnade leben und dich von dem neuen, wunderschönen Herzen, das er dir geschenkt hat, großzügig inspirieren lassen kannst.«
— BART MILLARD, Sänger/Songschreiber von *MercyMe*

»Wir sind durch den Glauben mehr als gerechtfertigt. Wer an Jesus glaubt, wird durch Gottes Gnade regeneriert, wiedergeboren, umgestaltet und erneuert. Es ist höchste Zeit, dass wir unser Geburtsrecht einfordern. Ich bin Andrew Farley und Tim Chalas so dankbar dafür, dass sie uns die ursprüngliche, überwältigende, herzverändernde und beziehungswiederherstellende Kraft des Evangeliums zurückbringen!«
— BRUXY CAVEY, Hauptpastor des *Meeting House* und Bestsellerautor von *The End of Religion*

»Eine moralistische Religion brüllt einem ständig zu: ›Du bist und bleibst schlecht, aber wenn du Gott liebst, kannst du wenigstens richtig handeln.‹ Wenn wir uns auf dieses System einlassen, werden wir uns verstecken und weniger authentisch leben als vor unserem Glauben an Jesus! In *Dein makelloses Herz* präsentieren Andrew Farley und Tim Chalas meisterhaft eine lebensspendende Botschaft von erstaunlicher Hoffnung: Christus wohnt in dir, und du bist genau zur richtigen Zeit da. Du brauchst nicht zu bluffen. Er liebt dich und offenbart dir dein makelloses Herz auf seine perfekte Weise.«
— JOHN LYNCH, bekannter Redner und Autor von *Das Heilmittel*

»Ich lese eine Menge Bücher … ein Mal. Es kommt selten vor, dass ich ein Buch lese und denke: ›Das muss ich noch mal lesen.‹ Andrew Farley und Tim Chalas haben uns ein Buch geschenkt, das jeder Christ mindestens einmal im Jahr lesen sollte. Denn nur allzu leicht geraten die biblischen Wahrheiten, die uns die beiden in *Dein makelloses Herz* so schön beschrieben haben, wieder in Vergessenheit. Ich bin ein alter Mann, der gerade begonnen hat, sein Leben auf andere und aufregende Weise zu betrachten. Dieses Buch ist ein Gamechanger! Lies es und du wirst aufstehen und Andrew und Tim gesegnet nennen.«

— STEVE BROWN, Radiomoderator, Seminarprofessor, Autor sowie Gründer und Präsident von *Key Life Network*

Inhalt

Einleitung

Du beginnst deine Beziehung zu Gott und alles scheint wunderbar zu sein. Aber irgendwann – einen Monat, ein Jahr oder ein Jahrzehnt später – ist der Zauber verflogen. Die Freude, die dich anfangs beflügelt hat, lässt nach. Frustration macht sich breit. Die Begeisterung schwindet. Bei einem besonders bewegenden Gottesdienst, einer Einkehr oder einem Moment allein mit Gott in der Natur findest du sie kurzzeitig wieder. Aber es hält nie an. Am Ende fragst du dich: *Was ist passiert? Wo ist alles geblieben? Ist das schon alles, was es gibt?*

Schon bald kommst du zu dem Schluss, dass du eine Wunschliste hast, die diesseits des Himmels wohl nicht erfüllt werden kann. Du sehnst dich nach Beziehung, Beständigkeit, Nähe. Aber je mehr du dir das wünschst, desto weiter entfernt scheint es zu sein. Was steht auf deiner Wunschliste?

__ Ich wünschte, mein ganzes Herz gehörte Gott.
__ Ich wünschte, ich sähe innerlich mehr wie Jesus aus.
__ Ich wünschte, ich wäre Gott näher.
__ Ich wünschte, ich würde nicht so oft sündigen wollen.
__ Ich wünschte, ich wäre abhängiger von Gott.
__ Ich wünschte, ich könnte Gott mehr lieben.

Hast du einen dieser Wünsche angekreuzt? Zwei? Vielleicht die meisten dieser Wünsche? Oder sogar alle?

Keine Sorge – du bist nicht der Einzige. Irgendwann sehnt sich jeder von uns nach diesen Dingen und strebt danach, sie zu bekommen. Doch hier ist die unglaubliche Neuigkeit: *Dank Jesus hast du sie bereits.* Ja, jeder einzelne dieser Wünsche *wurde* bereits erfüllt.

»Wie kann das sein«, fragst du vielleicht, »wenn ich nichts davon spüre?«

Wir verstehen dich. Auch wir spüren das Auf und Ab des täglichen Lebens auf diesem Planeten. Wie du, so hören auch wir, dass ein großer Teil der religiösen Welt das Gegenteil behauptet: *Du musst diesen Dingen alle Tage deines Lebens nachjagen – auch wenn du scheinbar keine Fortschritte machst.*

Aber was ist, wenn deine Gefühle – die oft von den Meinungen anderer geprägt werden – in diesem Fall falsch sind? Wäre es nicht gut, das zu wissen? Auf unserem gemeinsamen Weg durch dieses Buch wirst du einige mächtige, wenngleich auch kontraintuitive Wahrheiten entdecken. Du wirst erfahren, dass unabhängig davon, was du fühlst, diese Wahrheiten zu 100 Prozent auf dich zutreffen:

- Ihm gehört dein ganzes Herz.
- Innerlich bist du so rein, so gerecht und so heilig wie Jesus.
- Du bist Gott so nahe wie Jesus es ist – jetzt und für immer.
- Eigentlich willst du nicht sündigen, aber es gibt einen verblüffenden Grund, warum du es trotzdem tust.
- Du bist naturgemäß von Gott abhängig. Tatsächlich ist das deine neue Voreinstellung.
- Du trägst eine unsterbliche Liebe zu Gott in dir. Mehr Liebe zu ihm brauchst du nicht.

Die kontraintuitive Wahrheit

Einiges davon mag im Moment schwer zu glauben sein. Diese Wahrheiten stehen vielleicht im Widerspruch zu dem, was du gelernt hast. Sie widersprechen vielleicht einigen der Bücher, die du gelesen hast, und den Botschaften, die du gehört hast. Sie mögen sogar im Widerspruch zu deinen eigenen Lebenserfahrungen stehen – deinen Gefühlen und deinem Versagen. Aber wie du in diesem Buch entdecken wirst, sind es tatsächlich Wahrheiten über dich. Und diese Wahrheiten sind absolut entscheidend für ein wirklich erfülltes Leben in Jesus.

Wenn du dein Verständnis dieser radikalen Wahrheiten vertiefst, wird sich dein Umgang mit dem Leben dadurch verändern.

Nein, dieses Buch wird deine Lebenssituation nicht plötzlich in Ordnung bringen. Es macht keine falschen Versprechungen von Gesundheit oder Wohlstand oder garantiertem Erfolg bei deinen Unternehmungen. Das war nicht die Erfahrung der frühen Kirche, und das ist auch nicht unsere heutige.

Was dir mit diesem Buch aber ganz sicher vermittelt wird, ist eine Offenbarung darüber, wie man trotz seiner Umstände eine auf Gott ausgerichtete Zufriedenheit genießen kann. Wenn du dich entscheidest, das hier Geschriebene zu glauben und danach zu handeln, wirst du die nie endende, tiefreichende Gewissheit erlangen, dass du in Ordnung bist, ganz gleich, was passiert. Hier geht es nicht um Okaysein in der Zukunft oder Okaysein im Himmel. Auch nicht um Okaysein nach einem langwierigen Heiligungsprozess oder einer heldenhaften Anstrengung deinerseits.

Nein, hier ist die Rede davon, dass du *dein makelloses Herz*, deine vollkommene Identität kennenlernst – wer du hier und jetzt bist, ohne jegliche Selbstverbesserung. Dieses Buch bringt dich auf den Weg der Erkenntnis dessen, wer du wirklich bist, und gibt dir die nötigen Mittel, um dich selbst und Gott auf ganz neue Weise sehen zu können. Du wirst ein neues Bewusstsein für deine tiefsten Leidenschaften und Sehnsüchte bekommen. Du wirst besser verstehen, was Gott für dich *und mit dir* gemacht hat, als du zum Glauben an Jesus kamst. Und du wirst lernen, dich in einer neuen und praktischen Weise auf andere Menschen einzulassen, wenn du Gottes Einladung annimmst, aus deinem Herzen zu leben.

Sieh dieses Buch als eine Einführung in deine neue geistliche Identität und darin, wie du mit Gott eine Beziehung haben kannst, wie er sie immer beabsichtigt hat. Und jetzt kommt das Beste: Es handelt sich um eine durch und durch gute Nachricht. Es gibt kein Haar in der Suppe, keinen Wurm im Apfel. Es steckt kein geheimer Plan dahinter, mit dem du dazu gebracht werden sollst, für Gott »mehr zu tun« oder »mehr zu sein«. Ganz im Gegenteil! Du sollst einfach erkennen, wie neu und vollkommen schön Gott dich bereits gemacht *hat.*

TEIL 1

Auf der Suche nach Vollkommenheit

1

Wenn wir uns die populären christlichen Botschaften heutzutage ansehen, erkennen wir einige Hauptaussagen:

- Du musst mit Gott »mehr Zeit verbringen«.
- Du musst ihn mehr anbeten.
- Du musst deine Liebe zu Gott unter Beweis stellen.
- Du musst dein Leben entschleunigen, um geistlicher zu werden.
- Du musst dich von allen Ablenkungen befreien.
- Du brauchst bestimmte Strategien und Schritte, um besser zu leben.
- Du musst fasten.
- Du musst meditieren.
- Du musst hungern und dürsten nach mehr von Gott.

Diese Botschaften, die bei uns ankommen und sich um »mehr tun« und »mehr sein« drehen, prägen die gängigsten Spielarten des heutigen Christentums. Und sie lösen eine Lawine von Unsicherheiten, Scham und Schuldgefühlen aus. Die Liste der unrealistischen religiösen Normen, an denen wir uns messen, wird mit der Zeit immer länger. Und schon bald werden wir von ihnen als Geiseln genommen.

Die Botschaft, die du letztendlich aufnimmst, lautet: *Ich bin nicht genug.* Das Leitbild des »starken Christen« wird einem fast jeden Sonntag verbal vorgezeichnet. Es ist ein Christ, der genug tut, der genug gibt und der genug ist. Das ist das Bild, nach dem man strebt. Aber am Ende ist man erschöpft und frustriert, vielleicht sogar am Rande des Burnouts. Und warum? Weil du immer versuchst, mehr zu tun, und es für Gott anscheinend *nie genug ist.*

Dann halten wir unsere Gottesdienste ab und flehen den Heiligen Geist um sein Erscheinen an: »Komm herab an diesen Ort. Erfrische uns. Sei hier bei uns, Herr.« Schleichend entsteht in uns die Überzeugung, dass Gott ohne sorgfältig ausgearbeitete musikalische Darbietungen, spektakuläre Lichtshows und eindringliche Bitten nicht auf der Bildfläche erscheinen wird. Wir machen auf diese Weise weiter, obwohl Jesus selbst gesagt hat, dass wir, wenn wir ihn einmal gefunden hätten, nie wieder nach mehr von ihm dürsten würden. *Nur selten hören wir von dem Konzept des Zufriedenseins mit dem, was wir in Jesus bereits haben.*

Man sagt dir immer wieder, dass du die Nähe zu Gott suchen und erreichen müssest. Es heißt, du musst dich mehr anstrengen, früher aufstehen, dich auf geistliche Disziplinen konzentrieren, tun, was auch immer nötig ist. Denn wenn du alles gibst, wird sich das in Form von Nähe auszahlen, richtig?

All das ist sehr anstrengend für deinen Organismus. Du kommst mit der Hektik nicht zurecht. Du kannst dein Leben als Christ nicht auf diese Weise führen. Und dazu warst du auch nie bestimmt! Denn es bringt dich in eine Lage, in der du dich *verausgabst*, anstatt zu *vertrauen.*

Als Folge dieser weit verbreiteten Botschaft wissen wir wenig darüber, wie wir aus Gottes Liebe und Leben in uns schöpfen und leben können. Wir geraten immer wieder in den Krisenmodus. Wir sind völlig überlastet.

Anstatt uns vom Evangelium Schwung verleihen zu lassen – das lebensspendend und befreiend sein soll, ja sogar »einfach und leicht«, wie Jesus versprach –, finden wir uns in endlosen, beschwerlichen Bemühungen wieder, das Leben zu meistern. Zu all dem bleibt nur eines zu sagen: *So muss es nicht sein.*

Die Botschaften dieses Buches

Dies ist kein Selbsthilfebuch. Du sollst darin nicht lernen, dich selbst zu perfektionieren. Es fordert dich nicht auf, mehr zu tun oder besser zu sein, die schlechten Charakterzüge loszuwerden und an den guten zu arbeiten. Nein, in diesem Buch geht es für dich um die Entdeckung dessen, wer du bereits bist – und vielleicht erlebst du dabei eine Überraschung.

Hier wird nicht die gleiche »Streng dich mehr an«-Botschaft nachgeplappert, die du schon fast dein ganzes Leben lang hörst. Dieses Buch enthält eine andere Botschaft.

Religion sagt: »Du brauchst mehr.« Gott sagt: »Ich habe dir alles gegeben, was du brauchst« (2Petr 1,3). Religion sagt: »Du musst Gott gehorchen«. Gott sagt: »Dein Herz will mir gehorchen« (Röm 6,17). Religion sagt: »Du musst Gott mehr lieben.« Gott sagt: »Du trägst unsterbliche Liebe zu mir in dir« (Eph 6,24). Religion sagt: »Streng dich mehr an, dich Gott hinzugeben!« Gott sagt: »Du bist teuer erkauft worden. Du gehörst in jeder Hinsicht zu mir. Du bist mein wertvollster Besitz« (1Kor 6,20; 1Petr 2,9).

Natürlich gibt es viele Momente, in denen diese Aussagen Gottes für uns nicht wahr zu sein scheinen. Wir erleben Phasen der Enttäuschung, des Zweifels und der empfundenen Gottesferne. Wir fragen: »Wo ist Gott?« – aber als Antwort scheinen wir nur das Klopfen unseres eigenen Herzens zu hören.

Die in diesem Buch vermittelte Hoffnung ist kein Versprechen an dich, dass du dich immer – oder zumindest die meiste Zeit über – toll fühlen wirst. In diesem Buch geht es darum, der Wahrheit darüber zu vertrauen, wer du wirklich bist, und dich von Gott davon überzeugen zu lassen, dass dein Zustand ein sehr viel besserer ist als der von dir vermutete.

Ein Programm zur Verhaltensverbesserung?

Du sehnst dich nach etwas, das dir Rechtmäßigkeit gibt und befreiend ist, nach einem Selbstbild, das von Grund auf echt und authentisch ist. Im Evangelium wird dir genau das gegeben. Gott gibt dir die Erlaubnis, die Person zu sein, die du wirklich bist. Du hast grünes Licht, aus deinem Innersten heraus zu leben. Du musst nicht so sein, wie es andere für dich als richtig erachten. Du darfst du selbst sein.

Aber wie soll man wissen, wer man ist, wenn man immer nur über das Einhalten von Regeln gelehrt wurde? Am Ende denkt man, die Ziele des christlichen Lebens seien die Vermeidung von Sünde und ein moralisch einwandfreier Lebensstil. Wenn man sich von den »großen« Sünden wie Pornografie, Ehebruch, Steuerhinterziehung usw. fernzuhalten vermag, kann man den Gipfel eines glaubensbasierten Lebens vielleicht erreichen. Du stellst dir vor, dass du dich nur genügend anstrengen musst, um das zu tun, was Gott deiner Meinung nach wirklich von dir erwartet: dass du deine Bibel liest, in die Kirche gehst, dich freiwillig in Programmen engagierst und anderen von deinem Glauben erzählst.

Du strebst nach diesem Ziel, ohne wirklich zu wissen, was es bedeutet, aus dem Herzen zu leben. Tief im Inneren hast du Angst, dass das, was du wirklich bist, im Widerspruch zu dem steht, was Gott für dich will. Also verstellst du dich und nimmst eine »Fake it until you make it«-Mentalität an. Du glaubst, dass du innerlich nicht den Anforderungen genügst, denkst dir aber, dass du nach außen hin wenigstens so wirken kannst, als wäre es der Fall.

Ist das Christentum ein Programm zur Verhaltensverbesserung? Ein Sündenmanagementsystem? Eine zweite Chance, ein neues Kapitel aufzuschlagen, sich zusammenzureißen und möglichst ein anderer zu werden?

Die oft gehörten christlichen Predigten nach Schema F haben zum Ziel, jeden Gläubigen in dieselbe Form zu pressen. Wir hoffen, in der Gleichförmigkeit Trost zu finden. Aber dieser Ansatz birgt ein

Problem: Wir unterdrücken das, was Gott aus uns gemacht hat. Wir lehren andere, nicht sie selbst zu sein und ihren Herzen zu misstrauen. Wir sagen ihnen, dass sie für Gott *mehr* werden müssen, obwohl er bereits begeistert ist von der Person, zu der er sie gemacht hat.

Vielleicht denkst du: *Ich spüre dieses neue Ich und sein makelloses Herz aber nicht. Ich bin nicht sicher, ob ich es wirklich habe!* Es ist völlig in Ordnung, wenn deine Gefühle das hier Gesagte nicht bestätigen. Hier geht es um Kenntnis, nicht um Gefühle. Die Wahrheit ist es, was uns frei macht, nicht irgendwelche Emotionen. Es geht hier um die Erneuerung des Denkens, nicht um das Erleben bestimmter Gefühle.

Das ist für dich

Was hier vorgestellt wird, ist nicht hochtrabend und abgehoben; es ist eine praktische Hilfe für jedermann. Es geht *nicht* darum, etwas Neues empfangen zu müssen. Es geht nicht darum, einen zusätzlichen Anteil oder einen weiteren Segen zu erhalten. Es geht auch nicht darum, mehr von Gott zu bekommen oder eine bestimmte geistliche Gabe zu erlangen. Es geht ganz einfach darum, besser zu verstehen, was Gott bereits für dich getan hat und wer du dadurch bereits bist. Und alles, was du hier entdecken wirst, ist wunderbar mit dem normalen Alltagsleben vereinbar.

Was ist, wenn du dich nicht »mehr anstrengen« oder »dich ändern« musst? Was, wenn du in Wahrheit schon alles hast, was du brauchst? Du hast wirklich *alles*, was du brauchst (2Petr 1,3; Eph 1,3). Das neue makellose Herz des Gläubigen ist eine reichhaltige Quelle und ein wunderbares Mittel. Es liegt zudem eine unbestreitbare Freiheit darin, aus dem eigenen Herzen zu leben.

Du musst also nicht »radikal werden« oder »aus deiner Komfortzone heraustreten«, um jemand anderes zu werden oder etwas Neues zu schaffen.

Dir gehört schon alles, was du brauchst – genau hier und jetzt.

Zugegeben, diese erstaunliche Botschaft steht im Gegensatz zu vielem, was wir heute so hören. Dies ist keine Botschaft darüber, wie man sich selbst verbessert oder wie man sein eigenes Ich abschüttelt. Es ist keine Botschaft über ein aufopferungsvolles Leben, bei dem man seine eigenen Wünsche unterdrückt. Es geht nicht darum, sich mehr anzustrengen oder mehr zu sein. Es geht um keines dieser Dinge.

Stattdessen geht es darum, zu begreifen, was Gott bereits in uns vollbracht hat. Wenn es irgendetwas zu praktizieren gibt, dann ist es die kontraintuitive Kunst des »Nichtstuns« – nichts, um gerechter zu werden, nichts, um reiner zu werden, nichts, um Gott näher zu kommen, nichts, um »besser« zu werden. Ziel ist es, von einem Zustand des bloßen Tuns in einen Zustand zu gelangen, der von der Wahrheit inspiriert ist. Aus diesem Zustand des Glaubens und der Gewissheit heraus wirst du Frucht bringen, andere lieben und dich auf alles einlassen, was Gott für dich vorgesehen hat.

Aber der Weg dorthin ist ganz anders, als du vielleicht denkst.

Eingegraben in deinem Herzen liegen tiefe geistliche Sehnsüchte. Um sie freizulegen, brauchst du keine »Drei Schritte zu einem besseren Ich« oder »Fünf Prinzipien, um dein Leben zu verbessern«. Die Lösung ist sehr viel einfacher und dazu noch absolut großartig: Du bist dazu geschaffen, nach deinen wahren Wünschen zu leben.

In diesem Leben als Christ gibt es Platz für dich als Person. Deine Persönlichkeit darf Teil davon sein. Du darfst dein wahres Ich zeigen, ohne Abstriche und ohne Maske. Du bist eingeladen, du zu sein.

Wo wir hinwollen

Auf dem Weg dorthin musst du auf die Gedanken achten, die du in deinen Verstand und in dein Glaubenssystem lässt. Du wirst neue Kriterien übernehmen, nach denen du bestimmst, welche Gedanken für dich akzeptabel sind, um all den geistlichen Unrat loszuwerden, der heute so weit verbreitet ist. Du wirst dein geistliches Schwert gegen jedes fromm klingende Konzept erheben, das dein neues Ich mitsamt seinem makellosen Herzen herabsetzen und anklagen will. Infolgedessen wirst du wie nie zuvor in den Genuss einer immer größeren Freiheit und sogar Unbeschwertheit in deiner Beziehung zu Gott kommen.

Wie klingt das für dich?

Du wirst lernen, dich vom Trost des lebensspendenden Geistes Gottes entspannen zu lassen. Du wirst erkennen, dass sein Herz das deine umschließt, und mit Erstaunen entdecken, welche Herzensbeziehung du bereits mit ihm hast. Schließlich wirst du entdecken, wie bemerkenswert fähig du bist, andere zu lieben, wenn du es aus deinem neuen Herzen heraus tust. Ja, dein makelloses Herz – in Einheit mit Jesus – ist dein höchstes Gut.

Verwandelte Leben

Wir erleben, wie Gott diese Botschaft überall auf der Welt zur Befreiung und Ermutigung von Menschen einsetzt. Menschen, die vielleicht wie du entmutigt und emotional verletzt sind – sogar Menschen, die am Ende ihrer Kräfte angelangt sind. Vielleicht hast du mit aller Kraft nach Antworten gesucht, aber wirklicher Friede blieb dir dabei versagt und echte Freude schien unerreichbar.

Wenn wir unterwegs sind, um diese Botschaft weiterzugeben, übertrifft die Resonanz alle unsere Erwartungen. Ausgebrannte Pastoren wurden neu belebt. Kirchenvorstände, die sich in einem leistungsbasierten System gefangen fühlten, wurden befreit. Wir haben gesehen, wie Menschenleben und Ehebeziehungen wiederhergestellt wurden, obwohl es bis dahin düster aussah. Männer und Frauen (sogar Teenager!) wurden befreit und konnten ihre Beziehung zu Gott zum ersten Mal richtig genießen. Hier sind nur einige Beispiele aus der ganzen Welt:

Ihr habt mein Leben verändert. Ich bin seit dreißig Jahren gläubig und habe endlich erlebt, wie die Frucht des Geistes in meinem Leben ohne Anstrengung hervorkommt.
— Doris C. (Texas, USA)

Die Dinge, die ihr lehrt, haben mein Leben einfach umgekrempelt. Die Offenbarung von Gottes grenzenloser Liebe zu mir hat in mir eine neue Leidenschaft für Jesus entfacht und es mir so leicht gemacht, anderen Menschen wirklich bedingungslose Liebe entgegenzubringen. — Omoniyi O. (Deutschland)

Ich habe die Botschaft an meinen Mann weitergegeben, und wir wurden beide von den Schuldgefühlen und der Verurteilung befreit, die wir uns haben auferlegen lassen. Seitdem haben wir diese Botschaft auch mit Freunden geteilt und sie wird auch an Gefängnisinsassen übermittelt, und sie werden befreit!
— Betty B. (Colorado, USA)

Nachdem ich mich viele Jahre immer auf die Sünde konzentriert habe, konzentriere ich mich jetzt auf Gottes Liebe und lebe mein Leben, nicht perfekt, aber vollkommen zufrieden mit dem, was ich in Christus bin. — Carla L. (Alberta, Kanada)

Dank euch kenne ich meine Bedeutung, meinen Wert und die Kraft, die ich mit Christus in mir habe, indem ich alles durch die Augen Gottes betrachte. — Jan F. (Virginia, USA)

Ich hatte das Gefühl, ich könne Gottes Maßstäben niemals gerecht werden. Jedes Mal, wenn ich versagte, sah ich mich als disqualifiziert an. Dann begann ich, mich mit euren Lehren zu befassen. Nach und nach verschwand meine Traurigkeit. Jetzt sehe ich die Dinge anders und bin gespannt darauf, was ich jeden Tag Neues lernen werde. — Karina C. (Venezuela)

Wenn du nach echten Antworten suchst, die unabhängig von deinen Lebensumständen tagein, tagaus funktionieren, dann ist dieses Buch genau das richtige für dich. Lies weiter. Du wirst *nicht* enttäuscht werden. Es ist das, wozu du bestimmt bist. Das bist du. Das ist echte Hoffnung, die du von ganzem Herzen annehmen kannst. Und während du das tust, wirst du immer wieder einen kurzen Blick auf Gott erhaschen, der dich lächelnd auf deinem Weg begleitet.

2

Vor einigen Jahren wurde eine einzelne Baseballkarte bei Goldin Auctions für 3,12 Millionen US-Dollar verkauft. Ja, eine Honus-Wagner-Karte aus den Jahren 1909–1911 wurde geschätzt und zu diesem unglaublichen Preis verkauft. Die Herstellungskosten der Karte betrugen vor mehr als hundert Jahren weniger als einen Cent. Und doch steigt der Wert dieser Karte mit den Jahren weiter an – zumindest in den Augen von Baseballfans.

Den einen bedeutet die Karte nichts. Anderen gilt sie als fast unbezahlbar. Dies ist ein perfektes Beispiel dafür, wie dir von den Menschen in deinem Umfeld ein bestimmter Wert zugeschrieben wird. Im Fall der Baseballkarte haben Sammler ihren Wert geschätzt. In deinem Leben kann sich dein wahrgenommener Wert aus dem ergeben, was Vater, Mutter oder Ehepartner von dir halten, was deine Freunde oder Kollegen über dich denken, oder sogar, was deine Feinde über dich sagen.

Jeder von uns hat eine Geschichte, die erzählt, wie die Labels, die wir angenommen haben, zu unserer Identität wurden, zumindest für eine gewisse Zeit. Alle diese Etikettierungen haben jedoch etwas gemeinsam: Sie sind subjektiv. Sie kommen von anderen. Sie spiegeln, wenn überhaupt, nur einen Teil dessen wider, was wir sind. Und sie sagen über die Person, die uns den Wert zuschreibt, vielleicht mehr aus als über uns. Andere wiederum sind selbst auf der Suche nach Antworten für ihr Leben. Und manchmal drücken sie uns dann Stempel auf, um sich besser zu fühlen oder besser dazustehen.

Einige dieser Labels können positiv sein, andere sind negativ. Wir vergleichen uns mit anderen und haben am Ende kein wirkliches Verständnis von unserem wahren Wert.

Wir würden es natürlich niemals wagen, uns mit denen zu vergleichen, die sich überall selbst empfehlen, oder uns gar auf eine Stufe mit ihnen zu stellen. ***Wie unverständig sie doch sind! Sie richten ihre eigenen Maßstäbe auf, um sich dann selbst daran zu messen.*** *— 2. Korinther 10,12* HFA

Du wirst schon viel zu lange von Schuldgefühlen getrieben. Du hast zugelassen, dass die Fehler der Vergangenheit deinen Verstand überfluten und deine Zukunft beeinträchtigen. Du hast Labels von denen übernommen, die nie zufrieden waren und dich nie akzeptiert haben. Sie haben nie anerkannt, wer du bist.

Nun bist du aufgrund der Meinung derer, die dich ablehnen, verletzt und manchmal sogar wie gelähmt. Vielleicht sagt man dir, Transparenz und Gemeinschaft seien die Antworten auf deine Probleme.

Das kann helfen, aber es reicht *nicht* aus.

Es gibt viele Menschen, die offen über ihre Kämpfe sprechen und gute Freunde ins Vertrauen ziehen. Manche von ihnen suhlen sich trotzdem weiter in erfahrener Zurückweisung und reden immer wieder darüber. Sie bezeichnen sich dann als »tapfere Kämpfer«. Wenn sie sich öffnen und über ihren Schmerz sprechen, wirkt das reinigend, aber sie wissen wenig über ihr neues Ich mit dem makellosen Herzen und verstehen auch nicht, warum es eine so große Rolle spielt.

Nicht hilfreich bei dem Ganzen sind die weit verbreiteten Strömungen des Christentums, die den Gläubigen sagen: »Verleugne dich selbst. Gott will dich ›brechen‹. Es muss mehr von ihm und weniger von dir da sein.« Das verstärkt die Selbstverachtung, die wir bereits hegen, nur noch weiter. Jetzt stellen wir uns vor, dass auch Gott uns als Versager abstempelt und uns ablehnt. All das steht der Realität deines neuen Ichs mit dem makellosen Herzen, das wir in diesem Buch gemeinsam entdecken werden, ignorant gegenüber. Zu erkennen, wer wir wirklich sind, ist absolut unerlässlich für jede echte Heilung und Erfüllung in diesem Leben.

Unsere Suche

Wir alle sind auf der Suche nach unserem wahren Selbst. Wir wollen wissen:

- Wer bin ich?
- Wie bin ich in meinem Inneren?
- Was erfüllt mich?
- Wie sieht meine Zukunft aus?

Diese Fragen werden niemals beantwortet werden, wenn wir uns nicht an unseren Schöpfer wenden. Die Antworten, die wir suchen, finden wir nur bei ihm. Er hat uns geschaffen. Er versteht uns. Und er liebt uns – genau so, wie wir sind.

Anstatt also der Definition anderer, wer du bist und wer du sein sollst, hinterherzulaufen, folge der Einladung dieses Buches und betrachte dich aus Gottes Blickwinkel. Seine Sicht ist die einzige, die vollkommen wahr ist. Und das, was du über dich und dein Herz glaubst, wird wiederum alles beeinflussen, was du tust.

Wir sind die Schöpfung. Um uns selbst zu verstehen, müssen wir den Schöpfer befragen. Er ist derjenige, der uns erschaffen hat. Er kennt uns ganz genau. Deshalb blicken wir auf ihn, um zu erkennen, wer wir im Kern sind – nicht in den Spiegel, nicht auf das, was andere über uns sagen, nicht einmal auf unsere Selbstwahrnehmung.

Gott hat nichts dem Zufall überlassen. Er hat dein neues Leben von allen Seiten her geplant. Im Evangelium wirst du den tiefen Sinn und Zweck deines Lebens entdecken. Du wirst dich nicht mehr als unerwünschtes Hindernis für Gott sehen, sondern als sein kostbares Werkzeug.

Erfahre, wer du bist

Du willst deine Bestimmung ausleben. Du willst mit Zuversicht leben und sicher sein, dass du auf dem richtigen Weg bist. Doch damit das zu deiner Erfahrung werden kann, musst du wissen, wer du wirklich bist.

Du stellst deine Fragen an die Welt und willst von ihr wissen, wie du im Vergleich dastehst. Egal, ob das Urteil am Ende bestätigend oder vernichtend ist, in jedem Fall wendest du dich an *die falsche Adresse.*

Gott hat die Botschaft des Evangeliums mit der Absicht gestaltet, dich auf eine Weise zu bestätigen und zu bestärken, wie nur er es kann. Sobald du diese Schwelle des Erwachens überschreitest, ändert sich alles. Am Anfang hast du vielleicht nur Informationen. Mit der Zeit fügst du sie in dein Denken ein. Letztendlich beeinflussen diese Informationen dann, wie du dich in einem Augenblick der Entscheidung siehst.

> *Denn wer sich Gottes Botschaft zwar anhört, aber nicht danach handelt, gleicht jemand, der sein Gesicht im Spiegel betrachtet und der, nachdem er sich betrachtet hat, weggeht und* ***sofort wieder vergisst, wie er ausgesehen hat.*** — *Jakobus 1,23–24* NGÜ

Diese einfache Wahrheit zu erkennen, kann ein großer Wendepunkt für dich sein. Du musst dich nicht damit abfinden, dass die Wunden aus der Vergangenheit dich definieren oder abstempeln. Dein Verstand ist das Schlachtfeld der Gedanken.

Es ist, als hättest du einen Radioregler in deinem Gehirn, mit dem du den Sender wechseln kannst. Du kannst von den AM-Sendern (»*A*lternative *M*essage« – Alternative Botschaft) zum FM-Sender (»*F*ather's *M*entoring« – Väterliches Mentoring) wechseln. Es werden dir zwei verschiedene Signale angeboten. Welches willst du empfangen?

Eines musst du dabei aber wissen: Die heilende Wahrheit von »Father's Mentoring« wird von deinem Herzen aus übertragen. Es ist das, was du wirklich willst. Das andere Signal kommt von außerhalb deines Wesens.

Authentische Persönlichkeit

Du sollst hier nicht zu einer Art positivem Selbstgespräch angeregt werden, wie du es vielleicht von Wohlfühlpredigern im Fernsehen kennst: *Du musst es nur aussprechen, dir vorstellen und fest genug daran glauben, dann wird es für dich irgendwie wahr werden.* Nein – das, worum es hier geht, trifft auf alle Gläubigen zu, ob sie sich dessen bewusst sind oder nicht.

Laut Bibel waren wir ursprünglich Kinder des Zorns mit verdorbenem Verstand und bösem Herzen. Als du aber dein Vertrauen in Jesus gesetzt und ihn gebeten hast, dich von innen heraus zu verändern, hat er genau das getan. Was genau hat Gott in diesem Moment mit dir gemacht? Das sollst du jetzt erfahren.

Es geht darum, dass ein Christ seine eigentliche Persönlichkeit erkennt. Es geht darum, dass eine gläubige Person zu einem Denken inspiriert wird, wie Gott es für sie vorgesehen hat:

> *Denn ihr wart einst Finsternis; jetzt aber* ***seid ihr*** *Licht in dem Herrn.* ***Wandelt*** *als Kinder des Lichts! — Epheser 5,8*

Als Konferenzsprecher hören wir oft: »Endlich spricht jemand aus, was ich in meinem Herzen schon immer wusste.« Ja, genau. Du hast bereits das »in dich eingepflanzte« Wort (Jak 1,21), aber jetzt kannst du erleben, wie dein Denken durch diese wunderbaren Wahrheiten erneuert wird.

Dein Herz

Wir Menschen verwenden den Begriff »Herz« oft, um das Reservoir der leidenschaftlichen oder abenteuerlustigen Gefühle zu bezeichnen, das wir in uns tragen. Aber hier geht es um dein geistliches Herz, den Kern deines Wesens, in dem sich deine geistlichen Sehnsüchte befinden. Hier sind wir mit Jesus vereint.

Dein geistliches Herz ist demnach das Haus Gottes, ähnlich wie das Allerheiligste vor langer Zeit. Dein geistliches Herz (oder geistliches Wesen) ist ein reiner Ort. Wie wir sehen werden, hat Gott das Haus gesäubert und ist dann eingezogen.

Gott ging ans »Herz« der Sache. Er hat dein geistliches Herz ausgetauscht, um deine ganze Erfahrenswelt zu verändern. Jetzt bist du einfach dazu aufgerufen, das auszuleben, was Gott bereits in dich hineingelegt hat (Phil 2,12–13). Echtes Wachstum hinsichtlich deiner Einstellungen und Handlungen bedeutet einfach nur, dass eine bereits vorhandene innere Realität nach außen hin neu zum Ausdruck kommt.

Die biblischen Wahrheiten in diesem Buch führen dich zu einer neuen Motivation für alles, was du tust. Du wirst lernen, nach deinen angeborenen geistlichen Instinkten zu leben, auch wenn deine Gefühle nicht damit übereinstimmen. Du wirst entdecken, dass ein *Ja* zu deinem neuen, makellosen Herzen auch ein *Ja* zu dem Gott ist, der es dir geschenkt hat.

Wofür Jesus gebetet hat

Diese neue Identität, dein makelloses Herz, ist genau das, was Jesus von seinem Vater erbeten hat. Er betete dafür, dass du die gleiche Nähe hättest, die er zum Vater hat. Jesus bat Gott um all das, was du dir am meisten wünschst, noch bevor du überhaupt existiertest. Jesus wusste, was du brauchen würdest, und er bat Gott darum. Seine

Bitte ist ohne dein Zutun erfolgt. Du bist nur hier, um zu empfangen und zu genießen.

Ich bete nicht nur für diese Jünger, sondern auch für alle, die durch ihr Wort an mich glauben werden. Ich bete für sie alle, ***dass sie eins sind, so wie du und ich eins sind, Vater - damit sie in uns eins sind, so wie du in mir bist und ich in dir bin,*** *und die Welt glaubt, dass du mich gesandt hast.* ***Ich habe ihnen die Herrlichkeit geschenkt, die du mir gegeben hast, damit sie eins sind, wie wir eins sind*** *- ich in ihnen und du in mir, damit sie alle zur Einheit vollendet werden. Dann wird die Welt wissen, dass du mich gesandt hast, und wird begreifen, dass* ***du sie liebst, wie du mich liebst.*** *Vater, ich möchte, dass die, die du mir gegeben hast,* ***bei mir sind****, damit sie meine Herrlichkeit sehen können. Du hast mir die Herrlichkeit geschenkt, weil du mich schon vor Erschaffung der Welt geliebt hast! — Johannes 17,20–24* NLB

Wir zweifeln vielleicht manchmal daran, dass unsere eigenen Gebete erhört werden. Aber wir haben keinen Zweifel daran, dass die Gebete Jesu erhört wurden. Hier sehen wir, dass unsere Vertrautheit mit Gott die Idee von Jesus war. Ja, das Einssein, das wir mit ihm genießen, stand im Mittelpunkt der Bitte unseres Retters. Wir müssen also nicht warten, bis wir etwas Großartiges spüren. Wir können heute, hier und jetzt, in dieser Wahrheit leben.

Es geht nicht darum, zu bitten oder sich zu bemühen; es kommt darauf an, zu glauben, dass wir rein und Gott nah sind - und sich hierauf zu verlassen.

3

Kannst du sagen: »Ich bin gut«, ohne damit zu rechnen, dass dich ein Blitz vom Himmel niederstreckt? Schließlich hat Jesus gesagt, dass niemand gut sei außer Gott allein (Mk 10,18). Doch seit er das gesagt hat, hat unsere Welt seinen Tod, seine Auferstehung und die Einladung zu einer neuen Geburt erlebt, die erstmals zu Pfingsten für alle sichtbar wurde. Ändern diese Ereignisse nichts an der Frage, ob du jetzt gut sein kannst? Wenn nur Gott gut ist und du »aus Gott geboren« bist (1Joh 5,4), bist du dann gut? Wenn ja, in welchem Umfang? Gibt es immer noch einen Teil von dir, den Gott ablehnt? Wenn Gott die Sünde ablehnt, lehnt er dann auch dich ab? Bist du teilweise sündig? Schafft es ein Teil von dir nicht in den Himmel? Kannst du hier und jetzt wirklich du selbst sein? Diese Fragen müssen beantwortet werden.

Ohne hoffnungsvolle Antworten hast du am Ende eine Botschaft, die nur eine mittelmäßige oder vielleicht eine halbwegs annehmbare, aber niemals eine gute Nachricht vermittelt. Was dieses Buch dir verspricht, sind hingegen *großartige* Nachrichten.

Die Vergebung der Sünden ist fantastisch – aber sie ist nicht genug. Der Himmel ist fantastisch – aber er ist nicht genug. In der Botschaft des Evangeliums sehen wir einen Gott, der mehr ist als ein Bankier, der uns unsere Schulden erlässt. Er ist mehr als ein Reiseberater, der unsere Reiseroute ändert. Er ist der große Arzt, der uns mit Auferstehungsleben erfüllt.

Gott hat dir nicht nur Barmherzigkeit geschenkt und einen neuen Ort bereitet, an den du gehst, wenn du stirbst. Wie wir sehen werden, hat er dir auch ein neues Verlangen geschenkt, das aus einem neuen Naturell erwächst. Mit dem neuen Verlangen und dem neuen Naturell kommt eine ganz neue Art zu leben.

Du kannst als dieses neue Ich mit dem makellosen Herzen leben. Und du wirst sehen, dass Christus sich perfekt durch dich ausdrücken kann, auch wenn du einfach du selbst bist – ohne Konflikt, ohne Unstimmigkeiten, ohne Hindernisse. Alle deine Teile passen perfekt mit ihm zusammen.

Genau das lässt die Botschaft der Kirche heute vermissen. Wir wissen, dass wir zum Dienen *berufen* sind. Aber nur wenige von uns wissen, wie gut wir dafür *ausgestattet* sind. Alles, was wir brauchen, ist uns gegeben worden. Es gehört bereits uns. Kein Bitten, kein Suchen, kein Streben, kein Warten: Es ist jetzt da.

Herzensfragen

Du sitzt in der Kirche und genießt den Lobpreis. Der musikalische Leiter ist in Bestform, der Backgroundchor summt rührselig, der Rauch steigt auf und die Musik ist in vollem Gange. Dann, mitten im Lied, hält der Leiter inne, schaut zum Himmel und seufzt: »Gott, wir haben böse, böse Herzen, Herr!«

Die Gemeinde bricht in Beifall aus und gibt ein lautes »Amen!« von sich.

»Wir sind Sünder, Herr, die sich verzweifelt nach mehr von dir sehnen, Gott!«, fährt er fort.

»Ja, Jesus!«, antwortet jeder.

»Läutere heute unsere Herzen, Gott, mach uns rein!«, bittet er.

»Ja, Herr …«, erwiderst du – im Gleichklang mit allen anderen.

Doch dann lässt dich etwas in deinem Hinterstübchen innehalten und du fragst dich: *Wie viele Sonntage muss ich noch versuchen, mein Herz in Ordnung zu bringen? Wie lange werde ich um Reinheit bitten müssen? Und warum betteln wir um mehr von Gottes Gegenwart, wenn er uns doch nie verlässt?*

Du zögerst zu Recht. Diese Bitten spiegeln nicht wider, was Gott wirklich darüber sagt, wer du bist und in welcher Beziehung du zu ihm stehen solltest.

Ist dein Herz also böse oder gut? Oder vielleicht halb gut und halb böse? Bist du teils Finsternis und teils Licht? Vielleicht hast du zwei Herzen? Zwei Naturen, zwei Ichs, zwei Arten von Verlangen?

Frag hundert Christen nach dem aktuellen Zustand ihres Herzens und die Antworten werden sehr unterschiedlich ausfallen. Einige werden rufen: »Böse!« Andere hingegen werden behaupten: »Verdorben und trügerisch, aber im Aufbau!« Aber hier kommen wir und sagen dir, dass dein Herz *neu* und *vollkommen* ist.

Der Herzenszustand des Gläubigen ist für das Christentum an sich von zentraler Bedeutung. Schließlich kommt Jesus, um in unseren Herzen zu wohnen. Das glauben wir doch, oder? Warum sind unsere Antworten dann so uneinheitlich? Warum ist der Folgezustand unseres Herzens so unklar? Wer hat Recht? Wie können wir das wissen?

Was wir hören

Es ist nicht schwer zu verstehen, warum wir verwirrt sind: Wir hören immer wieder das Gleiche! Du kannst so viele Kirchen besuchen, christliche Bücher lesen oder auch Lobpreismusik hören, wie du willst, aber fast immer wirst du feststellen: Es geht ausschließlich darum, was du nicht tust und warum du mehr tun solltest.

Du bist schmutzig. Du musst reiner werden.

Du bist fern. Du musst wieder näher kommen.

Du hast keine Gemeinschaft mehr. Du musst wieder dazugehören.

Du bist aus Gottes Willen für dein Leben herausgefallen. Du musst ihn wiederfinden.

Du musst bleiben. Du musst in Gottes Ruhe eintreten.

Du brauchst das siegreiche Leben.

Du brauchst. Denn du bist nicht in Ordnung.

Du bekommst ausführliche Anweisungen, wie du dich selbst reparieren kannst. Du hörst Gebete und Bitten, Gott möge näher kommen. Du liest Tipps und Ermahnungen, wie man richtig denkt und richtig handelt. Bei all dem erhältst du nur wenig – wenn überhaupt – Bestätigung in der Wahrheit, dass du bereits mit Gott im Reinen bist.

»Oh, das ist die Rechtfertigung. Das solltest du alles schon wissen. Wir sind jetzt bei der Heiligung angelangt«, heißt es vielleicht. Wir sollen also einen *Abschluss* in »Gottes Gnade« machen? Und was machen wir mit Bibelstellen, die besagen, dass wir als Gläubige bereits geheiligt sind?

Ihr seid geheiligt (1Kor 6,11).

Wir sind geheiligt (Hebr 10,10).

Textpassagen wie diese werden ignoriert oder wegerklärt, weil sie nicht in die Erzählung passen, dass wir uns bessern sollen.

Unterdessen werden wir mit einer Botschaft bombardiert, die zu einer neuen Handlungsweise auffordert, ohne dem Aspekt der Neugeburt überhaupt Beachtung zu schenken. Es ist eine Botschaft der Veränderung ohne Austausch. Es ist ein schwaches Evangelium mit viel Schall und Rauch, eine Farce. Wie in jeder anderen Weltreligion hängt der gerechte Stand vor Gott angeblich von uns und unseren Handlungen ab und von unseren Entscheidungen, uns heute zu verbessern. Das geht völlig am Kern des Christentums vorbei – den Taten und Entscheidungen *Gottes*. Kurz gesagt, es vernachlässigt den wichtigsten Aspekt des Evangeliums – wie Gott uns im Innersten verändert hat.

Einige der Lieder, die wir in der Kirche singen, schüren bloß das Feuer von Schuld und Scham. Hier ein Beispiel – eine Strophe aus dem Kirchenlied »Komm, du Quelle jedes Segens«, das von Robert Robinson im 18. Jahrhundert geschrieben wurde. Wir haben es im Laufe der Jahre Hunderte Male gesungen:

Lass deine Güte wie eine Fessel
mein irrendes Herz an dich binden
Bin geneigt abzuirren, Herr, ich fühle es

Geneigt, den Gott zu verlassen, den ich liebe
Hier ist mein Herz, o nimm es und versiegle es
Versiegle es für deine Himmelshöfe

Ist dein Herz immer noch geneigt, abzuirren? Muss es immer noch »genommen« und »versiegelt« werden? Dieses Lied basiert auf Psalm 119, in dem sich David darüber Sorgen macht, von den Geboten des Herrn abzuweichen. Aber vergiss nicht, dass David auch flehte: »Schaffe in mir ein reines Herz« und »Verwirf mich nicht von deinem Angesicht« und »Nimm deinen Heiligen Geist nicht von mir« (Ps 51).

Warum scheinen Paulus, Petrus, Jakobus oder Johannes nicht um ihre Herzensreinheit oder den Verlust von Gottes Gegenwart besorgt zu sein? Genießt du als Gläubiger des Neuen Testaments nicht etwas Besseres als das, was David vor so langer Zeit erlebte?

> *Wie viel soll ich noch aufzählen? Es würde zu lange dauern, all die Geschichten über den Glauben von Gideon, Barak, Simson, Jeftah,* ***David****, Samuel und allen Propheten zu erzählen. … An all diesen Menschen hatte Gott wegen ihres Glaubens Freude,* ***doch keiner von ihnen empfing das, was Gott versprochen hatte. Denn Gott hatte weit Besseres für uns vorgesehen****; deshalb können sie erst mit uns gemeinsam das Ziel erreichen.*
> *— Hebräer 11,32.39–40* NLB

Das Kreuz und die Auferstehung machen einen Unterschied. Du genießt heute etwas Besseres, als David es je erlebt hat. Wie wir sehen werden, hat das damit zu tun, dass dir vollkommen vergeben ist und du im Herzen vollkommen gemacht bist.

Was ist mit zeitgenössischer Musik? Wurde sie mit mehr Sorgfalt geschrieben, sodass sie die Wahrheit des Evangeliums widerspiegelt? Nein – es scheint sogar so, als würde sich das Problem mit der Zeit verschlimmern. Insgesamt bleiben die meisten Kirchenlieder aus früheren Jahrhunderten dem Evangelium treuer als ein Großteil der moderneren Musik.

Hier ist ein Beispiel aus dem Lied »Sinner Saved by Grace« (Aus Gnade erretteter Sünder) von der Gaither Vocal Band, das erst wenige Jahrzehnte alt ist:

Jetzt wachse ich und atme in Freiheit
Mit jedem Atemzug des Lebens, den ich nehme
Bin ich geliebt und ist mir vergeben und habe ich ein Leben
Ich bin nur ein Sünder, errettet aus Gnade
Nicht würdig, in Gottes Gegenwart zu sein

Bist du nichts weiter als »nur ein Sünder«, aber »aus Gnade errettet«? Bist du »geliebt« und ist dir »vergeben«, doch bist du »nicht würdig, in Gottes Gegenwart zu sein«? Das ist die Theologie vom »armseligen Wurm«, und sie hält die Wahrheit schon viel zu lange unter Verschluss.

Es geht nicht nur um unsere Musik. Diese Botschaft durchdringt die gesamte christliche Kultur. Stolz pappen wir christliche Aufkleber aufs Auto mit dem Slogan: »Ich bin nicht perfekt, mir wurde nur vergeben.«

Jeder kapiert, was damit gemeint ist – wir erbringen keine perfekte Leistung. Aber geht es im Evangelium nicht gerade darum, dass wir unabhängig von unserer Leistung vollkommen gemacht worden sind? Wurden wir nicht durch *Gottes* Leistung vollkommen gemacht?

Widersprüche

Als Ergebnis dieser »Ich bin ein schmutziger Sünder mit unstetem Herzen«-Mentalität können und wollen wir unserem Herzen nicht vertrauen. Außerdem wird uns immer wieder gesagt, dass wir unser

Herz »erforschen« und »prüfen« müssten. Unser Herz habe viele Räume, wird uns beigebracht, und Jesus sei wie ein geistlicher Hausmeister, der von Raum zu Raum gehe, mit dem Ziel, jeden einzelnen zu reinigen. Und wer weiß, was er im Schrank noch alles findet!

Die Botschaft, die wir mitnehmen können, lautet: *Hab Acht auf dein Herz!*

Das kann dazu führen, dass wir durch übermäßige Selbstanalyse und den ständigen Versuch, mit Gott »ins Reine zu kommen« und »im Reinen zu bleiben« schließlich in eine Art Lähmung verfallen. Wir erfahren dann nicht mehr die Bestätigung, die wir einst verspürten, nachdem wir »ins Reine kamen«, sodass wir sogar an unserer Errettung zu zweifeln beginnen.

Das, was wir für das Evangelium halten, beschämt uns und verhöhnt uns fast: »Sei gut (aber du bist nicht gut). Versuche, wie Jesus zu sein (auch wenn du nicht wie er bist). Liebe die Menschen mehr (auch wenn du von Natur aus lieblos und sündig bist). Bitte Gott, dir ein Dienerherz zu geben (da du keines hast). Übrigens: Du betest nicht genug. Du tust nicht genug. Und du bist nicht genug.«

Das schafft einen inneren Konflikt von dramatischem Ausmaß. Wir versuchen, die widersprüchliche Botschaft aufzulösen: »Versuche, nach außen hin das zu sein, was du im Inneren nicht bist.« Das Endergebnis sind Schuldgefühle und Scham. Einige von uns geben auf und ziehen sich für immer aus dem offiziellen Wettbewerb zurück. Andere polieren ihre Masken auf und planen einen weiteren Tag.

Interessanterweise sagen wir den Gläubigen auf der einen Seite, dass sie zu dem werden sollen, was sie nicht sind. Auf der anderen Seite sagen wir ihnen, dass sie sich selbst loswerden sollen. Ja, manche fordern uns auf, uns geistlich zu töten:

Stirb dir selbst. Verleugne dich selbst. Stirb täglich.

Wir sind also das neue Selbst, aber wir sollen unser Selbst verleugnen? Unser altes Selbst starb bereits mit Christus, aber wir sollen trotzdem unserem Selbst sterben? Manche von uns halten nicht einmal inne, um all diese Widersprüche zu untersuchen. Natürlich haben diejenigen, die uns etwas Falsches lehren, wahrscheinlich keine bösen Absichten. Sie bieten uns einfach nur die gleiche Standardkost, die ihnen von ihren Vorgängern serviert wurde.

Uns wird unablässig beigebracht, dass wir unserem »Selbst« oder unserem »Herzen« nicht trauen können. Unsere bösen Herzen wollen abirren; also müssen sie kontrolliert werden, damit sie nicht einfach machen, was sie wollen. Und wir müssen erst *Nein* zu unserem »Selbst« sagen, bevor wir *Ja* zu Gott sagen können.

Dem folgt sogleich die Vorstellung, Gottes Gunst auf uns hänge von unserer Entscheidung ab, unser Herz zu reinigen. Es entsteht in uns das Gefühl, Gott werde seinen Teil tun, sobald wir unseren Teil tun und ihm gegenüber treu sind. Zuerst müssten wir uns aber beweisen. Das Problem ist nur, dass wir unseren Teil der Abmachung scheinbar nie einhalten können. Wir scheitern ständig. Wir bekennen unser Versagen und kehren zu unseren »Pflichten« zurück, nur um erneut zu scheitern.

Das ist keine wahrheitsgemäße oder erbauliche Botschaft. Vielmehr raubt sie uns jeglichen geistlichen Selbstwert und die Kraft, unser Denken und unsere Entscheidungen zu ändern. Am Ende sind wir enttäuscht, frustriert und verbittert angesichts der ganzen Sache. Denn wenn wir wirklich böse sind, wenn es unser Herz wirklich danach verlangt, das Falsche zu tun, ist keine Hoffnung in Sicht. Wir werden unser ganzes Leben lang einen aussichtslosen Kampf führen. Warum also durchhalten? Wenn wir bereits eine Eintrittskarte in den Himmel haben, warum geben wir dann nicht einfach auf?

Ist dies das Leben, das Gott für uns vorgesehen hat? Ein Kampf gegen uns selbst? Ein ständiges Bemühen, das, was so überaus schmutzig ist, zu reinigen?

Nein, ist es nicht.

TEIL 2

Das makellose Herz

4

Bei deiner Errettung hat Gott eine Art geistliche Herzoperation an dir durchgeführt. Deshalb muss er dich nicht durch eine spezielle »Jesus-Brille« betrachten. Nein, er sieht dich direkt an, und was er sieht, gefällt ihm. Du bist nicht *nur* »mit Christus bekleidet« wie ein Wolf im Schafspelz. Du bist tatsächlich ein erstklassiges Schaf, durch und durch.

Kurz gesagt, du bist nicht halb und halb. Du bist nicht gut und zugleich böse. Du bist nicht neu und zugleich alt. Du bist nicht gerecht und zugleich bösherzig. Viele, die in dieser Dualität leben, denken, sie seien ihr eigener schlimmster Feind. Wahrscheinlich hast du das auch schon gesagt. Aber denk mal darüber nach: Wenn die Bibel dich »einen Freund Gottes« nennt, wie kannst du dann dein eigener schlimmster Feind sein?

Wenn dein neues Ich mit dem makellosen Herzen von Gott ist, was für ein Selbst ist es dann? Würde Gott dich als jemand, der von ihm geboren ist, schlecht, gut oder irgendwas dazwischen sein lassen?

Jesus sagte, wenn schon irdische Väter gute Gaben geben, wie viel mehr ist dann euer himmlischer Vater ein Geber von Güte (Lk 11,11–13). Jede gute und vollkommene Gabe kommt von ihm (Jak 1,17). Wenn Gott dir also ein neues Herz gegeben hat, dann musst du *außerordentlich* gut sein!

Gott hätte überall einziehen können, aber er hat dich gewählt. Dein makelloses Herz ist ein perfektes Zuhause für Gottes Geist höchstpersönlich.

Das Design offenbart das Verlangen

Sobald du begreifst, dass du ein brandneues Herz hast, fängst du an, die Teile zusammenzusetzen.

Hat dein neues, makelloses Herz wirklich Lust auf Sünde? Will Gott, dass du es dazu bringst, sich seinen Wünschen zu unterwerfen, indem du dieses Rechenschaftsprogramm absolvierst, von dem du gerade gehört hast? Oder indem du die zehn Methoden zu mehr »Radikalität« und »Absonderung« verfolgst, die der trendige neue Lehrplan anbietet? Und während alldem flehst du ihn an, dich zu reinigen und dich an seine Seite zurückzuholen?

Nein. Plötzlich wird dir klar, dass das Ganze *keinen* Sinn mehr ergibt.

Du hast dein makelloses Herz gesehen.

Erinnere dich: Wenn du in Christus Jesus *zu guten Werken* neu geschaffen bist (Eph 2,10), was sagt das dann über dein »Design«, über deine innere Beschaffenheit aus? Du bist gut. Und was sagt das über dein Verlangen aus? Du willst das Gute. Du willst, was Gott will.

Hier folgt, was Jesus über die Verbindung zwischen deinem Herzen und deinem Verlangen zu sagen hatte:

> *Ein **guter Baum** kann keine schlechten Früchte tragen und ein schlechter Baum keine guten. Man erkennt einen Baum an seiner Frucht. Feigen wachsen nicht an Dornensträuchern und Weintrauben nicht an Brombeerbüschen. **Ein guter Mensch bringt aus einem guten Herzen gute Taten hervor**, und ein böser Mensch bringt aus einem bösen Herzen böse Taten hervor. Was immer in deinem Herzen ist, das bestimmt auch dein Reden. — Lukas 6,43–45 NLB*

Jesus selbst sagt, es gebe tatsächlich »gute Bäume«. Das bist du. Er sagt auch, dass es den »guten Menschen« gebe und dass in seinem Herzen Gutes sei. Der bist du. Gutes ist in dir gespeichert.

Weil du in Jesus neu bist, hast du ein liebendes Herz. Weil du in Jesus neu bist, hast du ein freundliches Herz. Weil du in Jesus neu bist, hast du ein geduldiges Herz. Du bist von Natur aus ein liebevoller, freundlicher und geduldiger Mensch. Du trägst alle Eigenschaften in dir, die du für ein gottgefälliges Leben brauchst. All das ist so, weil du dieses neue Ich mit dem makellosen Herzen bist und mit Jesus Christus – der dein Leben ist – verbunden bist.

> *Denn **dessen göttliche Kraft hat uns ja alles gegeben, was wir brauchen, um ein Leben zu führen, das Gott gefällt**. Das kam dadurch, dass wir den erkannt haben, der uns durch seine Herrlichkeit und Güte berufen hat. — 2. Petrus 1,3 NLB*

> *… und **ihr seid zur Fülle gebracht in ihm**, der das Haupt jeder Herrschaft und Gewalt ist. — Kolosser 2,10*

> *Wenn **der Christus, unser Leben**, offenbar werden wird, dann **werdet auch ihr mit ihm offenbar werden in Herrlichkeit**. — Kolosser 3,4*

Brauchst du mehr?

Einmal ließ eine Frau die Bemerkung fallen, andere hätten scheinbar »so viele geistliche Früchte« und sie sei »froh, immerhin eine zu haben«. Das ist ein gutes Beispiel dafür, was viele Leute heutzutage unter christlichem Leben verstehen. Wir verwandeln die »Frucht des Geistes« in »Früchte« und haben eine Liste von Eigenschaften im Kopf, die wir durch Selbstdisziplin anstreben sollten, eine nach der anderen. Dann messen wir unsere Leistung daran, wie viele »Früchte« wir in unserem eigenen Verhalten erkennen.

Es gibt zwar einen schönen Nebeneffekt, wenn Gottes Geist in uns wohnt, aber siehst du, wo das in die falsche Richtung läuft? In Kolosser 2,10 steht, dass uns die Fülle gegeben wurde und wir in Christus vollkommen sind. Wenn du alles hast, was du brauchst (2Petr 1,3) – einschließlich aller geistlichen Segnungen (Eph 1,3) –, wie viele »Früchte« sind dann in dir? Sie sind alle Teil deines neuen Wesens mit dem makellosen Herzen, weil Christus selbst auf vollkommene Weise in dir lebt.

Kein Jagen. Kein Warten. Kein Betteln. Wir haben ein neues Herz und wir haben die Fülle in Jesus.

Trotzdem werden wir oft ermahnt, Gott zu suchen, obwohl wir ihn bereits gefunden haben. Schließlich gab Jesus doch dieses evangelistische Versprechen: »Sucht, und ihr werdet finden« (Mt 7,7 NLB). Wir haben ihn gefunden! Man sagt uns auch, dass wir nach mehr von Gott hungern und dürsten sollen. Aber Jesus sagte das Gegenteil: Er sagte, wenn wir von ihm essen, werden wir nie wieder hungern. Er sagte, wenn wir von ihm trinken, werden wir nie wieder Durst haben (Joh 6,35). Ebenso wird uns gesagt, dass wir uns anstrengen sollen, Gott mehr zu lieben, während uns der Epheserbrief sagt, dass wir bereits eine *unsterbliche* Liebe zu Gott haben (Eph 6,24).

Die Quintessenz ist, dass du nichts Neues, nichts Anderes oder mehr von Irgendetwas brauchst. Du musst nicht nach etwas Externem, nach etwas außerhalb von dir suchen, das in dich hineinkommt. Stattdessen kannst du nach innen schauen, zu deinem neuen, makellosen Herzen, in dem Christus wohnt. Genau dort hast du alles, was du brauchst (2Petr 1,3), denn du hast ihn.

Mit deinem neuen Herzen sehnst du dich wirklich und aufrichtig nach Gott selbst. Natürlich fühlst oder handelst du nicht immer so, aber du *begehrst* ihn immer. Man kann dich so beschreiben: *Du liebst immer Gott und du liebst immer andere.* Dein neues Ich mit dem makellosen Herzen ändert sich nie.

Was das heißt, ist unbedingt bemerkenswert. Es bedeutet, dass du nicht dazu gedrängt, geködert oder manipuliert werden musst, andere zu lieben oder ihnen zu dienen. Wie Römer 6,17 sagt, hast du ein gehorsames Herz. Du hast ein liebendes Herz. Du hast das Herz eines Dieners. Du hast Anteil an Gottes göttlicher Natur (2Petr 1,4; Röm 5,5). Ein solcher Mensch muss nicht dazu gedrängt werden, andere zu lieben.

Es ist einfach das, was du bist.

Leicht, nicht schwer

Wir haben oft das Gefühl – oder bekommen es sogar gesagt –, dass ein integres Leben ein harter Kampf sei, weil wir gegen uns selbst ankämpfen müssten. Es gehe darum, das Opfer – uns selbst – unnachgiebig gegen die Flamme zu halten, weil es immer versuche, vom Altar zu kriechen. Man sagt uns, wir sollten uns dort wieder festbinden, und wir werden ständig daran erinnert, dass unsere Opfer »nicht genug« seien.

Die Beliebtheit dieser Art von Botschaft ist nicht überraschend, wenn man bedenkt, dass die Welt uns ständig dazu antreibt, uns »mehr anzustrengen« und sich etwas »zu verdienen«. Aber auch hier sind wir aufgerufen, mit der religiösen Sichtweise der Welt zu brechen. Jesus sagt, sein Joch sei *sanft* und seine Last sei *leicht* (Mt 11,28–30). Und hier ist das Geheimnis: Das Leben mit Gott ist nur dann »sanft und leicht«, wenn unsere Berufung und unser Wesen perfekt zusammenpassen. Ungeachtet dessen, was wir vielleicht hören, hat Gott genau das für uns bewirkt.

Dann fragt jemand: *Was würde Jesus tun?* Wenn du ihm in den vier Evangelien ein oder zwei Tage lang folgst, wirst du ihn vielleicht dabei erwischen, wie er Möbel umwirft, Wein herstellt, auf dem Wasser geht oder die Pharisäer »Schlangenbrut« nennt. Aber beim Entfalten des neuen Ichs mit seinem makellosen Herzen geht es nicht darum, die Handlungen Jesu von vor zweitausend Jahren nachzuahmen. Es geht weniger um die Frage »Was würde Jesus tun?«, sondern vielmehr um die Frage »Was tut Jesus gerade jetzt, da er ja ein Geist mit mir ist?« Du musst also nicht »versuchen, wie Jesus zu sein«. Im wahrsten Sinne des Wortes *bist* du schon wie er geworden (1Joh 4,17). Jetzt sollst du lernen, wer du in ihm bist, und dann sei einfach du selbst.

Verlangen, keine Disziplinen

Wenn du aus deinem neuen, makellosen Herzen heraus lebst, brauchst du dich nicht darum zu bemühen, Gott kennenzulernen. Auf eine geistlich-intuitive Art und Weise *kennst* du ihn bereits:

> *Und die Salbung, die ihr von ihm empfangen habt, bleibt in euch,* ***und ihr habt es nicht nötig, dass euch jemand lehrt; sondern wie euch die Salbung selbst über alles belehrt****, ist es wahr und keine Lüge; und so wie sie euch belehrt hat, werdet ihr in ihm bleiben. — 1. Johannes 2,27*

> *Und es wird keiner mehr seinen Nächsten und keiner mehr seinen Bruder lehren und sagen: Erkenne den Herrn! Denn* ***es werden mich alle kennen****, vom Kleinsten bis zum Größten unter ihnen. — Hebräer 8,11*

Außerdem sind das Lernen und die Kommunikation mit Gott keine »Disziplinen«. Es sind die wahren Sehnsüchte deines Herzens. Versteh das jetzt nicht falsch. Natürlich gibt es jede Menge Predigtreihen und Bücher, die die Vorzüge der sogenannten »geistlichen Disziplinen« anpreisen – vom Bibelstudium über das Gebet bis hin zum Gottesdienst. Aber die Sache ist die: Warum nennen wir sie »Disziplinen«, wenn die Bibel selbst das nicht tut? Ja, genau; während körperliche Disziplin und Gottes Disziplin ihre Berechtigung haben, werden das Lernen über Gott und das Reden mit ihm im Neuen Testament nie als »Disziplinen« bezeichnet.

Und dann ist da noch die Sache, worauf das Wort *Disziplin* an sich schon schließen lässt: dass es hier um Dinge geht, die wir nicht wirklich tun wollen. Durch »Disziplinen« zwingen wir uns also – *gegen unseren Wunsch* – das zu tun, was Gott von uns will. In Wirklichkeit könnte nichts weiter von der Wahrheit entfernt sein.

Stell dir mal vor, du bist wieder Kind und deine Eltern gehen auf eine lange Reise und lassen dich zurück. Nach den ersten zwei Wochen fängst du an, sie wirklich zu vermissen! Dann klingelt das Telefon. Sie sind es, die aus dem Ausland anrufen. Du nimmst den Hörer ab und sagst: »Papa, ich will eigentlich nicht mit dir reden, aber alle um mich herum sagen, ich solle mich ›disziplinieren‹, mehr mit dir zu reden, also bin ich ans Telefon gegangen.«

Dann bekommst du einen dicken Brief von ihnen, frankiert mit ausländischen Marken. Du denkst: *Ich sollte den Brief wirklich öffnen ... aber mir ist nicht danach. Vielleicht schaffe ich es ja, den Brief in ein paar Tagen zu öffnen, wenn ich diesen Drei-Schritte-Rechenschaftsplan befolge. Und wenn ich mich regelmäßig diszipliniere, kann ich mich vielleicht sogar dazu bringen, fünf Zeilen pro Tag zu lesen.*

Absurd, oder? Es sind deine Eltern! Du liebst sie. Du vermisst sie. Du kannst es kaum erwarten, mit ihnen zu reden, ihnen alles zu erzählen, was mit dir passiert ist, und zu hören, was sie gemacht haben. Natürlich willst du von ihnen hören und mit ihnen reden. Wenn der Brief ankommt, reißt du ihn auf und verschlingst ihn in einem Zug. Vielleicht liest du ihn sogar noch einige weitere Male, damit es sich so anfühlt, als wären sie direkt bei dir.

Wenn es um unsere irdische Familie geht, nennen wir es »mit ihnen reden«. Doch wenn es unseren himmlischen Vater betrifft, haben wir besondere und einschüchternde Wörter – »Gebet« und »geistliche Disziplinen« –, die unsere Sichtweise trüben können. Ist

Gebet nicht einfach ein Gespräch mit unserem Vater? Was ist Bibelstudium anderes als das Lesen seines Liebesbriefes an uns?

Wenn du also von Druck, Schuldgefühlen und manchmal sogar Manipulation überschwemmt wirst, wirst du dein wahres Verlangen, zu beten (mit deinem Vater zu sprechen) und die Bibel zu lesen (seinen Brief an dich) vielleicht nie erkennen. Wenn dir ständig gesagt wird, dass dies deine »christliche Pflicht« sei, hast du unweigerlich *weniger* Lust dazu, nicht mehr. Alles, was du tust, vom Leben bis zum Geben, kannst und sollst du aus freien Stücken tun, ohne jeden Druck:

> *Jeder von euch muss selbst entscheiden, wie viel er geben möchte. Gebt jedoch* ***nicht widerwillig oder unter Zwang****, denn Gott liebt den Menschen, der gerne gibt.*
> *— 2. Korinther 9,7* NLB

Was wäre, wenn wir erkennen könnten, dass das Lernen aus Gottes Wort wie ein gutes Essen ist und dass das Gebet wie ein Gespräch mit deinem vertrauenswürdigsten besten Freund ist? Es kommt auf die Perspektive an, nicht wahr?

Gott lädt dich ein, dich in einer Atmosphäre echter Freiheit von deinem neuen Ich mit dem makellosen Herzen inspirieren zu lassen.

5

»Ich habe das alles hier oben in meinem Kopf. Ich muss es nur noch in mein Herz bekommen.«

Leute sagen das ständig. Irgendwie ist bei uns der Eindruck entstanden, dass wir alles oben (in unserem Kopf) haben und dass wir es eigentlich in unserem Herzen haben müssten – das sei, woran es uns fehle.

Aber es ist genau *umgekehrt*!

Wir haben nicht alles oben im Kopf. Wir sind noch dabei, unser Denken zu erneuern. Das ist ein Prozess, der noch nicht abgeschlossen ist. Wir lernen und wachsen in der Erkenntnis Jesu. Aber wir *haben tatsächlich* alles tief in unserem Herzen.

Du hast dich einer Herztransplantation unterzogen, einem DNA-Austausch an der Wurzel deines Wesens. Diese Operation ist vorbei, sie ist abgeschlossen. Nur die Erneuerung deines Gedankenlebens läuft noch. Wenn also das nächste Mal jemand sagt: »Ich habe alles hier oben drin«, dann hau schnell ab! Niemand hat alles im Kopf. Sonst wäre er ja ein Alleswisser.

Ja, du hast alles, aber nicht in deinem Kopf. Schau einfach einen halben Meter tiefer auf dein geistliches Herz. Dort liegen alle Weisheit und alle geistlichen Segnungen in der Person von Jesus verborgen. Und diese wunderbaren Wahrheiten haben bereits begonnen, in deinen Kopf aufzusteigen.

Während du also beten kannst: »Vater, erneuere mein Denken«, kannst du gleichzeitig auch beten: »Lehre mich, was es bedeutet, dich stetig und in Gänze in meinem neuen, makellosen Herzen zu haben.«

Herzattacke

Es scheint, als gäbe es heutzutage einen Angriff auf die Herzen der Gläubigen. Der Feind scheint viele Christen davon überzeugt zu haben, dass unsere Herzen »trügerisch böse« seien. Wir denken sogar, wir seien demütig, wenn wir uns so sehen. Doch wahre Demut bedeutet, dass du das Gleiche über dich sagst, was Gott sagt – nicht mehr *und nicht weniger.*

Wenn du dein Herz wirklich verstehen willst, musst du den Gott des Universums befragen. Ist dein Herz immer noch sündig, schmutzig und falsch? Oder ist dein Herz durch die Neugeburt neu, untadelig und gut geworden? Wenn es neu ist, was bedeutet es für dich, wenn du diesen halben Meter vom Kopf zum Herzen zurücklegst und anfängst, aus deinem vollkommenen Ich zu leben?

Während du diesen grundlegenden und doch revolutionären Gedanken verarbeitest, dass du jetzt durch und durch gut bist, lass uns weiteren Fragen nachgehen. Erstens, kannst du deinem Herzen vertrauen? Gibt es wirklich etwas in dir, auf das du dich verlassen kannst? Oder ist das nur Wunschdenken? Zweitens, trägst du wirklich alle Ressourcen in dir, die du für das Leben und deine Gottgefälligkeit brauchst? Oder musst du weiterhin diese »Ferngespräche« führen, in denen du Gott bittest, aus dem Himmel herabzusteigen und dich mit einer neuen Portion Liebe oder Geduld für den Tag zu besuchen?

Beginnen wir mit einer Herzuntersuchung.

Deine Herzuntersuchung

Kannst du deinem Herzen vertrauen? Die Antwort auf diese Frage findet sich nicht in deinen vergangenen Erfahrungen, deinen jüngsten Leistungen oder deinen momentanen Gefühlen. Du hast vielleicht das *Gefühl*, dass du deinem Herzen nicht vertrauen kannst.

Dinge, die du in der Vergangenheit getan hast, könnten darauf hindeuten, dass du es nicht tun solltest. Sogar die Entscheidungen, die du gestern getroffen hast, lassen dich vielleicht dir selbst zurufen: »Vertraue deinem Herzen nicht!«

Aber wir werden nicht aufgefordert, auf unsere Erfolgsbilanz zu schauen. Stattdessen sagt uns der Autor des Hebräerbriefs, dass es nur einen Ort gibt, wo wir die Gedanken und Absichten unseres Herzens erkennen können: das Wort Gottes.

> *Denn das Wort Gottes ist lebendig und wirksam und schärfer als jedes zweischneidige Schwert, und es dringt durch, bis es scheidet sowohl Seele als auch Geist, sowohl Mark als auch Bein, und* ***es ist ein Richter der Gedanken und Gesinnungen des Herzens****. — Hebräer 4,12*

Wenn du wirklich wissen willst, welche Art von Herz du hast, kann dir nur das Wort Gottes eine genaue Antwort geben. Mit diesem Buch bitten wir Gott, dir die Natur und die Gestaltung deines geistlichen Herzens zu offenbaren.

Stell dir vor, du würdest auf einem geistlichen Operationstisch aufgeschnitten. Wie würdest du von innen aussehen? Was wäre in dir zu sehen? Während wir diese Fragen gemeinsam stellen, wirst du einige unglaubliche Wahrheiten erfahren, die dich vielleicht überraschen.

Willst du sündigen?

In dir gibt es einen Ort, an dem Christus lebt. Es ist ein reiner Ort, dem Allerheiligsten im Alten Testament ähnlich. So ist dein Körper zum Tempel des Heiligen Geistes geworden.

Gott hat das Haus gereinigt und ist dann eingezogen:

Doch dies ist der neue Bund, den ich an jenem Tag mit dem Volk Israel schließen werde, spricht der Herr: Ich werde ihr Denken mit meinem Gesetz füllen, und ich werde es in ihr Herz schreiben. Ich werde ihr Gott sein und sie werden mein Volk sein. — Hebräer 8,10 NLB

Gott hat beschlossen, seine Wünsche in dein Herz zu schreiben, damit du wirklich willst, was er will. Wenn du noch nicht ganz verstehst, wovon hier die Rede ist, lass dir einen Gedanken mit auf den Weg geben, der es dir verdeutlicht. Bedenke bitte die folgende Aussage. Sie ist kurz, aber lass dich darauf ein, dich mit ihrer Bedeutung auseinanderzusetzen. Sprich sie laut aus:

Ich will eigentlich nicht sündigen.

Ja, genau: Du willst eigentlich gar nicht sündigen. Und du wirst es auch nie wollen. Das mag nicht leicht über die Lippen gehen. Vielleicht ist es unvorstellbar. Aber lass uns diese Möglichkeit durchspielen, genauso die gängige Alternative.

Wenn dein Herz wirklich, zutiefst und unabänderlich danach verlangt, zu sündigen – überall und jederzeit – dann gibt es für dich diesseits des Himmels wirklich keine Hoffnung. Es ist unmöglich, in deinen verbleibenden Jahren gegen deine Bedürfnisse und gegen dein wahres Selbst zu leben. Warum also nicht einfach »essen, trinken und fröhlich sein«, bis du stirbst? Du kannst dich sowieso nicht konsequent gegen dein eigenes Selbst stellen: Ein Haus, das mit sich selbst uneins ist, kann nicht bestehen (Mt 12,25).

Wenn du dich jedoch einer Herztransplantation unterzogen hast, dann wurden auch deine Bedürfnisse ausgetauscht. Wenn der Kern deines geistlichen Wesens herausgerissen und ersetzt wurde, dann auch deine geistlichen Leidenschaften. Und deshalb wird die Sünde dich *niemals* befriedigen.

Ist es dir schon aufgefallen? Zunächst, wenn die Versuchung kommt, gibt es einen Aufruhr in dir, einen Kampf. Irgendetwas ist nicht in Ordnung. Es entsteht ein Konflikt. Du bist nicht hundertprozentig bereit, den Gedanken in die Tat umzusetzen. Du hast das Gefühl, gegen etwas anzukämpfen.

Dann, nachdem du der Versuchung nachgegeben hast, bist du dann im Reinen mit dir, zufrieden mit dem, was du getan hast? Oder fragst du dich stattdessen: »Warum habe ich das getan?« Das sagt eine Menge über deine wahren Wünsche und Bedürfnisse aus. Trotzdem sündigst du am Ende. Du lässt dich täuschen und handelst im Widerspruch zu deinem neuen, makellosen Herzen.

*Du **willst** eigentlich nicht sündigen. Dein Herz ist nicht daran interessiert.*

Leider ist das in der christlichen Welt von heute eine Neuigkeit. Die meisten christlichen Lehren gehen von der Prämisse aus, dass du sündigen willst, aber nicht solltest. Du willst sündigen, aber darfst es eigentlich nicht. Letztendlich kann das zu einer »Fake-it-until-you-make-it«-Theologie führen: *Du bist im Grunde sündig, aber du solltest besser nicht sündigen. Dein Herz ist böse, aber du darfst nichts Böses tun!*

Doch Gott fordert dich nicht auf, etwas vorzutäuschen. Jede einzelne Anweisung, die wir im Neuen Testament finden, ist eine perfekte Beschreibung dessen, was du in deinem Inneren bereits bist. Mit jeder Anweisung sagt Gott einfach: »So drückst du die tiefen Herzenswünsche aus, die ich in dich eingepflanzt habe. Das wird dich erfüllen und die Bedürfnisse der Menschen um dich herum stillen.«

Neue Möglichkeiten!

Ein neues, makelloses Herz bedeutet neue Möglichkeiten. Du kannst wirklich aus deinen innersten Leidenschaften und Wünschen leben. Hier ist noch ein Beispiel, das dich hierzu einlädt!

*Jeder, **wie er es sich im Herzen vornimmt**; nicht widerwillig oder gezwungen, denn einen fröhlichen Geber hat Gott lieb!*
— 2. Korinther 9,7

Was sagt das über dein Herz aus? Es deutet darauf hin, dass die Absichten deines Herzens gut sind und vollständig mit Gottes Willen im Einklang. Sag das mal laut: *Die Absichten meines Herzens sind mit Gottes Willen im Einklang.*

Paulus sagt auch, dass das Ziel seiner Unterweisung Liebe aus reinem Herzen sei (1Tim 1,5). Wie sollte das überhaupt gehen, wenn dein Herz nicht neu und rein wäre? Dementsprechend schreibt Petrus: »Eure Schönheit soll von innen kommen – das ist die unvergängliche Schönheit eines freundlichen und stillen Herzens, das Gott so sehr schätzt« (1Petr 3,4 NLB). Welche Schönheit sollte denn von innen kommen, wenn dein Herz schlecht wäre? Es gäbe dort ja keine.

In Abschnitten wie diesen zeigt Gott dir im Grunde ein geistliches Röntgenbild. Er zeigt dir, wer du im Inneren bist. Stell dir vor, du würdest beten: »Gott, offenbare mir meine innere Schönheit. Zeig mir, wer ich bin.« Diese Verse sind seine Antwort!

In Römer 5 steht, dass die Liebe Gottes in dein Herz ausgegossen worden sei. Wohnt die Liebe Gottes in einem bösen Herzen? In Epheser 3 heißt es, dass Christus durch den Glauben in deinem Herzen wohne. Wohnt Christus an einem schmutzigen Ort? In Galater 4 steht, dass Gott den Geist seines Sohnes in dein Herz gesandt habe. Hat Gott den Geist Christi gesandt, um in einem Sünder mit unreinem Herzen zu wohnen?

Nein. Der Ungläubige liegt vielleicht nachts wach und träumt von neuen Möglichkeiten, zu sündigen. Ihm scheint es damit gut zu gehen. Du hingegen tust dein Möglichstes, solide Antworten zu finden, um Sünde zu vermeiden. Du bist anders. Du bist Gast und Fremdling in dieser Welt (1Petr 2,11). Und Gott will, dass du das weißt. Sein Geist bezeugt deinem Geist, dass du jetzt Teil der Familie bist und perfekt dazu passt (Röm 8,16).

Du kannst mit Recht sagen: »Ich gehöre zu dir, Vater. Du hast mein Herz erobert. Jetzt gehört es dir. Ich bin in deiner Familie. Ich bin an deinen Tisch eingeladen. Dein Geist in mir offenbart meine wahre Identität.«

Denk daran – Erlösung heißt nicht nur Vergebung und Himmel. Erlösung bedeutet, dass du an der Wurzel deines Seins anders bist. Gott hat etwas Radikales mit dir gemacht. Und du wirst mehr als ein ganzes Leben lang damit verbringen, die Tiefen all dessen zu erforschen, was das für dich bedeutet.

Gott sehnt sich danach, dich zu überzeugen. Er möchte, dass du die tieferen Wahrheiten des Evangeliums kennst. Er wird vor nichts haltmachen, um sie dir zu offenbaren. Er ist fest entschlossen, dich deine Neuheit und Einheit mit ihm erleben zu lassen. Es ist die Sehnsucht seines Herzens (und deines!), dass du die Essenz dessen schmeckst, was du in ihm bist, und all die Schönheit entdeckst, die geistlich unter der Oberfläche schlummert. Gott möchte, dass du dein neues Ich – in dem ein makelloses Herz steckt – annimmst und genießt.

6

Wie sahen unsere geistlichen Herzen vor der Errettung aus? Früher hatten wir ein nichterneuertes Herz, das das Böse begehrte. Wir waren Sklaven der Sünde – süchtig nach ihr. In Römer 1 heißt es: »[Gott] hat sie … dahingegeben in *die Begierden ihrer Herzen*« (V. 24). Offensichtlich haben unsere Herzen nach der Sünde gelüstet, sich nach ihr gesehnt, sie begehrt.

Du denkst vielleicht: *Ja, so geht es mir auch. Ich kann nicht aufhören, an die Sünde zu denken. Ich will sündigen.* Aber lass dich dazu anregen, das noch einmal zu überdenken.

Hier in Römer 1 macht Paulus völlig klar, dass dies eine Beschreibung des *Ungläubigen* ist, nicht des Gläubigen. Bist du mit einem lüsternen Herzen wiedergeboren? Hat Gott dir ein neues, aber sündiges Herz geschenkt? Hast du zwei geistliche Herzen?

Nein. Nimm dir diese Bibelstelle nicht so zu Herzen. Denke daran, dass du im Grunde die Post an jemand anderen liest. Du liest die Beschreibung einer Person, die *nicht du* bist.

Sehnt sich dein Herz rund um die Uhr nach Sünde? Bist du nie zufrieden, wenn du nicht gerade sündigst? Bist du hinterher froh, dass du es getan hast, und kannst es kaum erwarten, es wieder zu tun? Wenn du eine neue Schöpfung in Christus bist, ist es unmöglich, dass du das widerspruchsfrei glaubst (1 Joh 3,9). Du denkst vielleicht, dass du sündigen willst, aber wenn du es tust, bist du unzufrieden. Es erfüllt dich nie *wirklich*.

An anderer Stelle spricht Paulus wiederum über das Herz eines Ungläubigen: »Ihr Verstand ist verfinstert und sie sind von dem Leben, das Gott für sie hat, weit entfernt, weil sie von ihm nichts wissen wollen und *ihre Herzen hart geworden sind*« (Eph 4,18 NLB). Wieder sind es die *Ungläubigen*, die vom Leben Gottes ausgeschlossen sind.

Ihr Herz ist hart.

Aber wie oft hast du schon gehört, dass Christen – sogar Pastoren – einem anderen Gläubigen gesagt haben, sein Herz sei hart? Das stimmt nicht! Sicher, manchmal tragen wir verhärtete Einstellungen in uns, die Bitterkeit oder Groll aufrechterhalten, aber wir Gläubige haben *neue*, *gehorsame* und *weiche* Herzen (Hes 36,26; Röm 6,17).

In Römer 2 heißt es: »Aber aufgrund deiner Verstocktheit und deines unbußfertigen Herzens häufst du dir selbst Zorn auf für den Tag des Zorns und der Offenbarung des gerechten Gerichtes Gottes« (V. 5). Hier wird das Herz des Ungläubigen als *unbußfertig* beschrieben.

Doch indem du dein Herz für Jesus Christus geöffnet hast, hast du dich von der alten und toten Lebensweise losgesagt. Du hast dich dem Glauben an Gott zugewandt und ein neues Leben mit Jesus begonnen. Du als Gläubiger bist also nicht von Natur aus unbußfertig. Denke darüber nach: Du kannst nicht gleichzeitig ein gehorsames Herz und ein unbußfertiges Herz haben.

Außerdem wissen wir aus Römer 5, dass wir Gläubigen *vorm Zorn gerettet sind*. Deshalb geht es in Römer 2 eindeutig nicht um diejenigen, die Gottes Kinder sind. Es geht nur um die Ungläubigen, die im Herzen unbußfertig sind und Zorn erfahren.

Dein neues, gehorsames Herz

Gottes Weg beginnt mit innerer Veränderung, nicht mit äußerer Verhaltensanpassung. Die körperliche Beschneidung war eine Operation, ein Wegschneiden und wurde von den Juden praktiziert. Das neue Leben in Christus beinhaltet ebenfalls eine Operation, und zwar an deinem geistlichen Herzen. Dein altes Herz wird weggeschnitten und von Gottes Geist durch ein neues Herz ersetzt.

Nein, ein wahrer Jude ist der, dessen Herz vor Gott gerecht ist.
Und ***die wahre Beschneidung ist keine äußere Handlung,***

> ***sondern eine Veränderung des Herzens durch den Geist Gottes*** *und geschieht nicht durch Einhaltung jedes einzelnen Buchstabens des Gesetzes. Wer diese Veränderung erfahren hat, bekommt die Anerkennung Gottes und nicht die der Menschen. — Römer 2,29* NLB

Im selben Brief schreibt Paulus etwas später Folgendes über dein Herz:

> *Gott aber sei Dank, dass ihr Sklaven der Sünde wart, aber* ***von Herzen gehorsam*** *geworden seid dem Bild der Lehre, dem ihr übergeben worden seid! Frei gemacht aber von der Sünde, seid ihr* ***Sklaven der Gerechtigkeit*** *geworden. — Römer 6,17–18* ELB

Wenn du hörst, du habest ein böses Herz, kannst du antworten: »Nein, ich habe ein gehorsames Herz. Ich bin ein Sklave der Gerechtigkeit!«

Ja, du warst einmal ein Sklave der Sünde. Und dieses Sklaventum war derart real, dass dein Herz sich nach der Sünde sehnte. Du hattest in deinem Herzen eine Leidenschaft für die Sünde. Das *warst* du einst. Aber dieses neue Sklaventum ist genauso real. Dein Herz sehnt sich danach, von Jesus abhängig zu sein. Du hast eine Leidenschaft für ihn. Das ist es, was du jetzt bist.

Man kann es auch anders ausdrücken: »… weder Diebe noch Habsüchtige, noch Trunkenbolde, noch Lästerer, noch Räuber werden das Reich Gottes erben. Und solche sind etliche von euch *gewesen*; aber ihr seid *abgewaschen*, ihr seid *geheiligt*, ihr seid *gerechtfertigt* worden in dem Namen des Herrn Jesus und in dem Geist unseres Gottes!« (1Kor 6,10–11).

Das *warst* du von Natur aus. Das *warst* du in deinem Herzen. Aber jetzt hat sich alles für dich verändert. Du bist nicht mehr derselbe Mensch.

Die Herzoperation der Erlösung

In Hesekiel 36 finden wir eine alte Prophezeiung, die von einer Herztransplantation spricht:

> *Und ich werde euch ein neues Herz geben und euch einen neuen Geist schenken. Ich werde* ***das Herz aus Stein aus eurem Körper nehmen und euch ein Herz aus Fleisch geben****.*
> *— Hesekiel 36,26* NLB

Hier gibt es ein paar unglaubliche Dinge zu entdecken. Zuallererst unterziehst du dich bei der Erlösung einer Herzoperation. Du bekommst *ein neues Herz*. Genau – das Herz, das vor der Errettung voller Begierden und hart und unbußfertig war, ist *weg*. Du hast dieses Herz nicht mehr.

Das »böse Herz« wird zwar in der Bibel angesprochen – aber die Bibel sagt auch klar, dass *du es nicht mehr hast*. Es wurde chirurgisch entfernt und durch ein brandneues Herz ersetzt. Genau das hat die Errettung bewirkt.

Aber das ist noch nicht alles. In Hesekiel 36 steht noch etwas anderes, etwas Erstaunliches. Dort steht, dass du auch *einen neuen Geist* bekommst. Mit diesem Geist ist *nicht* der Heilige Geist gemeint, sondern *dein menschlicher Geist*.

Was ist dein menschlicher Geist? Es ist dein geistlicher Kern, der Ort, an dem dein geistliches Herz mit seinen Leidenschaften und Bedürfnissen sitzt. Dazu später mehr! Für den Moment bedeutet das, dass du dich im Zentrum deines Wesens komplett verändert hast. Du hattest einen alten menschlichen Geist, der *für Gott tot und für die Sünde lebendig* war. Jetzt hast du einen neuen menschlichen Geist, der *für die Sünde tot und für Gott lebendig* ist. Darüber hinaus lebt der Heilige Geist in dir.

Viele sind in der Kirche mit anderen den Gang hinuntergeströmt, um »gerettet zu werden«, wobei sie glaubten, nichts weiter erhalten zu haben als die Vergebung ihrer Sünden und einen neuen Ort, an den sie nach ihrem Tod hinkommen. Vielleicht wissen einige, dass sie auch den Heiligen Geist empfangen haben, aber selbst dann stellen sie sich vielleicht so etwas vor wie einen Klecks Heilig-Geist-Schlagsahne auf ihr jetziges Ich (vielleicht um in Gottes Augen besser auszusehen). Aber davon spricht diese Prophezeiung in Hesekiel nicht. Weit gefehlt!

Bei der Errettung wurde der Kern deines Wesens herausgerissen und ersetzt. Früher warst du von Natur aus ein Sünder. Jetzt bist du ein Heiliger. Du bist die Gerechtigkeit Gottes geworden (2Kor 5,21). Wie wir im Detail sehen werden, geschah diese Verwandlung, weil nicht nur Christus am Kreuz gestorben ist.

Geistlich bist *du* auf eine Art mit ihm gestorben.

Diese Seite im Buch

Denke an die Seite, die du gerade liest – die Seite in diesem Buch. Wenn du dieses Buch ins Feuer werfen und verbrennen würdest, was würde dann mit dieser Seite passieren? Sie würde ebenfalls verbrennen. Warum? Weil die Seite *im* Buch ist. Wenn du ein Loch buddeln und das Buch darin vergraben würdest, was würde dann mit dieser Seite geschehen? Auch sie würde vergraben werden, weil die Seite im Buch ist. Wenn du dieses Buch in die Höhe heben und in ein sehr hohes Regal stellen würdest, was würde dann mit dieser Seite passieren? Auch sie würde hochgehoben und in das Regal gestellt werden. Warum? Wiederum – weil die Seite im Buch ist.

Genauso ist es mit dir in Christus. Weil du in Christus bist, wurdest du in ihm gekreuzigt, begraben und auferweckt. Was ihm widerfahren ist, ist auch dir geistlich widerfahren.

> ***Oder wisst ihr nicht, dass wir alle, die wir in Christus Jesus hinein getauft sind, in seinen Tod getauft sind?*** *Wir sind also*

mit ihm begraben worden durch die Taufe in den Tod, damit, gleichwie Christus durch die Herrlichkeit des Vaters aus den Toten auferweckt worden ist, ***so auch wir in einem neuen Leben wandeln****. Denn wenn wir mit ihm einsgemacht und ihm gleich geworden sind in seinem Tod, so werden wir ihm auch in der Auferstehung gleich sein; wir wissen ja dieses, dass* ***unser alter Mensch mitgekreuzigt worden ist****, damit der Leib der Sünde außer Wirksamkeit gesetzt sei, sodass wir der Sünde nicht mehr dienen; denn wer gestorben ist, der ist von der Sünde freigesprochen. — Römer 6,3–7*

»Oder wisst ihr nicht … ?« So beginnt dieser Abschnitt. Offenbar kann etwas auf dich zutreffen, aber du weißt davon nicht. Das ist genau das, was dieses Buch dir sagen will – etwas Gravierendes ist mit dir passiert, und du weißt es vielleicht nicht einmal.

Die Taufe hier in Römer 6 hat nichts mit Wasser zu tun. Es geht darum, geistlich in Christus eingetaucht zu werden. So wie die Seite in dieses Buch »getauft« wurde, bist du in Jesus Christus getauft worden. Dieses Eintauchen in Christus hat es dir ermöglicht, dich einer radikalen Operation an der Wurzel deines Wesens zu unterziehen.

Zur Errettung gehört nicht nur, dass Jesus für deine Sünden starb. Zur Errettung gehört auch, dass *du mit Jesus gestorben bist.* In Galater 2,20 steht: »Ich bin mit Christus gekreuzigt.« In Römer 6,6 heißt es, unser alter Mensch bzw. unser altes Ich sei mit ihm gekreuzigt worden. In Kolosser 2,20 steht: »Ihr seid mit Christus gestorben.«

Diese Botschaft – dass das alte Ich gestorben ist, dass wir mit Christus gekreuzigt wurden – war so wesentlich, so zentral für die Botschaft des Evangeliums, dass Paulus sie in seinen Briefen immer wieder aufgriff und wiederholte.

Dein altes Ich lebt nicht mehr. Dein neues Ich lebt jetzt durch den Glauben an Jesus. Dein altes Ich wurde ans Kreuz gebracht, gekreuzigt und begraben. Dein neues Ich sehnt sich danach, ganz im Vertrauen auf ihn zu leben.

Die Errettung bedeutet nichts anderes, als dass du stirbst und mit einem neuen, makellosen Herzen aufwachst: als vollkommenes Wesen, das für immer mit Jesus verbunden ist. Vergebung war nicht genug. Du musstest auch sterben und mit Christus auferstehen.

Das ist *die andere Hälfte des Evangeliums.* »Jesus ist für dich gestorben und wieder auferstanden« ist nur ein Teil des Evangeliums – der Teil, den wir alle in der Kirche hören. Doch »Du bist mit Jesus gestorben und wieder auferstanden« ist der andere Teil, und den bekommen wir nur selten zu hören.

Dabei ist er der Schlüssel, der uns zur Erkenntnis unseres makellosen Herzens führt.

Lehne dich nicht ab

Wenn wir in dem, was wir glauben, nicht unterscheidungsfähig sind, übernehmen wir am Ende Lehren, die dazu führen, dass wir uns selbst ablehnen. Das Wort »Selbst« wird für uns zu einem Schimpfwort. Während wir Gott folgen, streben wir danach, das »Selbst« abzulegen und schließlich zu töten, ohne zu erkennen, dass Gott dieses alte Selbst bereits beseitigt und ersetzt hat. Er möchte einfach, dass wir das glauben und danach handeln: »Haltet euch der Sünde für tot, Gott aber lebend in Christus Jesus!« (Röm 6,11 ELB).

Was ist das Endergebnis dieser morbiden Botschaft? Am Ende glauben wir, dass wir in Gottes Augen nicht annehmbar seien und dass der einzige Grund, warum er uns auch nur eine Sekunde lang ertrage, der sei, dass er uns durch einen Jesus-Filter betrachte. Nähme er diesen Filter auch nur für einen Moment weg, würde er uns als das sehen, was wir wirklich sind: verabscheuungswürdige Sünder, die durch Gnade gerettet wurden, aber immer wieder zu ihren früheren üblen Verhaltensweisen zurückkehren wollen. Daraus schließen wir, dass wir unser Herz fest im Griff haben müssen, weil es uns ständig in die falsche Richtung führen will.

Dabei lautet die Wahrheit des Evangeliums doch so: Du bist wirklich wiedergeboren (1Petr 1,3). Du bist aus dem Geist geboren (Joh 3,6). Du bist ein Kind der Auferstehung (Lk 20,36). Du bist ein Sklave der Gerechtigkeit (Röm 6,17). Du hast Anteil an der göttlichen Natur (2Petr 1,4). Du bist *ein* Geist mit Jesus (1Kor 6,17). Du hast ein neues Herz und einen neuen Geist und dazu noch Gottes Geist bekommen (Hes 36,26–27). Das ist die Wahrheit des Evangeliums darüber, wer du wirklich bist!

Sicher, Jesus hat den Preis bezahlt, aber dieser Preis wurde nicht für die Entwicklungskosten eines speziellen Filters entrichtet, durch den Gott dich anschauen kann. Es war der Preis dafür, dass er *von Grund auf verändert hat, wer du eigentlich bist*. Es war der Preis dafür, dass dir wirklich vergeben wurde, dass du wirklich gerecht bist und dass du wirklich – nicht nur »positionell«, sondern vollständig und wahrhaftig – gut bist.

TEIL 3

Das untadelige Ich

7

Der Dokumentarfilm *Waste Land* (2010) schildert das Leben von Männern und Frauen, die auf der größten Mülldeponie der Welt leben, einer Müllhalde vor den Toren Rio de Janeiros. Jeden Tag nach dem Aufstehen durchwühlen sie den Müll nach etwas – irgendetwas – Essbarem und Verwertbarem, um zu überleben. Einige dort haben aus dem Müll sogar provisorische Behausungen gebaut. Wenn sie die Wahl hätten, würden sie dann dort leben? Natürlich nicht! Niemand will auf einer Müllhalde leben. Das dürfte offensichtlich sein, oder?

Gott will auch nicht an schmutzigen Orten leben. Du bist keine Müllhalde. Du bist sein durch und durch heiliges, gerechtes und tadelloses Gefäß (Eph 5,27). Du bist kein Abfall. Du bist sein Tempel (1Kor 6,19).

Denk mal darüber nach: Keine Bibelstelle deutet auch nur im Entferntesten darauf hin, dass du in letzter Minute, kurz bevor du in den Himmel kommst, noch schnell einer Herztransplantation unterzogen wirst. An der Himmelspforte gibt es keinen Austausch von Herz, Geist oder Seele. Was bedeutet das? Es kann nur bedeuten, dass alles, was mit dir geschehen musste – abgesehen vom Erhalt eines neuen Körpers natürlich –, bereits geschehen *ist*.

Du bist jetzt schon neu (2Kor 5,17). Du bist mit Christus vereint (Röm 6,5). Und du bist vollständig mit ihm *kompatibel*.

Sind wir nicht immer noch »Sünder«?

In so vielen Predigten, Kirchenliedern und christlichen Büchern werden wir als »Sünder« bezeichnet. Wenn wir das über uns selbst sagen, klingt es selbstkritisch und für manche vielleicht auch supergeistlich oder gottesfürchtig. Doch es entspricht einfach nicht Gottes Wahrheit.

Das Evangelium verkündet, dass du als Gläubiger nicht mehr von Natur aus Sünder bist. Du bist ein Heiliger, der manchmal sündigt. Und ja, das ist ein großer Unterschied. Aber die Frage bleibt: Bist du bereit zu glauben, dass das, was Gott über dich sagt, tatsächlich real und wahr ist? Oder denkst du, dass es sich bloß um eine vorgegaukelte »Wohlfühl«-Sicht auf dich selbst handelt? Oder ist es vielleicht nur ein himmlischer Zustand, den du eines Tages haben wirst, der aber noch nicht aktiviert wurde?

Wenn wir auf Konferenzen sprechen, fragen wir die Leute oft: »Gibt es hier jemanden, der nie sündigt?« Wenn jemand die Hand hebt, bekommt er zur Antwort: »Nun, jetzt hast du es getan!« Natürlich begehen wir alle Sünden. Wenn wir sagen, dass wir nicht sündigen, lügen wir – und das ist eine Sünde! Aber als Kinder Gottes sind wir nicht das, was wir tun. Lass mal Folgendes auf dich wirken:

Ich bin NICHT die Summe dessen, was ich tue.

Das kann schwer zu begreifen sein, da so viele Identitäten, die man in dieser Welt sieht, auf dem aufbauen, was Menschen tun. Du hast ein Kind, und das macht dich zu einem Elternteil. Du arbeitest als Lehrkraft, im Verkauf oder bist beruflich selbstständig und denkst, das macht dich zu dem, was du bist. Wenn du ein Verbrechen begehst, wirst du als Verbrecher bezeichnet. Wenn du alkoholabhängig bist, wirst du als Alkoholiker bezeichnet.

Aber Gott definiert dich *nicht* durch dein Verhalten. Du hast vielleicht mit etwas zu kämpfen, aber er bezeichnet dich nicht als »Kämpfender«. Du bist sein Kind. Und auch wenn du Sünden begehst, nennt er dich nicht Sünder oder Sünderin. Er nennt dich Heilige oder Heiliger. Und das nicht etwa, weil er sich selbst etwas vormacht!

Größter Sünder?

Aber bezeichnet sich der Apostel Paulus nicht selbst als den »größten aller Sünder«? Wenn das soeben Gesagte wahr ist, wie konnte es dann sein, dass Paulus sich als Sünder und nicht als Heiliger bezeichnete?

> *Ich danke Christus Jesus, unserem Herrn, der mir Kraft verliehen, dass er mich als treu erachtet und in den Dienst gestellt hat,* ***der ich früher ein Lästerer und Verfolger und Gewalttäter war****; aber mir ist Barmherzigkeit zuteilgeworden, weil ich es unwissend im Unglauben getan hatte; überströmend aber war die Gnade unseres Herrn mit Glauben und Liebe, die in Christus Jesus sind. Das Wort ist gewiss und aller Annahme wert, dass* ***Christus Jesus in die Welt gekommen ist, Sünder zu retten, von welchen ich der erste bin. Aber darum ist mir Barmherzigkeit zuteilgeworden,*** *damit Jesus Christus an mir als dem Ersten die ganze Langmut bewies, zum Vorbild für die, welche an ihn glauben werden zum ewigen Leben.*
> *— 1. Timotheus 1,12–16* ELB

Paulus bezieht sich hier auf sein früheres Leben als Lästerer, Verfolger und Gewalttäter. Diese Dinge trafen auf ihn *vor* seiner Errettung zu. Aber obwohl Paulus der erste (größte) Sünder war, fand er Barmherzigkeit, und das Ergebnis war ewiges Leben. Mit anderen Worten: Er wurde in einen Heiligen verwandelt. Deshalb würde sich Paulus als Gläubiger niemals als »größter aller Sünder« bezeichnen. Erinnere dich daran, dass Paulus in *keinem* seiner Briefe Gläubige »Sünder« nennt. Er bezeichnet uns immer als Heilige.

Jemand mag auf das Verb im Präsens in »… von welchen ich der erste *bin*« verweisen. Bedeutet das nicht, dass Paulus von seinem momentanen Status als Apostel spricht?

Stell dir vor, Michael Jordan wird im Alter von fünfundachtzig Jahren interviewt. Er sagt vielleicht: »Ich bin der beste NBA-Basketballspieler aller Zeiten.« Aber Michael Jordan ist kein NBA-Spieler mehr. Warum sollte er es also so formulieren? Er würde damit einfach sagen, dass er seiner Meinung nach genügend Rekorde aufgestellt hat, um sich als bester NBA-Spieler der Geschichte zu qualifizieren. Er muss kein aktiver Spieler sein, um das zu sagen.

Genauso sagte der Apostel Paulus gewissermaßen, dass er als Ungläubiger einen Rekord als größter Sünder aufgestellt hat. Doch auch wenn er zu dem Zeitpunkt, als er seinen Brief schrieb, zwar immer noch diesen Rekord hielt, würde er sich nicht mehr als Sünder bezeichnen. Er war jetzt ein Heiliger, der manchmal sündigte. Früher war er ein Lästerer und Gewalttäter, aber jetzt war er wiedergeboren als Kind Gottes mit einem neuen Herzen.

Und das bist du auch!

Du bist ein Heiliger!

Dein Nachname ergibt sich aus deiner leiblichen Geburt oder kommt von deinen Adoptiveltern und zeigt an, dass du zur Familie gehörst, ganz gleich, was du tust. Genauso kommt deine Identität als Kind Gottes von deiner neuen Geburt und deiner Aufnahme in Gottes Familie. Egal, was du tust, du gehörst jetzt zur Familie.

Das Wort »Sünder« kommt in den Briefen des Neuen Testaments mehr als ein Dutzend Mal vor, aber es bezieht sich nie auf einen Gläubigen. Du bist kein Sünder mehr. Für diese Familie bist du jetzt tot. Stattdessen bist du ein Mitglied von Gottes Familie. Obwohl du manchmal sündigst, bist du ein Heiliger.

Machen wir uns nichts vor. Wenn du durch deine vergangenen Leistungen definiert und etikettiert würdest, gäbe es nicht viel Motivation, weiterzumachen. Du wärst solch ein dreckiger Versager, dass du irgendwann nur noch mehr Sünden begehen würdest, weil du denkst: *Warum nicht? Ich bin eh schon so kaputt, warum nicht noch eine weitere Sünde auf den Haufen werfen?*

Doch weil du von Geburt an gerecht bist, wachst du jeden Tag auf und bist mit Gott im Reinen (gerecht), denn dir wurde vollkommen vergeben und du bist völlig gereinigt. Jeder Tag ist eine neue Gelegenheit, bessere Entscheidungen zu treffen und frei vom Griff der Sünde zu leben. Wie wir noch sehen werden, ist es unglaublich motivierend, nicht nur von Gott so »gesehen« zu werden, sondern zu begreifen, dass es wesensmäßig *tatsächlich auf dich zutrifft.*

Als *Gläubiger* musst du deine Bedürfnisse also nicht unterdrücken. Stattdessen kannst du sie anerkennen und aus ihnen leben. Du kannst du selbst sein und gleichzeitig Jesus zum Ausdruck bringen!

Ein duftendes Aroma

Trotzdem sehen sich viele Gläubige weiterhin als schmutzige Gefäße. Vielleicht muss Gott sich die Nase zuhalten, um mit ihrem Gestank klarzukommen! Aber an uns Gläubigen gibt es tatsächlich nichts Schlechtriechendes. Offenbar gefällt Gott sogar, wie wir riechen:

> ***Denn wir sind für Gott ein Wohlgeruch des Christus*** *unter denen, die gerettet werden, und unter denen, die verlorengehen.*
> *— 2. Korinther 2,15*

Wenn du dich selbst als »dreckigen Sünder« bezeichnest, gibst du Gott nicht die Anerkennung, die er für das, was er an dir getan hat, verdient. Für dich ist »Selbst« kein schmutziges Wort. Es ist ein wunderschönes Wort. Du bist das neue Selbst – und nur *ein* Selbst – und du bist kompatibel mit dem Gott des Universums.

Du bist ein einzigartiger Mensch, den Gott geschaffen hat – jemand, wie es ihn kein zweites Mal auf der Welt gibt, der aber als Mensch perfekt mit Gottes Wünschen und seinem Herzen im

Einklang ist: Dein *perfektes* Ich mit dem makellosen Herzen passt *perfekt* zu einer *perfekten* Beziehung mit ihm!

Du brauchst also keine Angst vor dir selbst zu haben. Du brauchst auch keine Angst vor deinen »eigenen Ressourcen«, Fähigkeiten oder Talenten zu haben. (Manche Menschen haben eine krankhafte Einstellung zu Fähigkeiten und Talenten, weil sie sie als etwas ansehen, das dem Wirken Gottes in unserem Leben entgegensteht.) Denk daran, dass du kein Hindernis bist, sondern ein Werkzeug. Und wie wir noch sehen werden, musst du dich nicht selbst loswerden oder kleinhalten.

Vielleicht wurdest du schon einmal gefragt: »Was würdest du an dir ändern?« Nun, weißt du, wie Gottes Antwort in Bezug auf dich lauten würde? »Nichts.« Er würde nichts an dir ändern. Weil er dich bereits verwandelt hat, bist du schon genau so, wie er dich haben will. Dafür hat er gesorgt!

Ein halber Meter zu deinem makellosen Herzen

Gott lädt dich also auf eine Reise von einem halben Meter ein – auf eine Reise vom Kopf zum Herzen. Im Moment neigst du vielleicht dazu, aus deinem Kopf zu leben, mit all den Gedanken, die sich dort befinden. Die gegenwärtige Version deines Denkens kann dein ganzes Leben bestimmen.

Du lässt es bestimmen, wie du deine Ehe führst. Du lässt es bestimmen, wie du Beziehungen führst. Du lässt es bestimmen, wie du zuhörst und wie du kommunizierst. Aber Gott ruft dich auf, von einem anderen Ort aus zu leben, nicht bloß aus deinem Kopf, sondern aus deinem Herzen.

Diese kurze Reise vom Kopf zum Herzen wird jedoch schwierig, wenn du glaubst, dass dein Herz nicht vertrauenswürdig ist. Sie wird fast unmöglich, wenn du glaubst, dass dein Herz schmutzig und sündig ist und sich sogar von Gott entfernt hat.

Du musst den Gott des Universums nach dem Wesen deines neuen Ichs befragen.

Ist dein Herz immer noch sündig, schmutzig, böse und falsch? Oder ist dein Herz durch die Neugeburt neu, richtig und untadelig geworden? Und wenn ja, was bedeutet das für dich, wenn du diesen halben Meter vom Kopf zum Herzen zurücklegst und anfängst, aus deinem Innersten heraus zu leben?

- Ein halber Meter zu einem besseren Leben
- Ein halber Meter zu besserer Kommunikation
- Ein halber Meter zu besseren Beziehungen

Manchmal versuchen wir, mit anderen allein über unseren Kopf in Beziehung zu treten. Wir setzen nur unsere grauen Zellen ein. Wenn wir streiten, versuchen wir, den anderen zur Rechenschaft zu ziehen und gegen ihn zu gewinnen. Wir zanken uns. Wir konkurrieren miteinander. Wir nutzen unsere gewohnten Bewältigungsmechanismen.

Alles geht vom Kopf aus; wir klagen die andere Person mit Beweisen dafür an, warum wir Recht hätten und sie Unrecht habe. Danach übernimmt sie die Rolle, sich zu verteidigen und uns anzuklagen. Jeder legt seinen Fall dar, verteidigt seinen Standpunkt und legt die Beweise vor.

Wir wollen unbedingt gewinnen … und dann verlieren *alle*.

Wir versuchen zu gewinnen, und die Ehe verliert. Wir versuchen zu gewinnen, und die Kirche verliert. Wir versuchen zu gewinnen, und die Freundschaft verliert. Warum? Weil wir von unserem derzeitigen Denkschema ausgehend entscheiden, wie sich das Leben am besten bewältigen und gestalten lässt, anstatt aus dem Herzen zu leben.

Dein Herz ist ein sicherer Ort für dich. Es ist der Ort, an dem Christus lebt. Gott hat saubergemacht und aufgeräumt. Dann ist er eingezogen. Er ist vertrauenswürdig.

Und als das neue Ich mit dem makellosen Herzen bist du es auch!

8

Bis heute wird in theologischen Kreisen darüber gestritten, ob die Gerechtigkeit der Gläubigen nur *zugeschrieben* (uns angerechnet) oder auch übertragen (uns tatsächlich gegeben) wird.

Angerechnete Gerechtigkeit bedeutet, dass deine Stellung vor Gott wie eine Sache der Buchhaltung ist. Gott hat dir die Gerechtigkeit auf deinem himmlischen Bankkonto gutgeschrieben, während du hier auf der Erde auf eine zukünftige innere Transaktion wartest.

Übertragene Gerechtigkeit bedeutet, dass Gott dich bereits in einer Weise verändert hat, sodass du von Natur aus gerecht bist.

Es ist ein Sowohl-als-auch!

Die schlichte Wahrheit ist, dass beide Konzepte in der Bibel vorkommen. Erstens sagt uns der Römerbrief, dass Abraham und jedem, der glaubt, die Gerechtigkeit zugeschrieben (angerechnet) wurde:

> *Denn was sagt die Schrift? »Abraham aber glaubte Gott, und das wurde ihm als Gerechtigkeit* ***angerechnet****«. Wer aber Werke verrichtet, dem wird der Lohn nicht aufgrund von Gnade angerechnet, sondern aufgrund der Verpflichtung; wer dagegen keine Werke verrichtet, sondern an den glaubt, der den Gottlosen rechtfertigt, dem wird sein Glaube als Gerechtigkeit* ***angerechnet****. Ebenso preist auch David den Menschen glückselig, dem Gott ohne Werke Gerechtigkeit* ***anrechnet****. — Römer 4,3-6*

Diese Art von Gerechtigkeit allein ist schon genug, um begeistert zu sein. Gerechtigkeit, die dir unabhängig von deinen guten Taten angerechnet wird? Wow! Das ist unglaublich! Aber es gibt noch mehr, worüber wir uns freuen können. Im Galaterbrief heißt es, dass dir die Gerechtigkeit nicht nur angerechnet wurde, sondern dass sie dir bei der Errettung tatsächlich übertragen wurde (zuteilwurde):

> *Steht nun das Gesetz den Verheißungen Gottes entgegen? Gewiss nicht! Denn wäre ein Gesetz gegeben, das* ***Leben schaffen könnte, dann käme in der Tat die Gerechtigkeit*** *aus dem Gesetz. Die Schrift jedoch hat alles unter die Sünde zusammengeschlossen, damit die Verheißung aufgrund des Glaubens an Jesus Christus den Glaubenden zuteil werde.*
> — *Galater 3,21–22* ZÜB

Beachte, dass »Leben« und »Gerechtigkeit« in diesem Abschnitt beinahe Synonyme sind. Das alttestamentliche Gesetz konnte dir kein Leben geben. Stattdessen hast du das Leben durch den Glauben an Jesus Christus erhalten. Hast du nun verstanden, wie du gerecht geworden bist? Du wurdest gerecht, *als dir das Leben gegeben wurde.* Das bedeutet, dass du nicht nur eine »Bankkonto-Gerechtigkeit« hast. Du hast auch eine Gerechtigkeit, die mit dem neuen Leben kam, das dir geschenkt wurde.

Ein Sklave von Geburt an

Denk mal darüber nach: Wenn du wirklich »von neuem geboren« (Joh 3,3), »aus Gott geboren« (Joh 1,12–13) und »aus dem Geist geboren« (Joh 3,6) bist, bedeutet das dann nicht, dass in dir eine echte Veränderung stattgefunden hat? Wenn Gott selbst dich geistlich geboren hat, würde dich das dann nicht *tatsächlich* gerecht machen?

Ja. Du warst von Geburt an (in Adam) ungerecht. Jetzt bist du durch die neue Geburt (in Christus) gerecht. Du hast eine geburtsbedingte Gerechtigkeit. Deshalb spricht der Apostel Johannes auf diese Weise über dich:

> *Kinder, lasst euch von niemand verführen! Wer die Gerechtigkeit übt, der* ***ist gerecht, gleichwie Er gerecht ist.***
> *— 1. Johannes 3,7*

Wie gerecht ist Jesus? Welche Art von Gerechtigkeit hat er? Handelt es sich dabei lediglich um zugeschriebene (angerechnete) Gerechtigkeit? Oder ist die Gerechtigkeit tatsächlich Teil seines Wesens? Da Jesus der Sohn Gottes ist, können wir uns leicht darauf verständigen, dass er tatsächlich gerecht ist. Erkennst du jetzt, dass Johannes deine Gerechtigkeit mit der von Jesus gleichsetzt? Hier darfst du etwas wirklich Tiefgreifendes verstehen!

Doch können wir uns wirklich sicher sein? Paulus verhilft uns zu noch mehr Gewissheit:

> *Gott aber sei Dank, dass* ***ihr Sklaven der Sünde wart****, aber von Herzen gehorsam geworden seid dem Bild der Lehre, dem ihr übergeben worden seid! Frei gemacht aber von der Sünde,* ***seid ihr Sklaven der Gerechtigkeit geworden****. — Römer 6,17–18* ELB

Wie real war deine Versklavung an die *Sünde*? Sehr real. Und wie real ist deine Versklavung an die *Gerechtigkeit*? Genauso real! Denk daran, was es bedeutete, ein Sklave der Sünde zu sein. Es war nicht nur eine Neigung zur Sünde. Es war eine wesenhafte Verbindung zur Sünde. Wir konnten nichts dagegen tun. Wir wurden von der Sünde *beherrscht.* Die Sünde verzehrte uns. Genauso haben wir jetzt eine wesenhafte Verbindung zur Gerechtigkeit. Wir können nichts dagegen tun. Wir werden von der Gerechtigkeit beherrscht. Die Gerechtigkeit verzehrt uns.

Wirklich gerecht

Hier ist ein ähnlicher Abschnitt, in dem Paulus unser Leben in Adam dem Leben in Jesus gegenüberstellt:

> *Denn gleichwie durch den Ungehorsam des einen Menschen die Vielen* ***zu Sündern gemacht*** *worden sind, so werden auch durch den Gehorsam des Einen die Vielen* ***zu Gerechten gemacht****. — Römer 5,19*

Es war Adams Ungehorsam, der dich von Natur aus zu einem Sünder machte. Genauso waren es der Gehorsam Christi am Kreuz und seine Auferstehung, die dich von Natur aus gerecht gemacht haben.

Hat der Ungehorsam Adams deinem geistlichen Bankkonto einfach Sündhaftigkeit »zugerechnet«? Oder warst du *buchstäblich* und *tatsächlich* durch Adam ein Sünder? Natürlich bist du buchstäblich und tatsächlich durch Adam ein Sünder geworden. Die Sünde wurde von ihm über die Zeitalter hinweg an dich weitergegeben. Du wurdest in Adam und damit in Sünde geboren. Diese Tatsache wirkte sich in jeder geistlichen Hinsicht auf dich aus und durchdrang dein geistliches Selbst und deine Begierden. Du wolltest sündigen. Und du konntest der Sklaverei der Sünde nicht entkommen. Du warst ein Sünder, nicht nur von der Position her, sondern ganz real.

In ähnlicher Weise wurdest du durch Christus wiedergeboren und dadurch gerecht gemacht. Das griechische Wort für *gemacht* in »gerecht gemacht« in Römer 5,19 bedeutet »ernennen« oder »bewirken«. Gott hat dich zu seinem Kind gemacht – nicht, weil er so getan hat, als wärest du gerecht, sondern weil er durch die neue Geburt in dir bewirkt hat, wirklich gerecht zu *sein*.

Du willst Gerechtigkeit zeigen, und weil sie dich als Sklave hält, kannst du dem auch nicht entkommen. Du bist an der Wurzel deines neuen Ichs mit seinem makellosen Herzen dauerhaft an Jesus gebunden. Du bist tatsächlich ein Heiliger.

Oder wisst ihr nicht …?

»Ja schon, aber ich fühle mich einfach nicht wie ein Sklave der Gerechtigkeit.« Dagegen ist nichts einzuwenden, denn auch wir, Tim und Andrew, fühlen es nicht, aber es ist auch kein Gefühl. Es ist eine Tatsache.

Stell dir vor, du würdest zehn ungläubige Freunde befragen und von ihnen wissen wollen, ob sie sich wie Sklaven der Sünde fühlen. Wie sähen wohl ihre Antworten aus? Eine Antwort könnte lauten: »Sklave der Sünde? Nein, das kann ich überhaupt nicht nachvollziehen. Ich fühle mich als freier Mensch auf diesem Planeten und kann alle möglichen guten Dinge tun.« Ein anderer würde vielleicht sagen: »Ich tue mit Sicherheit mehr Gutes als Schlechtes. Ich bin eigentlich ein ziemlich guter Mensch. Also nein, ich fühle mich nicht von einer finsteren Macht namens Sünde kontrolliert.«

Würdest du selbst bei solchen Antworten nicht immer noch denken, dass Ungläubige »Sklaven der Sünde« sind? Ja, trotz ihres fehlenden Bewusstseins würdest du an der biblischen Lehre festhalten und die Wahrheit glauben. Könnte es also sein, dass du ein Sklave der Gerechtigkeit bist, es dir aber auf emotionaler (oder mentaler) Ebene nicht bewusst ist? Vielleicht ist es das, woran der Apostel Paulus dachte, als er in Römer 6,1–3 (NLB) fragte:

> *Was wollen wir nun sagen? Sollen wir in der Sünde verharren, damit das Maß der Gnade voll werde? Das sei ferne!* ***Wie sollten wir, die wir der Sünde gestorben sind, noch in ihr leben? Oder wisst ihr nicht****, dass wir alle, die wir in Christus Jesus hinein getauft sind, in seinen Tod getauft sind?*

Die römischen Gläubigen fragten sich, welche Motivation sie für ein gottgefälliges Leben hätten, wenn Gottes Gnade bedingungslos und unerschöpflich wäre. Wenn bedingungslose Liebe, völlige Vergebung der Sünden und ewiges Leben versprochen werden, warum sollten sie dann nicht einfach losziehen und Weltrekorde in Sachen Sünde aufstellen? Das ist die Frage, die Paulus hier anspricht: Sollen wir weiter sündigen, damit die Gnade zunehme?

Beachte die Antwort von Paulus. Er redet nicht um den heißen Brei herum und droht auch nicht mit Strafe oder dem Verlust der Erlösung. Stattdessen antwortet er auf ihre Bedenken ungefähr so: »Was? Seid ihr verrückt? Wie können wir als neue Schöpfung und Sklaven der Gerechtigkeit überhaupt daran denken, in der Sünde weiterzuleben? Das ist fast unmöglich! Ihr hört euch an, als wüsstet ihr nicht, was eigentlich bei der Errettung mit euch passiert ist! Ist euch denn gar nicht bewusst, dass ihr eine radikale Operation am Kern eures Wesens erfahren habt? Ihr seid mit Jesus gestorben. Ihr wurdet mit Jesus begraben. Dann wurdet ihr mit Jesus zu neuem Leben erweckt. Wie um alles in der Welt kommt ihr also darauf, dass ihr mit dem Sündigen weitermachen könnt? Ihr werdet es hassen. Ihr habt eine neue Grundeinstellung. Ihr seid süchtig nach Gerechtigkeit. Langfristig weiterhin die gleichen sündigen Entscheidungen zu treffen, ist fast ein Ding der Unmöglichkeit, da euer sündiges Herz herausgerissen und durch ein gehorsames Herz ersetzt wurde. Jetzt, da ihr euch Gott hingegeben habt und in eurem Innersten neu geworden seid, ist es nur logisch, dass ihr ihm auch euren Körper hingebt. Weniger als das und glaubt mir – ihr werdet unglücklich sein!«

Was Gott sagt

An anderer Stelle setzt Paulus unser Gerechtwerden damit gleich, dass Jesus zur Sünde wurde: »Denn er hat den, der von keiner Sünde wusste, für uns zur Sünde gemacht, damit *wir in ihm [zur] Gerechtigkeit Gottes würden*« (2Kor 5,21).

Wurde Jesus am Kreuz wirklich zur Sünde? Ja. Sicherlich würden wir Paulus in dieser Hinsicht beim Wort nehmen. Genauso sind wir *wirklich* gerecht geworden. Beachte, wie Paulus es ausdrückt: Wir sind die Gerechtigkeit Gottes geworden. Das überlässt wenig der Fantasie hinsichtlich der Frage, wie gerecht wir sind und ob es wirklich so ist oder nicht. »Wir sind die Gerechtigkeit Gottes« bedeutet, dass wir *genauso gerecht sind wie Gott*. Die Qualität unserer Gerechtigkeit entspricht der von Gott. Tatsächlich ist Gottes Gerechtigkeit das, *was wir geworden sind*. Wow, das ist etwas, worüber man mal genauer nachdenken sollte!

Nicht nur die Apostel Johannes und Paulus wollen uns von einer echten und inneren Gerechtigkeit überzeugen, die wir besitzen. Petrus sagt, dass wir »Anteil an seiner göttlichen Natur« bekommen haben (2Petr 1,4 NLB) und dass wir »nicht aus vergänglichem, sondern aus unvergänglichem Samen wiedergeboren« sind (1Petr 1,23). Man muss sich fragen: »Wenn ich an der göttlichen Natur teilhabe und aus Gottes unvergänglichem Samen geboren bin, was sagt das dann über mich aus? Über meine Natur? Mein Selbst? Mein Herz? Meine Gerechtigkeit?«

Vielleicht versucht Gott, dir etwas mitzuteilen.

Perfekter Gott, perfektes Du

Du kannst nicht sagen, dass du aus *Gott* geboren, aber nicht wirklich gerecht bist. Du kannst nicht sagen, dass du aus dem *Geist* geboren, aber nicht wirklich gerecht bist. Beides wäre ein Widerspruch.

Sobald wir uns mit dieser Art von Widerspruch in unserem Glaubenssystem auseinandersetzen, können wir unsere neue Identität in Christus auf einer ganz anderen Ebene verstehen. Wir können umfänglicher erkennen, dass die neue Geburt eine wirkliche Transformation ist, die im Kern unseres Wesens stattgefunden hat, und dass sich unsere Leidenschaften und Sehnsüchte (das, was wir wirklich wollen) tatsächlich verändert haben.

Wir sind buchstäblich Sklaven der Gerechtigkeit.

Denn wenn der Geist Gottes dich geboren hat, was für ein Mensch wurde dann geboren? Welche Art geistlicher DNA wurde an dich weitergegeben? Durch die geistliche Wiedergeburt ist deine Gutheit direkt mit der Gutheit Gottes verbunden: *Wenn du nicht glaubst, dass dein neues Ich mit dem makellosen Herzen jetzt vollkommen gut ist, heißt das, du glaubst, dass auch Gott nicht vollkommen gut ist.*

Gott, der Geber aller guten Gaben, hat dir dein neues Ich mit dem makellosen Herzen geschenkt. Gott, der Geber ewigen Lebens, hat dich als neues Ich zur Welt gebracht. Was für eine Identität hat er dir also gegeben? Was für eine Person hat er zur Welt gebracht?

Wer genau wurde an dem Tag geboren, an dem du zum Glauben an Jesus kamst?

TEIL 4

Die ideale Offensive

9

Stell dir vor, du bekommst ein neues Telefon – glänzend, unberührt und makellos. Du nimmst es voller Begeisterung aus der Schachtel und kannst es kaum erwarten, es zu benutzen. Es wird dein altes bei Weitem übertreffen!

Doch selbst die neueste, modernste Hardware (wie dein Telefon) benötigt immer noch Software-Updates. Und wenn du diese Aktualisierungsanfragen ignorierst und es mit älterer Software weiterbetreibst, wirst du schon bald Probleme bemerken. Es wird langsamer, manche Dinge funktionieren nicht mehr und du wirst immer wieder daran erinnert, dass etwas nicht stimmt.

Ganz ähnlich verhält es sich mit deinem Leben in Christus. Du hast eine brandneue »Heartware«, aber du brauchst immer noch Software-Updates – die Erneuerung deines Denkens. Ist dir schon aufgefallen, dass du, während du dich tagtäglich durch die Welt bewegst, regelmäßig Software-Updates vom Gott des Universums angeboten bekommst? Genau, Gott bietet dir Software-Updates für deinen Verstand an, die perfekt mit deinem Herzen kompatibel sind.

Gehen wir mal kurz in die fachliche Materie. Das Tolle an diesen Software-Updates ist, dass sie keine Downloads vom Himmel, sondern vielmehr »Uploads« von deinem Herzen in deinen Kopf sind. Aber manchmal zögerst du das Unvermeidliche hinaus, nicht wahr? Vielleicht klickst du einfach auf die Option »Erinnere mich später, Herr«.

Doch hier ist der entscheidende Unterschied: Auch wenn deine nicht erneuerten Denkweisen wie veraltete Software sind, *hast du bereits* eine neue geistliche *Heartware.* Die Software-Updates für deinen Verstand laufen als Prozess; sie werden nach und nach installiert. Doch deine *Heartware* ist jetzt bereits komplett.

Diesbezüglich musst du auf nichts mehr warten.

Du hast das gehorsame Herz bereits. Gott hat sein Haus gereinigt und ist eingezogen. Er wohnt nicht an schmutzigen Orten. Du bist wie das Allerheiligste. Du bist ein Tempel des Heiligen Geistes.

Dein perfektes Wesen und der perfekte Gott – ihr passt perfekt zusammen!

Auf Kriegsfuß mit der Software

Software-Updates sind dringend erforderlich! Machen wir uns nichts vor: Als Mensch wirst du von Gedanken überschwemmt – kritischen Gedanken, lüsternen Gedanken, peinlichen Gedanken. Da du die Quelle nicht kennst, denkst du, die Gedanken kämen von dir. Dann behauptet die religiöse Welt, dass du »hoffnungslos böse« seist. Und schon ist alles bestätigt.

Doch hier ist eine befreiende, lebensspendende Wahrheit: Diese veraltete Software bist nicht wirklich du. Du bist die glänzende neue *Heartware*. Die veraltete Software, die in deinem Kopf aktiv ist, besteht im Grunde aus Erinnerungen an alte Bewältigungsmechanismen aus der Welt, mit denen du früher dein Leben gemeistert hast. Das nennt die Bibel *das Fleisch*. Und der Kampf mit dem Fleisch ist real.

Aber merke dir eins: Du bist *nicht* das Fleisch. Du bist ein Kind Gottes. Es ist nicht so, als beständest du aus einer »guten Hälfte« und einer »schlechten Hälfte«. Du hast keine zwei Herzen. Du hast keine zwei Ichs oder zwei geistliche Naturen.

Wer du bist, ist ganz und gar – zu 100 Prozent – das neue Selbst. Der Kampf richtet sich gegen die Welt, fleischliches Denken und den Feind. Es *gibt* einen Krieg im Inneren des Gläubigen, aber es ist kein Bürgerkrieg. Du bist nicht dein eigener schlimmster Feind. Denk daran, dass es völlig unsinnig wäre, sich gleichzeitig als Freund Gottes und als dein eigener schlimmster Feind zu bezeichnen.

Doch der Kampf findet statt. Er läuft jeden einzelnen Tag. Er ist nicht einfach. Dir kommen die Gedanken – gierige Gedanken, stolze Gedanken, zornige Gedanken. Es gibt sie in so vielen Varianten. Aber es macht einen Unterschied, wenn du erkennst, dass *diese Gedanken nicht von deinem neuen Ich, nicht aus deinem makellosen Herzen stammen*. Und Gott würde niemals auf diese Weise zu dir sprechen!

Sündige Gedanken entspringen keinem Teil, der noch zu dir gehört. Du bist das neue Ich mit neuem Herzen, neuem menschlichen Geist und dazu noch dem Geist Gottes. In deinem Innersten ist dir nicht nach Sünde. Also lass dein Herz schlagen, lass es kräftig schlagen. Lass nicht zu, dass es auch nur einen Schlag lang aussetzt. Erlaube ihm, sich jederzeit voll zu entfalten.

Denk mal darüber nach: Wenn Sünde das ist, was du bist und was du willst, dann viel Glück dabei, dein ganzes restliches Leben lang, bis du in den Himmel kommst, Nein zu dir zu sagen. Wenn du aber in Gottes Team bist und die Gedanken nicht von dir stammen, kann diese eine schlichte Erkenntnis schon eine enorme Erleichterung sein.

Du bist dazu aufgerufen, dein Gedankenleben auf eine ganz neue Art zu betrachten. Wenn ein sündiger Gedanke durch die Gänge deines Verstandes wandert – ein lüsterner Gedanke, ein klatschsüchtiger Gedanke, ein hasserfüllter Gedanke –, bist du dazu aufgefordert, zu sagen: »Ich betrachte mich als tot gegenüber diesem Gedanken und lebendig gegenüber dir, Herr. Dieser Gedanke stammt nicht von mir, und er passt nicht zu meinem Wesen.«

Nimm es dir zu Herzen

Warum fällt es dir oft so schwer zu glauben, dass du ein neues Herz hast? Höchstwahrscheinlich liegt es an deiner zuletzt aktiven Version des *Denkens*. Wenn du dir einen Überblick über die Gedanken verschaffst, die in letzter Zeit in deinen Verstand eingedrungen sind, kommst du zu dem Schluss, dass du unmöglich so neu sein kannst, wie Gott sagt. Du fragst dich im Grunde: *Wenn ich doch so neu bin, warum sind diese Gedanken dann überhaupt da?*

Doch es gibt eine gute Erklärung für deine Denkmuster: ein nichterneuerter Verstand. Deshalb ist nicht jeder Gedanke, den du hegst, verlässlich. Das schmälert aber keineswegs die Realität deines neuen Herzens. In dir gibt es einen Ort, dem du dich zuwenden und dem du vertrauen kannst.

Du musst also, wenn du in Versuchung gerätst, keine Gebete zum Himmel rufen und darauf warten, dass sich irgendeine neue Inspiration ihren Weg nach unten bahnt. Stattdessen kannst du den einfachen, kurzen Weg vom Kopf zum Herzen nehmen. Du kannst in dein Herz schauen, in dem Christus wohnt, und komplett von dort aus leben.

F-L-E-I (S)CH, nicht ICH

Warum sündigst du dann immer noch? Weil du laut Bibel etwas namens »das Fleisch« (griechisch: *sarx*) am Hals hast.

Doch das Fleisch ist *nicht* dein Ich. Und das Fleisch ist nicht deine geistliche Natur. Vergiss nicht: Das Fleisch sind die Muster und Bahnen des weltlichen Denkens, die du manchmal übernimmst. Wenn du also nach dem Fleisch lebst, passt das nicht mit deinem neuen Ich zusammen. Wenn du aber nach Gottes Geist lebst, bist du in perfekter Harmonie mit deinem neuen Ich.

Viele Jahre lang wurde in der *New International Version* (eine sehr verbreitete englischsprachige Bibelübersetzung) der Begriff »sündige Natur« als Ersatz für »Fleisch« (*sarx*) verwendet. Infolgedessen dachten viele Gläubige, sie hätten eine gute und eine sündige Natur. Viele beriefen sich auf diese vermeintliche Dualität, um ihren Kampf gegen die Versuchung zu beschreiben. Sie stellten sich buchstäblich vor, wie ein Teil von ihnen (die neue Natur) gegen einen anderen Teil von ihnen (die sündige Natur) kämpft.

Nach Jahrzehnten änderte der für die *New International Version* zuständige Ausschuss die meisten *sarx*-Stellen in die wörtliche Übersetzung »Fleisch«. Das ist eine große Sache. Es ist immer besser, die Wörter, die wir tatsächlich in der Bibel vorfinden – wie »Fleisch«, »Sünde« und »neue Natur« – zu verwenden, um unseren Kampf zu beschreiben. Andernfalls könnte es zu einer verzerrten Sicht auf das führen, was wir tatsächlich erleben, wenn uns ein sündiger Gedanke überkommt.

Oder um es mal spaßhaft zu sagen – manchmal macht ein kleiner Buchstabe einen großen Unterschied: *Unser wahres Problem endet auf »isch!« – F-L-E-ISCH – und nicht auf »ich« – ICH.* Wenn dein neues Ich dir also nicht mehr harmonisch erscheint, musst du nur nach dem »s« (sarx) suchen, das sich dazwischendrängt, denn für den Gläubigen sind das Fleisch und das Ich in jeder Hinsicht echte Gegensätze. Das Fleisch widersetzt sich deinem Ich. Dein Ich widersetzt sich dem Fleisch.

Das Problem bist nicht du

In einer guten Predigt hören wir »Dein altes Ich ist gestorben«, aber Tage später sagen wir: »Ich selbst bin das Problem. Ich lasse mein Ich ständig in die Quere kommen.«

Erkennen wir den Widerspruch überhaupt? Die ganze Zeit über denkt Gott: »Du bist das neue Ich, das Ich mit dem makellosen Herzen. Wie könnte dein neues und einziges Ich mir in die Quere kommen?«

Was ist, wenn Gott versucht, dir etwas Schönes zu zeigen, das völlig im Gegensatz zu dem steht, was dir menschengemachte Religion vielleicht erzählt? Was ist, wenn Gott versucht, dir dein perfektes Ich zu zeigen, und du stattdessen die ganze Zeit einer minderwertigen Botschaft anhängst?

Mach dein Spiel!

Nehmen wir mal an, du entscheidest dich, dieses Konzept zu übernehmen und das Fleisch anstelle deines Ichs als Gegner zu sehen. Was dann? Wachst du jeden Tag auf und versuchst, die fleischlichen Muster in deinem Gedankenleben zu analysieren, um sie zu vermeiden?

Es ist gesund, die alten Denkmuster zu erkennen und sie den neuen Denkweisen gegenüberzustellen, die Gott dich jetzt lehrt. Doch das Fleisch sollte nicht das sein, worauf du dich im Alltag konzentrierst. Stattdessen gibt es einen viel einfacheren und erbaulicheren Fixpunkt für dich:

> *Ich sage aber:* ***Wandelt im Geist****, und ihr werdet die Begierde des Fleisches nicht erfüllen. — Galater 5,16* ELB

Beachte, dass die Lösung *nicht* in der Analyse oder Selbstbeobachtung liegt. Sie besteht darin, deinen Fokus auf Gottes Geist zu richten. Die Bibel fordert uns auf, zu vergessen, was hinter uns liegt (im Klartext: reitet nicht auf euren Fehlern herum!), und weiterzugehen (Phil 3,13), indem wir unsere Augen auf Jesus richten (Hebr 12,2).

Wenn wir uns auf das in der Vergangenheit Liegende konzentrieren, auf die Fehler und Versäumnisse des Fleisches, wird uns das nur frustrieren und entmutigen. Es gibt einen guten Grund, warum Gott uns gesagt hat, dass er unsere Sünden vergessen hat und nicht mehr an sie denkt: Er will nicht, dass wir uns darauf konzentrieren.

Wenn du von Versagensangst beherrscht wirst und ständig analysierend fragst: »Ist das Fleisch oder ist das Geist?«, wird dich das lähmen. Du wirst zu deinem eigenen Richter und übernimmst auch gleich noch die Rolle der Geschworenen und des Staatsanwalts. Das ist eine zu große Last.

Stell dir vor, du spielst Basketball. Du dribbelst den Ball über das Feld, aber alle paar Sekunden hältst du inne, um zu sehen, ob der Schiedsrichter abgepfiffen hat oder nicht. Wie effektiv bist du in dem Fall als Spieler? Nach ein paar Minuten zieht dich der Trainer vom Feld und sagt: »Mach einfach dein Spiel! Wenn der Schiedsrichter pfeift, wirst du es schon hören. Bis dahin spiel dir die Seele aus dem Leib!«

Das ist genau das, was Gott zu dir sagt: Spiel das Spiel, lebe dein Leben. Wandle (lebe) im Geist. Konzentriere dich auf Jesus. Gott hat die Größe, zu »pfeifen« und ein Problem anzusprechen, wenn es nötig ist. Bis dahin lebe in Abhängigkeit von dem dir innewohnenden Christus und »mach dein Spiel«. Oder wie der Apostel Paulus es ausdrückt: Laufe das Rennen.

Uns selbst prüfen

In christlichen Kreisen ist der Gedanke, sich regelmäßig zu prüfen, weit verbreitet. Sich selbst, sein Herz und seine bisherigen Leistungen zu prüfen, mag sich demütig, bescheiden und religiös anfühlen. Aber ist es auch biblisch?

Schon unter dem alten Bund sagte David: »Erforsche mich, o Gott« (Ps 139,23). David erforschte sich nicht selbst. Er wusste, dass Gott der Ratgeber ist und in alle Wahrheit leitet. Und unter dem neuen Bund schreibt der Apostel Paulus diese überraschende Passage:

> *Mir aber ist es das Geringste, dass ich von euch oder von einem menschlichen Gerichtstag beurteilt werde;* ***auch beurteile ich mich nicht selbst****. Denn ich bin mir nichts bewusst; aber damit bin ich nicht gerechtfertigt, sondern* ***der Herr ist es, der mich beurteilt****. — 1. Korinther 4,3–4*

Offenbar ist es *nicht* deine Aufgabe, dich selbst geistlich zu inspizieren! Solange der Gott des Universums dir nichts anderes sagt, kannst du davon ausgehen, dass alles in Ordnung ist. Und selbst wenn ein Problem auftaucht, vertraue weiterhin darauf, dass Christus dich hindurchführt. Die Antwort ist immer er:

> *Du wirst alle, die auf dich vertrauen, in vollkommenem Frieden bewahren,* ***alle, deren Gedanken auf dich gerichtet sind!*** *— Jesaja 26,3* NLT

Frieden erleben wir, wenn wir unsere Gedanken auf Christus richten und nicht auf unsere eigene Leistung oder auf das Fleisch. Man kann sich das auch so vorstellen: Du gehst nicht in einen dunklen Raum und vertreibst die Finsternis. Du schaltest einfach das Licht ein.

Jesus ist unser Licht. Wir bauen auf ihn. Für uns gibt es keine Verdammnis, denn uns ist ja schon vollkommen vergeben. Wir brauchen also nicht auf das Fleisch fixiert zu sein und ein Sündenbewusstsein statt eines Christusbewusstseins zu pflegen. Jesus ist *immer* der Mittelpunkt.

10

Jesus sagte, ein Haus, das mit sich selbst uneins ist, kann nicht bestehen (Mt 12,25). Zum Glück bist du *kein* gespaltenes Haus. Du bestehst nicht aus zwei Personen. Du hast keine zwei Herzen. Du hast keine zwei verschiedenen Ichs.

Ja, der Kampf ist überaus real. Die Auseinandersetzung findet täglich statt, und der Widerstand ist offensichtlich. Doch der Kampf ist nicht gegen dein eigenes Ich gerichtet. Du bist mit Christus vereint und bist in Gottes Team.

Die alte Software, auch als »das Fleisch« bekannt, ist völlig unzuverlässig. Vertraue ihr nicht. Und vertraue auch nicht der Welt oder dem Feind. Vertraue keinem von ihnen.

Und du bist *nicht* sie.

Du bist das neue Ich und du *kannst* dem vertrauen, was Gott in dir getan hat.

Versagen und Anschuldigung

Was passiert, wenn du versagst?

Die alten Denkweisen gesetzesbasierter Religion warten nur darauf, über dich herzufallen. »Natürlich hast du versagt«, sagen sie, »denn du bist ein Versager«. »Natürlich hast du gesündigt«, sagen sie, »weil du von Natur aus ein schmutziger Sünder bist«.

Doch diese Stimme ist nicht Gott. Das ist nicht der Heilige Geist, der zu dir spricht. Es ist der Ankläger, der durch dein altes Glaubenssystem (das Fleisch) versucht, dich zu beschämen. Die Prämisse lautet, dass du bist, was du tust. Und denk daran: Dies ist nicht die Wahrheit, die dich frei macht!

Wenn du heute als ein unter Gottes Gnade Stehender versagst, hat Gottes Geist Folgendes zu deinem Geist zu sagen: »Du hast versagt, aber du bist kein Versager. Du hast gesündigt, aber das ist nicht typisch für dich. Du hast dich wie jemand verhalten, der du nicht bist. Erinnere dich daran, wer du bist. Sei, wer du bist. Und was die notwendige Wiedergutmachung anderen gegenüber angeht, so werden wir das gemeinsam durchstehen.«

Dies ist die Stimme des Trösters, des Beraters und des Leiters in alle Wahrheit. Das ist Gottes schützende Weisheit, die *mit* deinem Herzen arbeitet und nicht dagegen, um dich vom Schaden der Sünde wegzuführen.

Zwei Arten der Programmierung

Die amerikanische Bevölkerung ist politisch gespalten, vielleicht mehr als je zuvor. Das spiegelt sich auch in der Presse wider. Schalte die Nachrichten ein und du kannst sicher sein, dass auf dem einen Nachrichtensender der Präsident innerhalb weniger Minuten kritisiert wird, während er auf dem anderen Sender fast immer gelobt wird. Dabei geht es um dieselben Ereignisse, aber die Sichtweisen auf diese Ereignisse und die daraus gezogenen Schlüsse sind sehr unterschiedlich.

Ein ähnliches Phänomen zeigt sich auch in Zusammenhang mit dem eigenen Verstand. Es ist, als würden zwei Sender gleichzeitig übertragen. Auf dem einen Sender wird dir gesagt, du seist nichts weiter als ein Produkt deiner Erziehung. Du wirst durch deine Vergangenheit definiert, ob diese nun von Misserfolg, Erfolg, Missbrauch oder Bestätigung geprägt ist. Dein Hintergrund und dein Umfeld sagen dir, was du im Vergleich zu anderen wert seist. Wenn du auf diese Art von Programm hörst, entwickeln sich feste Strukturen in deinem Denken. Du fängst an zu glauben, dass deine Identität in deiner Schuld und deiner Scham oder auch in deinen Eigenbemühungen und deinem weltlichen Erfolg bestehe.

Auf dem anderen Sender wirst du ermuntert, dein neues, untadeliges Ich anzunehmen. Du wirst aufgefordert, über deine Kurzschlussreaktionen, deine alten Gewohnheiten und deine gegenwärtigen Denkmuster hinwegzusehen. Du wirst sogar darüber aufgeklärt, woher die anklagenden und beschämenden Gedanken wirklich kommen. Dir wird gesagt, dass dein Herz neu und rein und von Jesus erfüllt ist. Und schließlich wirst du dazu aufgerufen, herauszufinden, wer du wirklich bist, um dann jeden Tag aufzuwachen und du selbst zu sein.

Deborah hat den Sender gewechselt

Deborah wurde in ihrer Kindheit extrem misshandelt. Sie erfuhr durch ihren Vater und einen ihrer Brüder sexuelle Gewalt. Als sie ihrer Mutter davon erzählte, wurden ihre Hilferufe ignoriert und ihre Nöte abgetan. Deborah empfing für sich die Botschaft, dass sie weniger wert sei als die Männer in ihrer Familie. Sie begann, sich für völlig *wertlos* zu halten und dachte über Selbstmord nach. Schließlich versuchte sie, sich das Leben zu nehmen, aber nicht einmal das schien ihr gelingen zu wollen.

Eines Tages hörte sie unsere Botschaft über »das makellose Herz« und entdeckte ihre neue Identität in Christus. Sie lernte, dass sie nicht die Summe ihrer vergangenen Erfahrungen war und dass die Botschaften, die sie von ihren Eltern über sich erhalten hatte, nicht ihren wahren Wert oder ihre Bedeutung ausmachten. Sie verinnerlichte allmählich die Wahrheit dessen, was Gott über sie sagt, und begann, die Lügen des Feindes über sie zurückzuweisen.

Kurz gesagt, sie schaltete um und wechselte den Sender.

Vielleicht geht es dir wie Deborah und du hast eine Vergangenheit voller negativer Botschaften über dich und darüber, wo du im

Vergleich zu deinen Mitmenschen »stehst«. Vielleicht bist du aber auch überhaupt nicht wie Deborah. Vielleicht ist deine Vergangenheit voller Erfolgsgeschichten und Bestätigungen. So oder so, es kommt aufs Gleiche heraus, wenn du dein Selbstbild aus deinem Umfeld und deinen erreichten oder fehlenden Erfolgen ableitest. Währenddessen wird dein neues Herz dich permanent anspornen, in diese Richtung zu gehen:

> *Deshalb orientiert euch nicht am Verhalten und an den Gewohnheiten dieser Welt, sondern* ***lasst euch von Gott durch Veränderung eurer Denkweise in neue Menschen verwandeln.*** *Dann werdet ihr wissen, was Gott von euch will: Es ist das, was gut ist und ihn freut und seinem Willen vollkommen entspricht. — Römer* 12,2 NLB

Gott will deine Denkweise dahingehend erneuern, dass du erkennst, wer du wirklich bist. Auf dem Weg dorthin wirst du wichtige Entscheidungen treffen müssen. Erstens musst du *beharrlich* nach Gottes Sichtweise in Bezug auf dich suchen, denn *seine Sicht ist die Realität.* Zweitens musst du »umschalten«, unter Umständen wieder und wieder »den Sender wechseln«, wenn es um die Botschaften über dich geht, die sich dir ins Bewusstsein drängen. Du denkst vielleicht, du solltest dich mit den Anklagen auseinandersetzen, mit ihnen ringen und dich gegen sie verteidigen. Doch Gott will, dass du sie *ignorierst*:

> *Deshalb* ***haltet daran fest: Ihr seid für die Sünde tot*** *und lebt nun durch Christus Jesus für Gott!* ***Lasst nicht die Sünde euer Leben beherrschen;*** *gebt* ***ihrem*** *Drängen nicht nach.*
> *— Römer* 6,11–12 NLB

Es ist in Ordnung, einfach den Sender zu wechseln. Du musst die Gedanken, die dir die Sünde anbietet, nicht analysieren oder untersuchen. Warum kommen dir solche sündigen Gedanken? Sei nicht überrascht. Die Macht der Sünde ist in der Lage, jedem Gläubigen zu jeder Zeit jeden beliebigen Gedanken anzubieten.

Mehr gibt es dazu nicht zu sagen. Sicher, du könntest die Dinge weiter untersuchen und Theorien aufstellen, warum dich ein bestimmtes Gedankenmuster plagt. Allerdings müsstest du dann auch davon ausgehen können, dass die Analyse zu erfolgreicherem Widerstand führt, was aber oft einfach nicht der Fall ist.

Es gibt so viele Menschen, die die Art ihrer Konflikte gut analysieren und beschreiben können und trotzdem immer noch genauso kämpfen. Gott scheint uns zu sagen, dass wir die Möglichkeit haben, eine Lüge zu ignorieren, uns mit der Wahrheit zu betanken und weiterzugehen, ohne das »Warum« eines sündigen Gedankens weiter zu hinterfragen.

Michael hatte Angst

Einmal erreichte uns eine E-Mail von einem Mann namens Michael. Darin drückte er seine Angst vor den sündigen Gedanken aus, die ihm immer wieder kamen:

> *Ich bin dankbar für die Botschaft von Gottes Gnade, und mir wird immer bewusster, dass sie wahr ist. Aber ich blicke immer noch auf meine Vergangenheit zurück und kann meine früheren Fehler, meine gegenwärtigen fleischlichen Begierden und die Angst, es doch irgendwann wieder zu vermasseln, nicht abschütteln. Es scheint so, als kämen mir diese Gedanken immer in den unpassendsten Momenten. Es fällt mir schwer, mit meiner Frau zusammen zu sein, ohne dass ich an etwas aus meiner Vergangenheit oder an das Fleisch denke, und ich hasse es. Das Schlimmste ist, dass sie es weiß, und es macht sie fertig.*

Versuchung und Anklage hämmerten gleichzeitig auf Michael ein. Und die Macht der Sünde kam gerne in den unpassendsten Situationen damit an. Während er versuchte, mit seiner Frau intim zu werden, wurde Michaels Bewusstsein von alten Gedanken und Bildern aus früheren Beziehungen überflutet. Gleich darauf trafen ihn die Anklagen wie ein Faustschlag: »Nicht zu glauben, dass du an diese Frauen denkst! Was für ein christlicher Ehemann bist du denn?«

Michael wurde so sehr mit diesen Gedanken bombardiert, dass er Erleichterung suchte, indem er seiner Frau von ihnen erzählte. Doch das verschaffte ihm nicht die erhoffte Erleichterung. Stattdessen verletzte es seine Frau zutiefst, weil sie sich mit den vergangenen Beziehungen verglichen fühlte.

Doch was, wenn Michael wüsste, dass diese Gedanken nicht von ihm stammen? Was wäre, wenn er wüsste, dass die Gedanken nicht sein Herz oder seine wahren Wünsche repräsentieren? Würde er sie sich dann vielleicht nicht so sehr »zu eigen« machen und sie eher als *Störungen* abtun, die jeder Christ jederzeit erfahren kann? (Wer von uns wurde nicht schon im Alltag aus heiterem Himmel von sündigen Gedanken heimgesucht?)

Und was wäre, wenn Michaels Frau ihre Identität in Christus kennen würde (und ebenso Michaels Identität!) und sie beide erkennen könnten, dass sie *einen gemeinsamen Feind* haben – die Macht der Sünde? Wenn die Gedanken von dort kommen, können sie sich darauf verständigen, dass sie in dem Moment, in dem die Gedanken sich einstellen, als Ehemann und Ehefrau immer noch im selben Team sind – und sich nicht als Feinde gegenüberstehen.

Hier ist ein Ausschnitt aus einer E-Mail, die Michael von uns als Ermutigung erhielt:

> *Das sind nicht deine Gedanken. Sie haben ihren Ursprung nicht bei dir. Der Feind will dich nur demütigen und dir das Gefühl geben, du müssest dich für den soeben empfangenen Gedanken schämen oder seinetwegen peinlich berührt sein.*

Aber er stammt nicht von dir. Die Sünde gibt vor, du zu sein, und beschuldigt dich dann. Es steht dir frei, den Gedanken völlig zu ignorieren und dich auch nicht zu wundern, dass er dir angeboten wurde. Der Feind will, dass du daraus eine große Sache machst. Nur weil du den Gedanken hast, heißt das nicht, dass er dir gehört oder von dir kommt. Betrachte dich als tot gegenüber dem Gedanken und lebe unbeeindruckt weiter. Mach dir keine Vorwürfe und lass auch keine Schuldgefühle zu wegen des dir präsentierten Gedankens. Du kannst nicht kontrollieren, welche Gedanken dich erreichen. Du kannst nur entscheiden, was du mit ihnen machen willst.

Deine Standardeinstellung

Du bist zu einer ganz neuen Art des Denkens aufgerufen. Wenn ein sündiger Gedanke in deinem Kopf herumschwirrt – ein lüsterner Gedanke, ein klatschsüchtiger Gedanke, ein kritischer Gedanke –, solltest du sagen: »Ich betrachte mich als tot gegenüber diesem Gedanken und ich lebe für dich, Gott. Sünde passt nicht zu meinem Wesen.«

Denn wenn ein sündiger Gedanke deinem Wesen entspräche, wärst du dazu verdammt, ihn zu denken, ihn zu hegen und ihn in vollen Zügen auszuleben. Du müsstest bis zum Himmel warten, um über ihn zu siegen. Die Wahrheit ist jedoch, dass das, was du gerade erlebst, einfach nur die abgestandenen Denkmuster aus deiner Vergangenheit sind, die sich in deinem Gehirn wiederholen, manchmal begleitet von einer Extraportion Scham vom Ankläger.

Man kann es auch anders ausdrücken: Computer werden ab Werk mit bestimmten Standardeinstellungen ausgeliefert. Was dich betrifft, ist deine Standardeinstellung jetzt Gerechtigkeit. Sünde widerspricht dem, was du bist. Sünde passt einfach nicht zu dir. Und wenn du etwas anderes glaubst, wirst du betrogen.

Ja, man hat dir das Gegenteil gesagt (und du kannst es sogar spüren!) – dass du sündigen *willst* und dass es schwieriger ist, das »Richtige« zu tun. Und ja, das Fleisch und die Welt um dich herum leisten Widerstand. Doch lass uns darüber reden, wonach dein Herz sich wirklich sehnt.

Du bist ein Sklave der Gerechtigkeit (Römer 6,17–18). Du kannst dem nicht entfliehen. Als neue Schöpfung willst du das, was Gott will, ob es dir gefällt oder nicht. (Und falls du es noch nicht weißt: Es gefällt dir!)

11

Wir haben schon ein wenig über das Fleisch und die Versuchung der Sünde gesprochen. Jetzt wollen wir die Teile zusammenfügen, um ein klareres Bild davon zu bekommen, was du erlebst, wenn die Gedanken dich überfallen.

Du kennst deinen Körper sehr gut. Du schaust tagtäglich in den Spiegel und siehst ihn darin. Seine fünf Sinne helfen dir, durch Sehen, Hören, Riechen, Tasten und Schmecken mit der Welt um dich herum in Verbindung zu treten. Du ernährst ihn, trainierst ihn und gönnst ihm Ruhe. Und er verändert sich – er wächst von Kindheit bis Erwachsenenalter und altert mit der Zeit immer weiter.

Du kennst auch deine Seele. Sie ist deine Persönlichkeit und der Ort, an dem du deine Gedanken und Gefühle erlebst. Und jeder von uns hat eine einzigartige Seele!

Aber wusstest du, dass du auch einen Geist hast? Damit ist nicht Gottes Geist gemeint, sondern dein Geist! Ja, die Bibel sagt, dass du aus drei Komponenten bestehst – Geist, Seele und Körper (1Thess 5,23). Diese Skizze gibt dir vielleicht eine Vorstellung davon, wie Gott dich geschaffen hat:

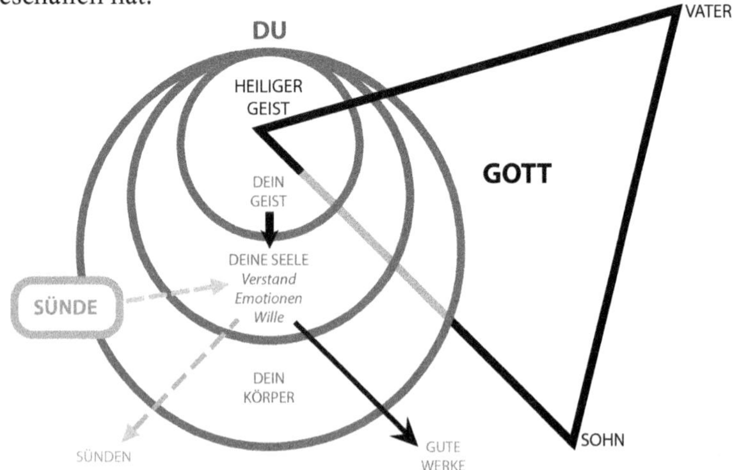

Das Neue Testament differenziert nicht immer zwischen Geist und Seele. Manchmal werden wir einfach als »innerer Mensch« (unsichtbarer Teil – Geist und Seele zusammen) und »äußerer Mensch« (sichtbarer Teil – Körper) beschrieben. Aber der Verfasser des Hebräerbriefs sagt, dass es einen Unterschied zwischen Seele und Geist gibt, und Gott kann uns diesen Unterschied zeigen:

> *Denn das Wort Gottes ist lebendig und wirksam und schärfer als jedes zweischneidige Schwert, und es dringt durch, bis* ***es scheidet sowohl Seele als auch Geist****, sowohl Mark als auch Bein, und es ist ein Richter der Gedanken und Gesinnungen des Herzens. — Hebräer 4,12*

Dein menschlicher Geist

Dein menschlicher Geist (griechisch: *pneuma*) ist der innerste Teil von dir. Dein Geist ist das, was dich von der Tierwelt unterscheidet, und er verbindet dich mit Gott. Jesus sagte, dass diejenigen, die Gott anbeten, dies *im Geist* und in der Wahrheit täten (Joh 4,24).

Es ist wichtig zu erkennen, dass dein menschlicher Geist nicht mit dem Heiligen Geist identisch ist. Als Ungläubiger hattest du einen menschlichen Geist, der Gott gegenüber tot und der Sünde gegenüber lebendig war. Bei deiner Erlösung wurde dein alter Geist gekreuzigt und mit Christus begraben. Er ist nun weg. Und dann wurde dir durch die Auferstehung Christi ein neuer menschlicher Geist gegeben. Dein neuer menschlicher Geist ist lebendig gegenüber Gott und tot gegenüber der Sünde.

Dein neuer menschlicher Geist ist der Ort, an dem Christus in dir wohnt. Das bedeutet nicht, dass du deine Einzigartigkeit verlierst und ein »Jesus-Klon« wirst. Es bedeutet lediglich, dass dein einzigartiges geistliches Ich mit dem Herrn verbunden ist. Dein neues geistliches Ich ist Gott so nahe, wie es nur sein kann:

*Jesus erwiderte: »Wer mich liebt, wird tun, was ich sage. Mein Vater wird ihn lieben, und **wir werden zu ihm kommen und bei ihm wohnen.**« — Johannes 14,23 NLB*

*Oder wisst ihr nicht, dass ein Mann, der mit einer Prostituierten verkehrt, mit ihr eins wird? Denn in der Schrift heißt es: »Die beiden werden zu einer Einheit.« **Wer aber dem Herrn gehört, ist ein Geist mit ihm.** — 1. Korinther 6,16–17 NLB*

Schau dir das Dreieck in dem vorstehenden Schema an. Es steht für die Gegenwart Gottes *mit* dir und *in* dir: Vater, Sohn und Heiliger Geist. Bei der Erlösung wirst du durch deinen Geist im Innersten deines Wesens mit Gott verbunden. Der gesamte dreieinige Gott freut sich, dich zu haben (Joh 14,23). Dein Geist passt perfekt zu Gottes Geist, und du bist für immer mit ihm verbunden.

Deine Seele

Als Nächstes ist da deine Seele. Deine Seele (griechisch: *psyche*) ist deine Psychologie oder deine Persönlichkeit. Sie umfasst deinen Verstand, deinen Willen und deine Gefühle. Hier denkst, entscheidest und fühlst du.

Deine Seele ist wie ein Spiegel, denn sie kann jederzeit alles »reflektieren«. Deine Seele soll deinen Wesenskern (deinen Geist) widerspiegeln, aber du entscheidest dich nicht immer dafür, sie deinen Kern widerspiegeln zu lassen. Oft spiegelt deine Seele die alten Denk- und Reaktionsmuster wider, nämlich immer dann, wenn du dich für das entscheidest, was dir vom Fleisch angeboten wird.

Wenn deine Seele etwas widerspiegelt, das nicht aus deinem Kern kommt, nennt man das »auf das Fleisch sinnen« und »nach dem Fleisch leben«. Wenn deine Seele dagegen deinen Geist widerspiegelt, nennt man das »auf den Geist sinnen« und »nach dem/im Geist leben«.

»Fleisch« bedeutet nicht »Körper«

Es ist wichtig zu verstehen, dass »auf das Fleisch sinnen« und »nach dem Fleisch leben« nicht bedeutet, dass du deinem vermeintlich »bösen« Körper nachgibst. Nein, es gibt nichts geistlich Schlechtes an deinem menschlichen Körper. Gott sagt, dass dein Körper für ihn »heilig und wohlgefällig« ist und dass er sein Tempel sei (Röm 12,1; 1Kor 6,19). Du stehst also nicht auf Kriegsfuß mit deinem Körper. Nein, »das Fleisch« bezieht sich hier auf Folgendes:

- Eine weltliche Art, den Verstand auszurichten (Röm 8,5–6; Kol 3,2)
- Eine weltliche Art zu leben (Röm 8,4; Gal 5,16)
- Weltliche Verhaltensweisen wie Unmoral, Wutausbrüche, Eifersucht und Streitigkeiten (Gal 5,19–21)

Dieser letzte Abschnitt aus Galater 5 hilft uns, »das Fleisch« besser zu verstehen. Es ist nicht dein Körper, der wütend wird. Dein Körper wird nicht eifersüchtig oder streitet mit anderen. Es ist also klar, dass »das Fleisch« hier etwas anderes bedeutet als dein physischer Körper. Das »Fleisch« bezieht sich auf die alten Denk- und Verhaltensmuster – die weltlichen Verhaltensweisen, die du erlernt hast (und immer noch lernst), und zwar dann, wenn du Christus nicht vertraust.

Deine Seele kann frei entscheiden

An der Pforte deiner Seele findet ein Kampf statt. Es müssen Entscheidungen getroffen werden.

Dein Geist ist neu, aber deine Seele ist der Ort, an dem dein Denken und Handeln immer mehr mit dem in Übereinstimmung kommen, was du *bereits bist*. Das ist absolut entscheidend. Es geht nicht darum, etwas zu werden, was du nicht bist. Es geht darum, dass deine Seele – wenn sie nicht von äußeren Einflussnehmern getäuscht wird – immer mehr von dem »widerspiegeln« kann, was du bereits bist.

Wann bist du »fleischlich gesinnt« oder »lebst nach dem Fleisch«? Das passiert, wenn du dich (in deiner Seele) dafür entscheidest, eine Lüge über Gott oder über das, was er aus dir gemacht hat, zu glauben. Wenn du glaubst, du seist sündig, entscheidest du dich dafür, die weltlichen, fleischlichen Wege der Sünde zu reflektieren. Wenn du etwa in einem bestimmten Moment glaubst, dass du ein lüsterner oder eifersüchtiger Mensch seist, nimmst du diese Lüge für bare Münze, handelst auf eine Art und Weise, die deinem wahren Wesen widerspricht und empfindest im Nachhinein gottgewirkte Reue.

Doch wenn du dich in solchen Momenten darauf besinnst, wer du wirklich bist, kannst du als wahrer Ausdruck von Jesus agieren. Wenn du zum Beispiel die Entscheidung triffst, jemandem zu vergeben und loszulassen, anstatt Bitterkeit zu hegen, erfährst du die Bestätigung (ein Wissen, nicht immer ein Gefühl), dass deine Entscheidung zu vergeben das war, was du wirklich wolltest.

Es ist wichtig zu wissen, dass deine geistliche Verbindung zu Gott nie verloren geht, egal, wie du denkst oder lebst. Du bist immer *im* Geist, auch wenn du dich nicht immer dafür entscheidest, im Geist *zu wandeln* bzw. *zu leben*:

> *Wenn wir im Geist* ***leben****, so lasst uns auch im Geist* ***wandeln****.*
> *— Galater 5,25*

Die Quelle sündiger Gedanken

Vielleicht fragst du dich jetzt: »Wenn ich wirklich eine neue Schöpfung bin, woher kommen dann all diese sündigen Gedanken? Ich weiß, dass in meinem Gehirn alte, fleischliche Denkmuster gespeichert sind, aber es scheint auch so, als könne jeder Gedanke – sogar neue und böse Gedanken – ohne Vorwarnung einfach so in meinen Verstand eindringen. Diese Gedanken fühlen sich an, als stammten sie von mir, und sie klingen sogar wie ich! Und doch soll ich glauben, dass sie nicht von mir sind?«

Ja, genau so ist es! Sie kommen nicht von dir.

Du denkst jetzt vielleicht: *Aber sie klingen ganz nach mir. Ich bin mir sogar ziemlich sicher, dass sie von mir sind!*

Gewiss *klingen* sie nach dir. Aber sie stammen keineswegs von deiner Person. Die Bibel macht deutlich, dass sündige Gedanken nicht von dir stammen. Sie kommen von einer parasitären Macht namens Sünde:

> *Jetzt aber vollbringe nicht mehr ich dasselbe, sondern die Sünde, die in mir wohnt. — Römer 7,17*

> *… so vollbringe nicht mehr ich es, sondern die Sünde, die in mir wohnt. — Römer 7,20b*

Römer 7 ist ein Schlüsseltext über den menschlichen Kampf mit der Sünde unter dem Gesetz. Egal, wie man es betrachtet (ob Paulus seine Erfahrungen als Gläubiger oder als frommer Pharisäer beschreibt), das Ergebnis ist immer dasselbe: Eine parasitäre Macht namens Sünde hatte ihn versklavt und er hatte die Kontrolle verloren. Man kann es so interpretieren, dass er ein Ungläubiger war, der ein »Sklave der Sünde« war, oder dass er ein Gläubiger war, der Sünde jeglicher Art erlebte. Wie auch immer, der Punkt ist, dass eine parasitäre Macht namens Sünde die Ursache des Problems war.

Diese Macht namens Sünde ist kein Verb (wie *sündigen*), sondern ein Substantiv – eine Sache. *Vine's Complete Expository Dictionary of Old and New Testament Words* erklärt, dass diese Macht namens Sünde (griechisch: *hamartia*) ein »herrschendes Prinzip oder eine Kraft« ist, die »personifiziert« ist, und sie ist »eine organisierte Macht, die durch die Glieder des Körpers wirkt«.

Fassen wir das einmal zusammen und machen es persönlich: *Eine Macht namens »Sünde« hat personenartige Eigenschaften und bietet meinem Gehirn – durch organisierte Strategien – Gedanken an. Sehr leicht könnte ich meinen, diese Gedanken kämen von mir, aber das tun sie nicht!*

Die Macht (Sünde) und der Pfad (Fleisch)

Im Geist-Seele-Körper-Schema werden die Versuchungen, die von dieser Macht namens Sünde ausgehen, mit gestrichelten Linien dargestellt. Die Striche stehen dafür, dass diese sündigen Botschaften aus einer Quelle kommen, die *außerhalb deiner selbst* liegt. Sie kommen von der Sünde, und *du bist nicht die Sünde.*

Im Gegensatz dazu werden die Botschaften aus deinem Geist (wo du mit Gottes Geist vereint bist) als durchgezogene Linien dargestellt. Warum? Weil die Botschaften Gottes von Wahrheit erfüllt sind und *mit dem übereinstimmen, was du bist.*

Wenn du dich für die Sünde entscheidest, verhältst du dich wie jemand anderes. Wenn du dich für die Abhängigkeit von Christus entscheidest, verhältst du dich wirklich wie du selbst.

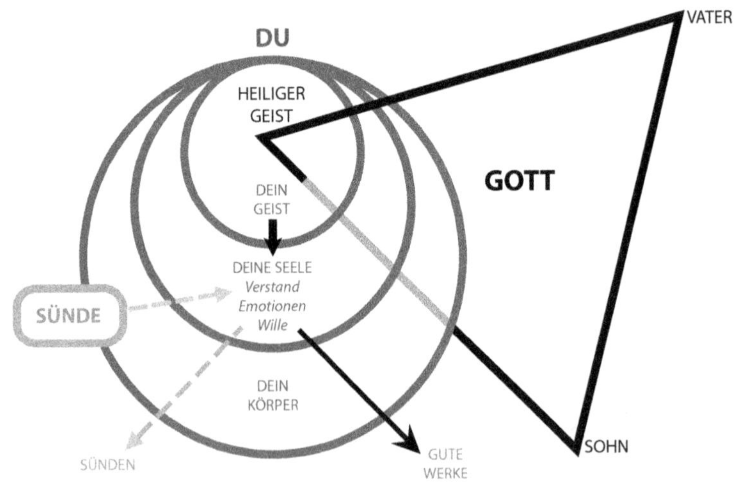

Achte darauf, wo sich die Macht namens »Sünde« im Schaubild befindet: zur Hälfte in deinem Körper und zur Hälfte in der Welt. Die Sünde kam mit dem Sündenfall in die Welt, also ist sie überall um dich herum. Aber diese Macht der Sünde hat auch über das Gehirn Zugang zu dir. Sie feuert Gedanken auf dich ab, die in der Regel damit konform sind, wie du in der Vergangenheit betrogen wurdest.

Das Fleisch schließlich – die alten, weltlichen Denkweisen – sind die gestrichelten Linien selbst. Das sind *die Gedankenpfade*, die du im Laufe der Zeit oft genommen hast. Genau deshalb musst du dein Denken mit der Zeit erneuern. Du hast diese alten Gewohnheiten und Denkmuster (Röm 12,2).

Wenn es also um Versuchung geht, *ist die Sünde die Macht* und *das Fleisch das Muster oder der Pfad*. Aber du bist nicht die Sünde und du bist nicht das Fleisch. Sie sind deine Gegenspieler und nicht Teil von dir.

Dass dein »Seelenspiegel« manchmal das Fleisch und die Sünde reflektiert, bedeutet nicht, dass du dich mit diesen Gedanken identifizieren solltest. Sie sind nicht du. In solchen Momenten verhältst du dich wie jemand, der du nicht bist. Und weil du der Macht der Sünde gegenüber gestorben und zu neuem Leben in Christus auferweckt worden bist, hast du die Freiheit, *Nein* zu den Begierden der Sünde zu sagen. Beachte im Folgenden, dass es nicht *deine* Begierden sind!

Denn als wir mit Christus starben, wurden wir von der Macht der Sünde ***befreit****. — Römer 6,7* NLB

So soll nun die Sünde nicht herrschen in eurem sterblichen Leib, damit ihr [der Sünde] nicht durch die Begierden [des Leibes] gehorcht. — Römer 6,12

Schlussgedanken

Wenn dein altes Ich nicht tot, begraben und fort wäre, dann hättest du keine reelle Antwort auf die Botschaften der Sünde an dich. Wenn du noch im Begriff wärst, der Sünde gegenüber zu sterben, wärst du vielleicht nur zu 42 Prozent tot, wenn die Versuchung dich überfällt.

Ist die gute Nachricht des Evangeliums also, dass du eine 42-prozentige Chance hast, Nein zur Sünde zu sagen? Musst du auf einen weiteren Tod oder eine Art »Heilung« warten, bevor du bereit bist, der Versuchung zu widerstehen? Nein, du kannst dich »ein für alle Mal« zu 100 Prozent als tot gegenüber der Sünde und voll und ganz lebendig gegenüber Gott betrachten. Weil du mit Christus mitgekreuzigt wurdest und mit ihm auferstanden bist, bist du der Sünde gegenüber genauso tot wie Jesus selbst (Röm 6,10–11). Somit besitzt du die Fähigkeit, hier und jetzt Nein zur Sünde zu sagen.

Wenn dich die hartnäckige Versuchung überkommt, dir Pornografie anzuschauen, bist du bereit, sofort Nein zu sagen. Es ist nicht nötig, auf weiteres geistliches Wachstum zu warten. Du bist diesem Gedanken gegenüber jetzt schon tot. Erinnerungen an früheren Missbrauch drängen dir ins Bewusstsein und erzählen dir, dass sie dich definierten und dass du wertlos seist? Du bist bereit, auch zu diesen Gedanken Nein zu sagen, und zwar sofort. Es ist nicht nötig, auf mehr Reife oder mehr Verständnis zu warten. Gott hat dich »ein für alle Mal« der Sünde gegenüber abgetötet (Röm 6,10–11), sodass du zu jeder Zeit Freiheit von lästigen Versuchungen genießen kannst. Das ist ein großes Verdienst des vollbrachten Werkes am Kreuz. Dein Tod der Sünde gegenüber ist vollzogen – du bist ihr gestorben. Du bist dauerhaft allergisch gegen die Sünde und süchtig nach Jesus. Das macht dich aus!

TEIL 5

Die perfekte Passform

12

Sprechen wir noch ein bisschen mehr über *deine Seele.*

Manche glauben, dass die Seele nach der Errettung nach und nach besser, reiner werde. Sie sagen, die Seele werde Stück für Stück für den Himmel bereit gemacht. Ist das der Fall?

Es gibt keine Stelle im Neuen Testament, aus der hervorgeht, dass wir unmittelbar vor Ankunft an der Himmelspforte in letzter Minute eine »Seelenpolitur« erhalten. Aus diesem Grund kann die Seele im Hier und Jetzt unmöglich teils rein und teils schmutzig sein.

Und doch gibt es genügend Menschen, die in dem einen Moment für die Wahrheit kämpfen, dass unser altes Ich gestorben ist und wir jetzt jemand ganz Neues sind, nur um im nächsten Moment zu sagen, dass unser Geist rein *ist*, aber unsere Seele erst »rein wird«. Auf diese Weise ersetzen sie einen »Bürgerkrieg« um die Persönlichkeit mit einem anderen. Mit anderen Worten, sie tauschen einfach das eine »geteilte Haus« (altes Ich gegen neues Ich) gegen ein anderes »geteiltes Haus« (Geist gegen Seele).

Die Wahrheit ist: *Deine Seele ist bereit für den Himmel.*

Denk mal darüber nach. Gott erklärte nicht, dass er deinen Geist in den Himmel bringen werde, aber nicht deine Persönlichkeit (Seele). Würde Jesus in diesem Moment wiederkommen oder würdest du jetzt physisch sterben, dann käme deine Seele zusammen mit deinem Geist in den Himmel. Und wenn der Tag kommt, wird Gott nicht schon mit einem »Seelenabstreifer« am Himmelstor auf dich warten. Nein, deine Seele ist schon jetzt »himmelsreif«.

Deine himmelsreife Seele

Wie kann es sein, dass deine Seele für den Himmel bereit ist, sich auf der Erde aber immer noch an sündigen Entscheidungen beteiligt? Denk daran, dass deine Seele wie ein Spiegel ist. Hier auf der Erde hast du in jedem Moment die Wahl: Lässt du zu, dass deine Seele dein neues, gottgegebenes Ich *widerspiegelt*, oder lässt du zu, dass sie das Fleisch *widerspiegelt*? So oder so, am Spiegel an sich ist nichts auszusetzen.

Mit anderen Worten: Deine Seele ist wie ein Raum mit zwei Türen. Die eine Tür hat ein Paar weit geöffnete Doppelflügel, die von deinem Geist zu deiner Seele führen. Diese beiden Türflügel stehen immer offen. Dann gibt es eine weitere, kleinere Tür auf der anderen Seite des Raumes, die Zugang zu den Gedanken des Fleisches und der Außenwelt bietet.

Wenn du dich entscheidest, die Tür zur Außenwelt zu öffnen, kann eine Zeit lang alles Mögliche hereinwehen – ein sündiger Gedanke, eine falsche Annahme oder irgendwelche Anklagen. Aber nur weil etwas Müll von der Straße hereinwirbelt, heißt das nicht, dass der Raum selbst für Müll ausgelegt ist. Manchmal beherbergt man vorübergehend einen Gedanken in der Seele, der *die Seele aber weder ausmacht noch ihr ein Wesen verleiht.*

Aber im Himmel ist der »Müll« der Welt, des Fleisches und der Sünde für immer verschwunden. Anders ausgedrückt: Dein Seelenspiegel kann dort nur Gerechtigkeit reflektieren, denn das ist alles, was übrig ist. Im Himmel werden diese alten fleischlichen Muster (die derzeit in deinem Gehirn gespeichert sind) vollständig verschwunden sein. Sie werden im Sarg zurückbleiben! Kurz gesagt, deine Seele wird nur noch deinen Geist widerspiegeln.

Es ist alles in Ordnung mit dir!

Deine Seele macht die Welt für dich erlebbar. Du kannst alles in der Seele erleben – Positives wie Negatives –, *aber an der Seele selbst ist nichts falsch*. Deine Seele kann zwar alles *erleben*, aber sie ist nicht geistlicher Natur. Und obwohl das Erleben deiner Seele hier auf der Erde definitiv besser werden kann, während du voller Freude lernst, dein wahres Ich zu reflektieren, wird deine Seele selbst nicht »besser«. Stattdessen erfüllt sie einfach immer mehr ihren beabsichtigten Zweck, indem sie deinem wahren Ich angemessenere Erfahrungen macht.

Die Vorstellung, dass man mit einer Seele in den Himmel kommt, die zu zwei Dritteln rein ist und in letzter Minute noch eine »Schaumwäsche« braucht, ist daher schlichtweg falsch. Das wird in der Bibel nie gesagt. Somit ist es nicht richtig, wenn wir die Seele als schmutzig oder sündig ansehen.

Nicht der Spiegel ist das Problem, sondern das, was der Spiegel reflektiert.

Anders ausgedrückt, die als Sünde und Fleisch bekannten Einflussfaktoren sind schmutzig und sündig, aber du bist es nicht. »Selbst« ist für Christen kein Unwort, und »Seele« genauso wenig. Wenn Gott dir in der Bibel sagt, dass du heilig, gerecht und untadelig seist, spricht er nicht zu einem geistlichen Teil von dir, sondern zu dir als Ganzem.

Was ist also die große Erkenntnis in diesem Zusammenhang? Es ist *nichts* falsch an dem, wer du bist!

Gott nimmt nicht nur einen Teil von dir an. Dein Geist ist ausgesondert und annehmbar für Gott. Deine Seele ist ausgesondert und annehmbar für Gott. Und sogar dein Körper ist ausgesondert und annehmbar für Gott.

Es findet sich fast immer jemand, der bereit ist, gewisse Dinge an dir gut zu finden. Doch bei Gott musst du dir darüber keine Gedanken machen. Du kannst einfach du selbst sein. Er gibt dir wirklich die Freiheit, du selbst zu sein, da er dich komplett – mit Haut und Haaren – annimmt.

Die Erneuerung deines Denkens

Wenn deine Seele nicht schmutzig oder sündig ist, was ist dann mit der Erneuerung des Denkens? Bedeutet das nicht, dass deine Seele (die deinen Verstand beherbergt) irgendwie beschmutzt ist? Schließlich steht im Römerbrief Folgendes über den Verstand:

> *Deshalb orientiert euch nicht am Verhalten und an den Gewohnheiten dieser Welt, sondern* ***lasst euch von Gott durch Veränderung eurer Denkweise in neue Menschen verwandeln****. Dann werdet ihr wissen, was Gott von euch will: Es ist das, was gut ist und ihn freut und seinem Willen vollkommen entspricht. — Römer 12,2 NLB*

Du lernst und du wächst. Dein Denken wird erneuert, das steht fest. Aber die Tatsache, dass du nicht alles weißt und noch so viel zu lernen (und zu verlernen!) hast, bedeutet nicht, dass deine Seele von Natur aus schmutzig oder sündig ist. Sogar Jesus wuchs an Weisheit und Alter (Lk 2,52). Und er lernte mit der Zeit, gehorsam zu sein:

> *Obwohl Jesus der Sohn Gottes war,* ***lernte er doch*** *durch sein Leiden,* ***gehorsam zu sein****. — Hebräer 5,8 NLB*

Jesus lernte und wuchs, und das war keine Bedrohung für seine Gerechtigkeit. Auch du lernst und wächst, aber das bedeutet nicht, dass du am Montag weniger gerecht bist als am Dienstag. Sich zu entwickeln und Lernerfahrungen zu machen, ist elementarer Bestandteil des Lebens.

Was ist mit deinem Körper?

Wenn dein Geist und deine Seele zu 100 Prozent gottgefällig sind, was ist dann mit deinem Körper? Ist dein Körper nicht sündig?

Während eine Gruppe frühchristlicher Irrlehrer, die sogenannten Gnostiker, dieser Ansicht wohl zugestimmt hätten, sagt Gott das genaue Gegenteil. Er sagt dir, dass du ihm deinen Körper jeden Tag als heiliges und gerechtes Werkzeug zur Verfügung stellen sollst:

> *Lasst keinen Teil eures Körpers zu einem Werkzeug für das Böse werden, um mit ihm zu sündigen.* ***Stellt euch stattdessen ganz Gott zur Verfügung, denn es ist euch ein neues Leben geschenkt worden. Euer Körper soll ein Werkzeug zur Ehre Gottes sein, sodass ihr tut, was gerecht ist!*** *— Römer 6,13* NLB

> *Ich ermahne euch nun, ihr Brüder, angesichts der Barmherzigkeit Gottes,* ***dass ihr eure Leiber darbringt als ein lebendiges, heiliges, Gott wohlgefälliges Opfer****: Das sei euer vernünftiger Gottesdienst! — Römer 12,1*

Während die Gnostiker ihre eigene Körperlichkeit im Wesentlichen ablehnten (oder sie als unwichtig einstuften), achtet Gott unseren Körper und sagt uns, dass dieser für ihn bestimmt ist. Das ist eine weitere Motivation für ein rechtschaffenes Leben in Abhängigkeit von dem, der uns verwandelt hat.

> *Oder wisst ihr nicht, dass* ***euer Leib ein Tempel des in euch wohnenden Heiligen Geistes ist****, den ihr von Gott empfangen habt, und dass ihr nicht euch selbst gehört? — 1. Korinther 6,19*

Der Parasit namens Sünde und die alten Verhaltensmuster, die als Fleisch bekannt sind, können dich beeinflussen. Sie verleiten dich dazu, mit deiner Seele (und deinem Körper) die Sünde widerzuspiegeln, anstatt das, was du wirklich bist. Aber weder deine Seele noch dein Körper sind an sich sündhaft oder falsch.

Dein Körper ist nicht dein Feind. Deine Seele ist nicht dein Widersacher. Und dein Geist ist es auch nicht. Gott nimmt dich rückhaltlos mit Haut und Haaren an. Was wäre also, wenn mit dir tatsächlich alles in Ordnung ist?

Das ist es! Willkommen zu *deinem neuen Ich mit dem makellosen Herzen.*

Gott hält dich nicht hin!

Die Religion sagt: »Die Sünde ist unglaublich verlockend, und die Welt lebt sie aus, aber du darfst es nicht. Halte dich fern. Gib *deinen* Begierden lieber nicht nach, andernfalls …«

Gottes Botschaft an uns ist das Gegenteil: »Sünde ist unglaublich schädlich, und diejenigen, die ihr nachgehen, sind im Grunde genommen unglücklich. Aber du, mein Kind, bist gut, durch und durch. Du bist der Sünde gegenüber tot und lebendig für mich. Für dich ist die Sünde unangenehm und nicht erfüllend und geht gegen jede Faser deines Wesens – Geist, Seele und Körper.«

Das *Unnatürlichste* für dich ist es, zu sündigen. Und das *Natürlichste* für dich ist es, Jesus abzubilden. Das ist die schlichte Wahrheit über dich. Wenn du dich dafür entscheidest, nach dem Fleisch zu leben, gehen in dir alle möglichen Alarmglocken los. Du fühlst dich, gelinde gesagt, unwohl und unausgefüllt. Du bist nicht dafür gemacht, nach dem Fleisch zu leben, und dein »System« weiß das. Im Geist zu leben, ist deine neue Standardeinstellung. Alles andere geht dir gegen den Strich.

13

Es scheint, als würden in Kalifornien von Jahr zu Jahr zunehmend gefährlichere Waldbrände wüten. Wenn die Winde die Flammen über viele Kilometer hinweg anfachen, wird fast alles zerstört, was auf dem Weg der Feuerwalze liegt.

Feuer steht in der Bibel oft für die Gegenwart Gottes. Als der Heilige Geist zu Pfingsten in die Gläubigen hineinkam, brannten Feuerzungen über ihren Köpfen. Mose sprach mit dem Engel des Herrn in einem brennenden Busch. Aber wenn du diese Geschichten aufmerksam liest, wird dir etwas Merkwürdiges auffallen: Nichts und niemand wurde durch das Feuer der Gegenwart Gottes verbrannt. Die Gegenwart des Herrn war wie ein Feuer, aber er verzehrte weder den Busch noch die Menschen, auf denen die Flamme ruhte.

Dies ist uns ein Bild und eine Erinnerung daran, wie Christus heute in uns wohnt, ohne uns zu verzehren. Im Gegensatz dazu, was viele glauben und lehren, ist das christliche Leben nicht »alles von Christus und nichts von dir«. Es ist alles von dir *und* alles von Christus in einer wunderbaren Einheit. Christus wohnt in dir, aber er verzehrt dich nicht.

Gott ersetzt dich nicht. Er wohnt ihn dir und verbindet sich mit dir.

Wer im sogenannten US-amerikanischen Bibelgürtel lebt, bekommt auch schon mal christliche Plakatwände zu sehen, auf denen es heißt: »Mehr von Ihm, weniger von Mir!« Das mag demütig erscheinen, aber in Wirklichkeit ist es eine falsche Demut. Gott versucht nicht, dich zu erniedrigen, bevor er dich »gebrauchen« kann. Ganz im Gegenteil: Die Botschaft des Evangeliums lautet, dass Christus sich *mit* dir vereinigt hat. Er will dich in einer dynamischen Partnerschaft. Gott ist nicht auf »mehr von ihm und weniger von dir« aus. Erinnere dich daran, dass er bereits *alles* von ihm und *nichts* von dir hatte. Lange Zeit in der Ewigkeit war er alles, er allein, aber das ist Vergangenheit. Im Evangelium lädt er nun uns alle – die neue Schöpfung – dazu ein, an allem von ihm teilzuhaben.

Es lässt sich gut beobachten, dass der Glaube an »alles von ihm und nichts von mir« zu Passivität führt, wenn die Leute »darauf warten, dass Gott sich bewegt«. Sie fragen: »Wo bist du, Herr? Ich warte auf dich, Herr.« Die Antwort Gottes könnte lauten: »Ich lebe bereits in dir. Ich bin bereit, und du bist voll ausgerüstet, also lass uns gemeinsam gehen!«

Die Botschaft des Evangeliums ist nicht die, dass Christus *anstelle von dir* lebt. Sie lautet vielmehr: Christus lebt *in* dir und *mit* dir zusammen.

Sollte es also Christus sein, der durch dich lebt? Oder solltest du selbst leben? Die Antwort lautet *ja* – sowohl als auch.

Einssein und Einzigartigkeit

Die Bibel stellt dich nie bloß als Pipeline oder leblose Leitung dar, die Christus an andere »durchleitet«. Nein, sie sagt, dass du mit Jesus *vermählt* bist:

> *Also seid auch ihr, meine Brüder und Schwestern, dem Gesetz getötet durch den Leib Christi, sodass ihr* ***einem andern angehört, nämlich dem, der von den Toten auferweckt ist,*** *damit wir Gott Frucht bringen. — Römer 7,4 LUT*

Dein Einssein mit Jesus wird mit der Ehe verglichen, dem Einssein zwischen einem Mann und einer Frau. Es scheint fast unangemessen, diesen Vergleich zu ziehen. Fast.

Doch damit zeigt dir Gott, wie nahe du dem auferstandenen Christus bist. Wenn du dich fragst, ob Gott von dir getrennt ist oder sich aufgrund deines Handelns von dir abgewandt hat, stellst du die falsche Frage. Anstatt zu fragen, wie weit du entfernt bist, solltest du fragen, wie nah du ihm bist!

Die Antwort auf diese Frage lautet: Du bist immer vollkommen eins mit ihm. Deine Nähe zu ihm beinhaltet, dass er in dir ist und du in ihm bist. Ihr seid beide miteinander verwoben und nicht voneinander zu trennen.

Doch in einer gesunden Ehe wird die Identität einer Person – ihre Wünsche, ihre Bedürfnisse, ihre Persönlichkeit – nicht von der anderen Person vereinnahmt. Eine Ehe bedeutet nicht, dass du das Leben deines Ehepartners lebst, sondern du lebst *in Einheit* mit ihm. Du wirst nicht zu deinem Ehepartner, und er wird nicht zu dir. Aber ihr teilt einen Namen, ein Zuhause und eine Familie. Ihr seid vereint, aber ihr seid auch jeder für sich einzigartig.

Gottes Heilsplan sah nicht vor, im Laufe der Geschichte unzählige identische »Jesus-Klone« zu schaffen. Nein, du bist eine einzigartige und besondere lebendige Leinwand, auf die der Meistermaler die Pinselstriche seines göttlichen Lebens setzt. Du bist sein Werk:

> *Denn **wir sind sein Werk**, geschaffen in Christus Jesus **zu guten Werken**, die Gott zuvor bereitet hat, dass wir darin wandeln sollen. — Epheser 2,10 LUT*

Allein schon das griechische Wort *poiema*, das in diesem Vers verwendet wird, lässt deutlich werden, dass du Gottes besondere Schöpfung bzw. das Werk seiner Hände bist. Der Meistermaler hat sich noch nie zuvor in der Geschichte der Menschheit durch jemanden wie dich ausgedrückt. Das ist eine Premiere für ihn, denn nur *du* bist du!

Gott schätzt deine Persönlichkeit, deinen Sinn für Humor und alles, was dich von anderen Menschen unterscheidet. Es ist also nicht Christus *anstelle von* dir, und es ist nicht Christus *als* du. Es sind Christus *und* du.

Du bist kein Feuerwehrschlauch!

Du bist also kein »Feuerwehrschlauch«, durch den Gott fließen will. Du bist ein Kind Gottes, das in einer innigen Beziehung zu Jesus lebt. Zu sagen, dass du in irgendeiner Weise herabgesetzt werden musst, würde bedeuten, dass du nicht qualifiziert bist oder nicht zu Jesus passt, weil du erst reduziert oder verändert werden musst. Das nennt man Ablehnung, ob sie nun in religiösem Jargon daherkommt oder nicht.

Wie unterscheiden sich diese Vorstellungen denn von den Weltreligionen, die Selbsterniedrigung lehren? Diese behaupten, dass ein Anhänger sich selbst loswerden oder zumindest aus dem Weg räumen müsse, damit ein höherer Zustand erreicht werden könne, in dem es nur um Gott oder das »göttliche Licht« und nicht um ihn gehe.

Wie wir feststellen werden, gibt es eine Menge christliches Geschwafel und viele Fehlauslegungen der Bibel, die Menschen dazu bringen, alle möglichen abartigen Dinge über sich selbst und Gott zu glauben.

Selbstzerstörung?

Hast du jemals jemanden das Folgende sagen hören?

- »Du musst aus dem Weg gehen, damit Gott in deinem Leben wirken kann.«
- »Gott demütigt dich, damit du dich ihm hingibst.«
- »Gott bricht dich, damit er dich gebrauchen kann.«
- »Du musst dich selbst verleugnen, dir selbst sterben und täglich sterben, wie Paulus es tat.«

Diese Botschaften klingen sehr religiös. Sie scheinen Gott zu erhöhen, während sie dich herabsetzen. Doch sind sie die Wahrheit, die dich frei macht?

Nein, das sind sie nicht.

Stattdessen machen diese Botschaften mutlos. Sie können Angst einjagen. Im Endeffekt legen sie dir religiöse Fesseln an, die dir vermitteln sollen, du seist nicht akzeptabel. Sie sagen dir nicht nur wie so viele gesetzliche Botschaften, dass du »mehr tun« und »mehr sein« sollst. Nein, während sie mit gerade so viel christlichen Sätzen um sich werfen, dass es überzeugend klingt, bestehen sie in Wirklichkeit darauf, dass du dich an der propagierten Selbstverstümmelung beteiligst und dich im Grunde selbst zerstörst.

Doch denk daran, dass du für Gott kein Hindernis bist. Du bist sein Werkzeug!

Sich ergeben?

Lass uns über Hingabe sprechen. Eine Möglichkeit, wie wir die Schönheit der Evangeliumsbotschaft schmälern können, ist zu glauben, Gott verlange von uns, dass wir uns ihm »hingeben« oder »ergeben«. Natürlich hängen wir von Christus ab und vertrauen ihm in allem. Aber für viele Gläubige bedeutet »sich Gott ergeben bzw. hingeben« – eine Begrifflichkeit, die nirgendwo im Neuen Testament vorkommt – etwas ganz anderes.

Normalerweise »ergibt« man sich einer feindlichen Armee, wenn man eine Schlacht verloren hat. Ist es das, was wir über unsere Beziehung zu Gott vermitteln wollen? Wenn wir unseren Körper und uns selbst Gott darbieten, dann nicht etwa, weil wir einen Kampf gegen ihn verloren hätten.

Ganz im Gegenteil! Wir bringen unseren Körper und uns selbst Gott dar, weil wir im *selben* Team sind. Wir haben bereits unser altes Ich verloren, und dann hat Gott bei der Erlösung unsere Herzen für immer gewonnen. Wir wollen, was er will. Es gibt keinen Grund, »sich zu ergeben«.

(Zer-)Bricht Gott dich?

»Zerbrochenheit« ist heutzutage in christlichen Kreisen ein Modewort. Natürlich ist es nicht falsch, das Wort »zerbrochen« zu benutzen, wenn du dich auf das Weltsystem und den Weg des Fleisches beziehst. Das Weltsystem *ist* zerbrochen im Sinne von kaputt oder defekt. Der Weg des Fleisches *ist* ein kaputter Weg. Beides funktioniert nicht. Außerdem ist es absolut wahr, dass es für dich schmerzhaft und frustrierend sein wird, wenn du dich auf weltliche Denk- und Handlungsweisen einlässt. Wenn du nach Antworten an einem Ort suchst, an dem es keine Antworten gibt, kannst du mit *Leid* rechnen. Doch hier ist der Unterschied: Das Weltsystem ist zerbrochen, aber Gott zerbricht *dich* nicht. Der Weg des Fleisches ist ein kaputter Weg, aber Gott macht *dich* nicht kaputt.

Wir bekennen nicht, dass wir gebrochene Sünder sind, nur um dann gerettet und gebrochene Heilige zu werden! Nein, Gott (zer-)bricht dich nicht. Stattdessen baut er dich in Jesus Christus auf (Kol 2,7).

Es ist wahr, dass wir *schwach sind*. Paulus verkündet das selbst: »Jedes Mal sagte er: ›Meine Gnade ist alles, was du brauchst. Meine Kraft zeigt sich in deiner *Schwäche.*‹ Und nun bin ich zufrieden mit *meiner Schwäche*, damit die Kraft von Christus durch mich wirken kann.« (2Kor 12,9 NLB).

Wir sind schwach, aber wir sind *nicht* gebrochen. Zerbrochenheit bedeutet, dass der Bauplan fehlerhaft ist, aber wir sind keine fehlerhaften Neuschöpfungen. Wir sind gerecht, heil und vollkommen in Christus.

Selbstverständlich sind wir nicht die Quelle von irgendetwas. Nichts von der Frucht, die wir tragen, stammt von uns. Christus ist unsere Quelle, und wir sind abhängige Geschöpfe. Aber

Abhängigkeit bedeutet *nicht* Zerbrochenheit. Schwäche heißt *nicht* Zerbrochenheit.

Manchmal können sich diese Zustände wie ein und dasselbe *anfühlen*. Zerbrochenheit bedeutet jedoch, dass wir nicht vollständig oder heil sind. Aber wir sind vollständig und heil und gleichzeitig völlig abhängig. Sieh es doch mal so: War Jesus nicht selbst vollständig und heil – nicht gebrochen – und dennoch abhängig vom Vater?

Gott versucht nicht, dich zu demütigen

Hier kommt etwas Schockierendes: Gott versucht nicht, dich zu demütigen. Stattdessen lädt er dich ein, dich selbst zu demütigen, so wie Jesus es getan hat:

> ***Er erniedrigte sich selbst*** *und ward gehorsam bis zum Tode, ja zum Tode am Kreuz. Darum* ***hat ihn auch Gott erhöht*** *und hat ihm den Namen gegeben, der über alle Namen ist …*
> *— Philipper 2,8–9 LUT*

Jesus *hat sich selbst erniedrigt*. Was hat Gott getan? Gott *erhöhte* Jesus. Warum ist das wichtig? Gott hatte nicht vor, Jesus zu demütigen und ihm eine Lektion in Sachen Selbsterniedrigung zu erteilen. Genauso wenig will Gott, der Vater, dich demütigen. Hier bestätigen zwei Apostel, was wir sagen:

> *Demütigt euch vor dem Herrn, so wird er euch erhöhen.*
> *— Jakobus 4,10*

> *So demütigt euch nun unter die gewaltige Hand Gottes, damit er euch erhöhe zu seiner Zeit! — 1. Petrus 5,6*

Noch einmal: Wer demütigt (erniedrigt) sich hier? Du dich selbst. Gott ist nicht darauf aus, dich »eine Stufe nach unten zu befördern«. Er erlaubt dir liebevoll, dich selbst zu demütigen – zu erkennen, dass er Gott ist und du von ihm abhängig bist.

Echte Demut bedeutet nicht, weniger von sich selbst zu halten. Echte Demut bedeutet einfach, dich so zu sehen, wie Gott dich sieht – nicht mehr und *nicht weniger*. Echte Demut bedeutet, zu erkennen, dass du ein Empfänger und kein Produzent bist. Du bist abhängig, nicht unabhängig.

Alles, was du hast – dein neues Ich, dein makelloses Herz –, hast du nicht selbst geschaffen, somit besteht kein Anlass zur Überheblichkeit. Alles – deine Vergebung, deine Freiheit, dein neues Leben mit Jesus – wurde dir von Gott geschenkt. Und die Frucht, wenn einem diese unglaublichen Geschenke gemacht werden, ist Demut.

Erde von außen, Christus von innen

Es gibt genügend Leid in dieser Welt. Wir müssen nicht noch welches dazu erfinden. Wenn wir uns einen »Elender Wurm«-Komplex oder ein Märtyrersyndrom aneignen und um ständige Demütigung betteln, schaffen wir uns letztendlich viel unnötiges Leid. Dieses mentale und emotionale Leiden wird nicht von Gott verursacht, sondern von unserem falschen Glaubenssystem.

Die Welt hält doch auch so schon eine Menge Leid für uns bereit, oder etwa nicht? Und ja, Gott erinnert uns inmitten dieses Leids an unsere Abhängigkeit von ihm. Aber das Leid greift uns von außen an, während Christus uns von innen ermutigt.

Der Planet Erde geht *auf* dich los. Christus wirkt *in* dir.

Erkenne den Unterschied.

Hast du also die schmerzhaften Umstände, die dir widerfahren sind, mit einem Etikett versehen, auf dem »Made by Gott« steht, als hätte *er* sie erzeugt? Gott ist nicht der Urheber deines Leids. Er ist der Urheber und Vollender deines Glaubens.

Gott versucht nicht, dich zu brechen. Er zeigt dir nur, dass das Weltsystem zerbrochen, dass es kaputt ist. Gott ist dein Tröster und Ratgeber, und er baut dich inmitten dieser zerbrochenen Welt auf.

14

Viele Jahre lang lebten wir beide, jeder auf seine Weise, gemäß einer Botschaft, die uns jede Freude nahm. Wir dachten, wir müssten mit Gott zusammenarbeiten, während er uns »zerbreche«, uns zu Staub zermahle oder uns in Bedrängnisse brächte, bis wir uns schließlich ergeben würden. Wir dachten, all das würde zu einer Art Seelenreinigung führen und Gott zufriedenstellen.

Diese Art von Botschaft verhindert den Seelenfrieden und die Zufriedenheit, die sich aus dem Wissen darüber ergeben, wer wir jetzt schon sind. Und letztlich produziert eine solche Botschaft mehr Angst und Schuldgefühle als gute Frucht.

Warum gibt es so wenig Frucht?

Denk mal darüber nach: Wie können wir andere Menschen annehmen, wenn wir nicht glauben, dass Gott *uns* vollständig angenommen hat, so wie wir sind? Wie können wir andere Menschen lieben, wenn wir nicht glauben, dass Gott uns liebt, ohne uns erst komplett niederreißen und aufwendig neu aufbauen zu müssen?

Wenn wir glauben, dass Gott nur eine sorgfältig sanierte zukünftige Version von uns akzeptiert oder ihm lediglich ein »geistlicher Bereich« in unserem tiefsten Inneren willkommen ist oder dass er uns gar nur mit distanziertem »biblischen Blick« betrachtet, was ist dann das Ergebnis? Wir werden ausleben, was wir glauben, und *wir werden darauf aus sein, andere in Ordnung zu bringen, anstatt sie einfach anzunehmen.*

Musst du dir selbst sterben?

Was ist mit »sich selbst (ab-)sterben«? Wir hören diesen Ausdruck oft, also schauen wir uns mal die Bibelstellen an, die diesen Ausdruck verwenden.

Halt … das können wir nicht, denn es gibt keine.

Was? Bei all dem, was wir über das Sich-selbst-Sterben oder -Absterben hören, gibt es doch sicher zumindest eine Stelle, die diesen Ausdruck verwendet! Wir Christen haben dieses Konzept doch nicht einfach aus der Luft gegriffen, oder?

Doch, im Grunde haben wir das. (Irgendwo zwischen dem »der Sünde Sterben«, das bei der Erlösung geschieht, und dem Sterben unseres alten Ichs oder Menschen, das ebenfalls bei der Erlösung geschieht, haben wir die Idee des »Sich-selbst-Sterbens« erfunden.)

Der Ausdruck in der Bibel, der »sich selbst sterben« am nächsten kommt, findet sich in Römer 6. Der Sachverhalt ist dort jedoch ein völlig anderer – unser altes Ich bzw. unser alter Mensch ist bereits gestorben (Vergangenheitsform).

> *Wie sollten wir,* ***die wir der Sünde gestorben sind****, noch in ihr leben? Oder wisst ihr nicht, dass wir alle, die wir in Christus Jesus hinein getauft sind, in seinen Tod getauft sind? … wir wissen ja dieses, dass* ***unser alter Mensch mitgekreuzigt worden ist****, damit der Leib der Sünde außer Wirksamkeit gesetzt sei, sodass wir der Sünde nicht mehr dienen; denn* ***wer gestorben ist, der ist von der Sünde freigesprochen****.*
> *— Römer 6,2–3.5–7*

Wenn es so klar ist, dass unser altes Ich gekreuzigt wurde – Vergangenheitsform – und wir das neue Ich sind, warum laufen dann so viele herum und behaupten, wir müssten »uns selbst sterben«? Vielleicht liegt es an der menschlichen, religiösen Tendenz, uns als Hindernis und nicht als Werkzeug zu sehen.

Und wenn in Römer 6 davon die Rede ist, dass unser alter Mensch mitgekreuzigt und begraben wurde, dann haben wir das nicht einmal selbst getan! Gott hat es getan. Wir *konnten* es nicht tun. Die menschengemachte Theologie nach dem Tenor »Wir müssen uns jeden Tag selbst (ab-)sterben« impliziert also, dass *wir etwas tun*, um uns von uns selbst zu befreien.

Doch das können wir nicht.

Gott hat sich aus gutem Grund für die Kreuzigung entschieden: Es ist ein Tod, den man nicht selbst herbeiführen kann. Du nagelst eine Hand an … und was nun?

Gott musste das Kreuzigen, Begraben, Auferwecken und Hinsetzen zu Christus übernehmen:

> ***Durch ihn aber seid ihr in Christus Jesus**, der uns von Gott gemacht worden ist zur Weisheit, zur Gerechtigkeit, zur Heiligung und zur Erlösung … — 1. Korinther 1,30*

> ***Ich bin mit Christus gekreuzigt**; und nun lebe ich, aber nicht mehr ich [selbst], sondern Christus lebt in mir. Was ich aber jetzt im Fleisch lebe, das lebe ich im Glauben an den Sohn Gottes, der mich geliebt und sich selbst für mich hingegeben hat. — Galater 2,20*

> ***Er [Gott] hat uns mit Christus Jesus auferweckt und uns zusammen mit ihm einen Platz** in den himmlischen Bereichen **gegeben** … — Epheser 2,6 EÜ*

Gott hat dein Herz durchkreuzt. Er hat dein altes Ich mit dem alten Herzen ans Kreuz geschlagen. Es starb und wurde begraben, damit man nie wieder von ihm hört. Dann hat Gott dich zu neuem Leben erweckt und mit Jesus vereint. Er hat dich sogar zu seiner Rechten gesetzt. Du hast den besten Platz im Haus!

Das war alles Gottes Werk, und es ist vollbracht. Versuch nicht länger, »dir selbst zu sterben«, wenn dein altes Ich bereits tot und verschwunden ist. Und Gott will ganz gewiss nicht, dass du versuchst, dein neues Ich zu töten.

Sich selbst verleugnen?

Aber hat Jesus nicht gesagt, dass du dich selbst verleugnen, dein Kreuz auf dich nehmen und ihm nachfolgen sollest (Mt 16,24)? Ja, aber er bezog sich auf die Entscheidung zur Errettung an sich. Wann hast du denn dein Kreuz auf dich genommen und bist Jesus nach Golgatha gefolgt, um Tod, Begräbnis und Auferstehung zu neuem Leben zu erfahren? *Bei der Errettung.*

Okay, aber steht in Lukas 9,23 nicht eine andere Version dieser Aussage, nämlich dass wir unser Kreuz »täglich« auf uns nehmen sollen? Nur eine Minderzahl der griechischen Handschriften enthält das Wort »täglich« in Lukas 9,23, und viele Gelehrte glauben, dass der Kopist das Wort als Glosse hinzugefügt hat – eine Anmerkung am Rand. Eine Theorie besagt, dass der Kopist 1. Korinther 15,31 (»Ich sterbe täglich«) im Kopf hatte, als er es hinzufügte. (Und ja, wir werden diese Passage im nächsten Abschnitt behandeln).

Doch Jesu Heilsrede an die Menschen in seiner Gegenwart dreht sich um etwas, das jeder wiedergeborene Gläubige bereits erlebt *hat.* Du hast dein altes Ich oder Selbst verleugnet, dein Kreuz auf dich genommen und bist Jesus in den Tod gefolgt. Dann bist du geistlich zu einem neuen Leben erwacht und wurdest von Gottes Geist wiedergeboren.

In Römer 6 steht, dass dein altes Ich mit Christus gestorben sei. Galater 2 sagt, dass du mit ihm gekreuzigt worden seist. In Kolosser 2 heißt es, dass du mit Jesus gestorben seist. Es gibt keinen Grund mehr, zu »sterben«. Das Sterben und Verleugnen deines (alten) Ichs hat bereits stattgefunden. Und du solltest dein neues Ich nicht verleugnen! Nein, jetzt kannst du dich *täglich* als tot gegenüber der Sünde und lebendig gegenüber Gott betrachten (Römer 6,11).

»Ich sterbe täglich«?

Hat Paulus in 1. Korinther 15,31 nicht gesagt: »Ich sterbe täglich!«? Muss Gott also nicht das, was hässlich ist an deinem Wesen, wegschaben oder gar einen Teil von dir abtöten? Dann wirst du schön und annehmbar und zu ihm passend, richtig? Wenn sogar der Apostel Paulus täglich sterben musste, musst du das doch auch, oder nicht?

Tatsächlich bezieht sich Paulus hier auf die physischen Gefahren, denen er als reisender Bote des Evangeliums jeden Tag ausgesetzt war. Die Gefahren, auf die er sich bezieht, sind Verfolgung, Verhaftung und sogar die Tatsache, dass er einmal »in Ephesus mit wilden Tieren gekämpft« habe (Vers 32). Sein körperliches Wohlbefinden war täglich in Gefahr.

Paulus hat keine morbide Theologie darüber entwickelt, dass du jeden Tag geistlich sterben musst. Die falsche Vorstellung, dass du oder ein Teil von dir langsam sterben müsse, um in Einklang mit Gott zu kommen und kompatibel mit ihm zu sein, widerspricht direkt dem vollbrachten Werk Christi.

Das »Sterben Jesu« tragen?

Hier ist eine weitere Passage, die oft fälschlicherweise so interpretiert wird, als müssten wir noch in irgendeiner Weise »sterben«:

> *Wir haben aber diesen Schatz in irdenen Gefäßen …* ***Wir tragen allezeit das Sterben Jesu an unserm Leibe****, auf dass auch das Leben Jesu an unserm Leibe offenbar werde.*
> — *2. Korinther 4,7.10* LUT

Was bedeutet es überhaupt, »das Sterben Jesu zu tragen«? Hier ist der Kontext:

- »Wir [Apostel] verkünden nicht uns selbst« (Vers 5)
- »Wir [Apostel] werden überall bedrängt, aber nicht erdrückt« (Vers 8)
- »Der Tod wirkt in *uns* [den Aposteln], aber das Leben wirkt in *euch* [den Heiligen von Korinth]« (Verse 11–12)

Paulus hebt das körperliche Leiden hervor, das er und seine Mitapostel ertragen mussten. Und zu welchem Zweck haben sie es ertragen? Zum Wohle der Korinther, damit sich das Leben Christi in immer mehr Menschen entfalten würde. Der physische Tod (und das Leiden) war in den Aposteln am Werk, aber das Ergebnis war Leben in so vielen anderen.

Dieser Abschnitt hat nichts damit zu tun, dass Christen ständig sterben müssten, um neues Leben in Jesus zu erfahren. Die Apostel haben gelitten, um vielen Menschen das Evangelium zu bringen, damit wir das neue Leben in Jesus frei genießen können. Kein Sterben nötig!

»Du musst sterben«?

Was ist mit dem Römerbrief, in dem es heißt: »Denn wenn ihr gemäß dem Fleisch lebt, so *müsst ihr sterben*« (Röm 8,13)? Heißt das nicht, dass in dir noch eine Art Tod stattfinden muss?

In diesem Kapitel unterscheidet Paulus zwischen *Ungläubigen* und *Gläubigen*. Er sagt, dass die Gläubigen vom Geist geleitet werden und eine neue Art zu leben haben. Ungläubige hingegen haben keine Wahl. Sie leben ständig nach dem Fleisch. Das ist alles, was sie tun *können*. Deshalb können sie kein wahres Leben erfahren – nur den Tod.

Wieder einmal haben wir eine Stelle, die nichts darüber sagt, dass Gläubige sterben müssten. Ganz im Gegenteil: Hier geht es um den Zustand der *Ungläubigen*, die ständig den Tod erleben, jetzt und in der Ewigkeit.

Demut?

Selbsterniedrigung oder der Wunsch, das eigene Ich auszulöschen, ist ein gemeinsames Merkmal vieler von Menschen geschaffener Religionen. Folgendes hatte der Apostel Paulus dazu zu sagen:

> *Lasst euch den Siegespreis von niemandem nehmen, der sich gefällt in Demut … Diese haben zwar* ***einen Schein von Weisheit durch selbst erwählte Frömmigkeit und Demut*** *und dadurch, dass sie den Leib nicht schonen; sie sind aber nichts wert und befriedigen nur das Fleisch. — Kolosser 2,18.23 LUT*

Hier spricht Paulus von »Demut«, in der man »sich gefällt«, als einem Merkmal der weltlichen Religionen, das wir uns nicht aneignen sollten. Es mag verlockend sein, so zu denken, aber scheinbare Demut im Sinne von Selbsterniedrigung trägt nicht dazu bei, das Fleisch zu bändigen. Im Leben als Christ geht es nicht darum, sich zu erniedrigen. Im selben Kapitel erfahren wir, dass es Gottes Ziel ist, *dich in Jesus Christus aufzubauen* (Kol 2,7).

Sei fleißig und lebe!

Gott versucht nicht, dich zu brechen oder zu zerstören oder dich auf irgendeine Weise zu »reparieren«, bevor er sagt, dass du in Ordnung seist. Auf einer Skala von eins bis zehn bist du eine Elf. Du sprengst die Skala!

Wenn du jetzt nicht ganz in Ordnung wärest, wie könntest du das ändern? Dreißig weitere Gottesdienste? Freiwilligenarbeit leisten? Noch ein Jahr Bibelstudium? Und wie würdest du jemals wissen, dass du endlich in Ordnung wärst? Wäre es ein Gefühl?

Nein, Okaysein (Richtigkeit vor Gott) ist eine Tatsache, kein Gefühl. Es basiert nicht auf etwas Fortschreitendem wie etwa deiner Leistung. Es basiert auf etwas *Vollbrachtem*: Jesu Leistung am Kreuz und seine Auferstehung.

Gott mag dich. Gott liebt dich. Gott versucht nicht, dich zu brechen, dich zu Staub zu zermahlen oder dich (erneut) zu kreuzigen. Nein, wenn du eine neue Schöpfung bist, braucht Gott dich nicht zu verändern, um dich ganz und gar so anzunehmen, wie du bist. Er hat dich bereits genau so gemacht, wie er dich haben wollte.

Du, mit deinem neuen Ich und dem makellosen Herzen, bist einfach perfekt!

TEIL 6

Die perfekte Atmosphäre

15

Bis hierhin haben wir viel über dein neues Ich mit dem makellosen Herzen gesprochen. Aber es gibt noch andere Faktoren – neben deinen eigenen falschen Vorstellungen über deine geistliche Natur –, die dazu beitragen können, dass dir die volle Schönheit dessen entgeht, was du als Heiliger mit neuem Herzen in Jesus Christus wirklich bist.

Was ist damit, Gottes Maßstäben gerecht zu werden? Was ist mit all den Geboten, die ich ständig breche? Was ist mit dem Gesetz Gottes? Ohne handfeste Antworten auf diese Fragen lässt du dich leicht davon abbringen, dein untadeliges Ich zu würdigen, und gibst dich mit einer weniger guten Erfahrung zufrieden.

Für den vollen Nutzen brauchst du nicht nur ein solides Verständnis von deinem perfekten Ich, sondern auch von der perfekten *Atmosphäre*, die Gott durch das Evangelium erzeugt hat:

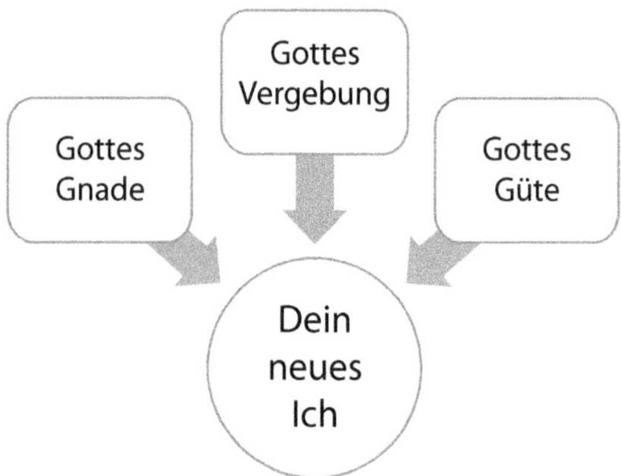

Gottes *Gnade*, Gottes *Vergebung* und Gottes *Güte* sind die perfekte Atmosphäre, in der du dein neues, untadeliges Ich mit dem makellosen Herzen am besten ausleben und am meisten davon profitieren kannst. In der zweiten Hälfte dieses Buches widmen wir uns der perfekten Atmosphäre, in der dein neues Ich gedeihen kann.

Eine Atmosphäre der Gnade

Welche Art von »Atmosphäre« bietet Gott, um dich und dein neues makelloses Herz zu motivieren? Es ist eine Umgebung der Gnade. Vorbei sind die starren Anforderungen eines gesetzesbasierten Lebens. Vorbei sind die Frustration des Versagens und die Verzweiflung darüber, diesen Anforderungen niemals völlig gerecht werden zu können.

In dieser neuen Atmosphäre der Gnade kannst du genau so sein, wie Gott dich geschaffen hat. Dein neues Herz wird ermutigt und beginnt zu strahlen wie nie zuvor. Wenn dich die wunderbare Freiheit von Gottes Gnade umhüllt, kannst du alles genießen, was er für dich hat.

Diese neue Atmosphäre entspringt einem kontraintuitiven Konzept, das als *neuer Bund* bekannt ist. Woran denkst du, wenn du den Begriff »neuer Bund« hörst? Vielleicht denkst du an Kirchenbezeichnungen wie *Gemeinde des Neuen Bundes.* »Bund« ist ein Wort, das wir heutzutage nicht mehr oft benutzen. Es klingt archaisch, gar obskur – und, offen gesagt, irrelevant für unser Leben.

Was ist also der neue Bund? Wann hat er begonnen? Und warum ist er für dich mit deinem neuen Herzen wichtig?

Der neue Bund

Beginnen wir mit dem Wort »Bund«. Hinter diesem scheinbar undurchsichtigen Begriff verbirgt sich ein Konzept, das nahezu unseren gesamten Alltag prägt. Ein Bund ist ein Vertrag, eine Abmachung oder ein Pakt. Es geht darum, dass zwei oder mehr Menschen oder Organisationen zusammenkommen und eine Vereinbarung miteinander treffen.

In der Bibel wird ein Bund mit Gott auch als »Wille« oder »Testament« bezeichnet. Vielleicht hast du schon einmal davon gehört, dass eine Person ihren »letzten Willen« formuliert oder ihr »Testament« aufsetzt, in dem sie festlegt, was nach ihrem Tod mit ihrem Vermögen geschehen soll. Wie wir sehen werden, ist es mit dem neuen Bund nicht viel anders. Darin steht, was Gott uns nach Jesu Tod, Auferstehung und Rückkehr in den Himmel hinterlassen wollte.

In Hebräer 8 erfahren wir, dass Gott einen neuen Bund geschlossen hat, der sich völlig von dem gesetzesbasierten Bund unterscheidet, den er mit Israel geschlossen hatte. Hier ist eine Umschreibung dessen, was Gott getan hat:

> *Weil sie mir nicht treu geblieben sind, habe ich beschlossen,*
> *meine Wünsche in ihr Herz und ihren Sinn zu schreiben.*
> *Ich habe es so eingerichtet, dass ich ihr Gott sein werde, ganz gleich, was passiert, und dass sie mein Volk sein werden.*
> *Sie werden mich alle intuitiv erkennen, und ich werde mich nicht mehr an ihre Sünden erinnern.*
> *— gekürzte Paraphrase von Hebräer 8,7–13*

Der neue Bund ist im Wesentlichen ein *Download* und eine *Löschung*. Zuerst lädt Gott seine Wünsche in dein neues makelloses Herz herunter. Zweitens löscht er dein Sündenregister und erinnert sich nicht mehr daran!

Sein wahrer Anfang

Sicherlich hast du schon einmal von »Blutsbrüderschaft« gehört. Als Kinder haben wir Versprechen gemacht, indem wir uns in die Finger gestochen und diese dann aneinander gerieben haben. Das war ein Versprechen, das mit Blut besiegelt wurde! Diese Idee ist nicht aus der Luft gegriffen. Sie ist lose mit etwas Altem und Biblischem verbunden:

Denn wo ein Testament ist, da muss notwendig der Tod dessen eintreten, der das Testament gemacht hat; denn ***ein Testament [Bund] tritt auf den Todesfall hin in Kraft****, da es keine Gültigkeit hat, solange derjenige lebt, der das Testament gemacht hat. … und* ***fast alles wird nach dem Gesetz mit Blut gereinigt****, und ohne Blutvergießen geschieht keine Vergebung.*
— Hebräer 9,16–17.22

Ein Bund mit Gott konnte nicht ohne Blut – und nicht ohne Tod – in Kraft treten. Schon zur Einführung des alten Bundes nahm Mose Tierblut und sprengte es über die Schriftrolle und das Volk. (Das ist doch mal ein Gottesdienst, den wir uns gern entgehen lassen!) Auch der neue Bund begann erst, als Blut vergossen wurde – das Blut von Jesus am Kreuz.

Das ist ein revolutionäres Konzept. Die meisten von uns sind in dem Glauben aufgewachsen, dass das Zeitalter des Neuen Testaments mit der Geburt Jesu begann. Aber das stimmt nicht. Das ist nicht der Zeitpunkt, an dem sein Blut vergossen wurde. Denk mal nach: In der Krippe wurde kein Blut für unsere Sünden vergossen.

Die neutestamentliche Ära oder der neue Bund begann mit dem *Tod* Christi, nicht mit seiner Geburt. Es war der Tod Jesu auf Golgatha, nicht seine Geburt in Bethlehem, der Gottes neuen Weg der Gnade einläutete. Wenn du jedoch die meisten Bibeln aufschlägst, findest du nach etwa zwei Dritteln eine leere Seite, auf der in großen Druckbuchstaben »DAS NEUE TESTAMENT« steht. Wo befindet sich diese Seite? Direkt vor Matthäus 1, wo die Geschichte von Jesu Geburt aufgezeichnet ist.

Sicher, die Seite ist hilfreich, weil sie die Hunderte von Jahren zwischen Maleachi und Matthäus trennt. Aber sie ist in der Hinsicht *nicht hilfreich*, dass die eigentliche Ära des Neuen Testaments nicht auf einer Buchseite beginnt. Sie begann an einem Tag in der Geschichte der Menschheit, als der Sohn Gottes sein Blut vergoss und starb.

Ohne das Vergießen von Blut gibt es keine Vergebung. Und ohne den Tod von Jesus gibt es keinen neuen Bund. In Galater 4,4 lesen wir, dass Jesus unter dem Gesetz geboren wurde:

> *Als aber die Fülle der Zeit kam, sandte Gott seinen Sohn, geboren von einer Frau,* ***geboren unter dem Gesetz****, damit er* ***die loskaufte, die unter dem Gesetz waren****, damit wir die Sohnschaft empfingen. — Galater 4,4–5* ELB

Jesus wurde in eine Zeit hineingeboren, in der das Gesetz das Leben bestimmte. Die Menschen um ihn herum lebten immer noch nach den Regeln des Alten Testaments – ungeachtet dessen, was auf der Trennseite in deiner Bibel steht. Erst nach Jesu Tod wurde der neue Bund eingeführt. Jesus selbst betonte dies beim letzten Abendmahl:

> *Dieser Kelch ist* ***der neue Bund in meinem Blut****, das für euch vergossen wird. — Lukas 22,20b*

Jedes Mal, wenn wir das Abendmahl einnehmen, ist dies eine visuelle Erinnerung daran, wann der neue Bund tatsächlich begonnen hat. Um den neuen Bund zu verstehen, müssen wir also unsere Perspektive um dreiunddreißig Jahre verschieben und die Trennlinie der Menschheitsgeschichte von Bethlehem nach Golgatha verlegen.

Das war der Moment, in dem die neue Atmosphäre der Gnade wirklich einsetzte.

Jesus dreht auf!

Die Erkenntnis, dass Jesus die Menschen unter dem alten Bund lehrte, hilft uns, ihn besser zu verstehen. Schließlich hat Jesus manchmal sehr harte Dinge gesagt.

Betrachte zum Beispiel seine Bergpredigt: Hau deine Hand ab. Rupf dein Auge aus. Vergib anderen, damit dir vergeben werde. Sei so vollkommen wie Gott. Er sagte, dass lüsternes Schauen dasselbe sei wie Ehebruch und dass Zorn dasselbe sei wie Mord. Er fuhr fort und sagte, dass beides die Höllenstrafe verdiene.

Andererseits bot er seinen Zuhörern manchmal auch Worte der Ermutigung und gute Nachrichten. Er lehrte sie, »in ihm zu bleiben«, und sprach davon, dass sie eines Tages von dem Tröster bewohnt werden würden.

Deshalb müssen wir uns fragen: Warum sollte Jesus auf zwei völlig unterschiedliche Arten lehren? Es ist schwer zu verstehen, warum, wenn wir nicht erkennen, dass Jesus während seines Dienstes zwei Ziele verfolgte:

1. Er wollte den stolzen Juden seiner Zeit zeigen, wie sinnlos es ist, nach dem alttestamentlichen Gesetz gerecht werden zu wollen. Deshalb konfrontierte Jesus sie mit unmöglichen Maßstäben, nach denen sie leben sollten. Dazu gehörten das Abhacken von Körperteilen in ihrem Kampf gegen die Sünde (Mt 5,29–30), der Verkauf all ihrer Besitztümer (Lk 18,22) und sogar der Zustand gottgleicher Vollkommenheit (Mt 5,48).
2. Er wollte allen von einem neuen und besseren Weg der Gnade prophezeien, der durch seinen Tod und seine Auferstehung bald kommen würde. So lehrte er zum Beispiel über die Beziehung zu ihm nach dem Vorbild von Weinstock und Rebe und über den kommenden Heiligen Geist.

Jesus frustrierte die Menschen unter dem alten Bund, indem er ihnen zeigte, wie unmöglich es für sie war, aus eigener Kraft mit Gott ins Reine zu kommen. Und er lehrte sie über den neuen Weg, auf dem sie ohne eigene Anstrengung vollkommen gerecht werden können.

Wenn wir *beide* Ziele Jesu sehen, wird der Zweck seiner strengen Lehren *viel* klarer. Während seines gesamten Dienstes bot Jesus den

Demütigen die Hoffnung auf Gottes Gnade an. Aber er hat auch stolze, religiöse Eiferer, die dachten, sie hätten alles im Griff, unter dem wahren und unmöglichen Maßstab des Gesetzes begraben. Selbst dieses letzte Motiv war ein Motiv der Liebe, denn es würde die Stolzen letztlich dazu bringen, ihr Bedürfnis nach Gnade zu erkennen.

Die Gebote des neuen Bundes

Der neue Bund ist aber nicht völlig frei von Geboten. Nur sind Gottes Wünsche diesmal nicht auf Steintafeln, sondern in unsere Herzen geschrieben (Hebr 10,16). Wie lauten die Gebote des neuen Bundes, die ins Futter unseres neuen, makellosen Herzens eingestickt sind? *Glaube* an Jesus und *liebe* andere, so wie er uns liebt:

> ***Ein neues Gebot** gebe ich euch, dass ihr **einander lieben sollt**, damit, wie ich euch geliebt habe, auch ihr einander liebt. — Johannes 13,34*
>
> ***Und das ist sein Gebot**, dass wir **glauben** an den Namen seines Sohnes Jesus Christus und **einander lieben**, nach dem Gebot, das er uns gegeben hat. — 1. Johannes 3,23*

Es sind nicht die 613 Gebote des alttestamentlichen Gesetzes, die in unsere Herzen geschrieben sind. Nein, »glaube und liebe« – das hat unser Gott mit eigener Hand in uns hineingeschrieben.

Rein mit dem Neuen!

Wenn das alttestamentliche Gesetz nicht in unsere Herzen geschrieben ist, in welcher Beziehung stehen wir dann dazu? Überall im Neuen Testament gibt Gott uns hierzu eine glasklare Antwort:

Wenn ihr aber vom Geist geleitet werdet, ***so seid ihr nicht unter dem Gesetz.*** *— Galater 5,18*

Nachdem aber der Glaube gekommen ist, ***sind wir nicht mehr unter dem Lehrmeister [dem Gesetz]****. — Galater 3,25*

Nun bin ich aber durch das Gesetz ***dem Gesetz gestorben****, um für Gott zu leben. — Galater 2,19*

Jetzt aber sind wir ***vom Gesetz frei geworden, da wir dem gestorben sind****, worin wir festgehalten wurden, sodass wir im neuen Wesen des Geistes dienen und nicht im alten Wesen des Buchstabens. — Römer 7,6*

Denn Christus ist das Ende des Gesetzes *zur Gerechtigkeit für jeden, der glaubt. — Römer 10,4*

Gott lässt keinen Raum für Zweifel. Du bist nicht unter dem Gesetz. Du stehst nicht unter dessen Aufsicht. Du bist dem Gesetz gestorben. Du bist davon befreit. Und das große Finale: Christus ist für dich das Ende des Gesetzes, weil du glaubst.

Das Gesetz des Alten Testamentes in dir zu tragen, wäre völlig unsinnig. Das wäre eine Botschaft voller Widersprüche:

- Du bist tot gegenüber dem Gesetz, aber es steht in deinem Herzen?
- Du bist nicht unter dem Gesetz, aber es steht in deinem Herzen?
- Christus ist für dich das Ende des Gesetzes, aber es steht in deinem Herzen?

Nichts davon kann sein! Was für eine befreiende Botschaft ist es doch, dass deine Freiheit vom Gesetz *real* und *unbestreitbar* ist. Und diese Freiheit bezieht sich nicht nur auf die Errettung. In Galater 3 und 5 verweist Paulus auf diese Freiheit in Bezug auf das, was dich täglich *beaufsichtigt* und *leitet.*

Um das zu erkennen, lies einfach noch einmal die soeben zitierten Verse. Achte dabei auf die Konjunktionen (Bindewörter) »sodass« und »um« und du erfährst Folgendes: Du bist dem Gesetz gestorben …

- sodass es für dich, der du glaubst, *Gerechtigkeit* gebe,
- um *für Gott zu leben*, und
- sodass du im neuen Wesen des Geistes *dienst.*

Dein Tod gegenüber dem Gesetz brachte Gerechtigkeit und so viel mehr! Die Freiheit vom Gesetz befähigt dich, *für Gott zu leben* und *nach der neuen Art des Geistes zu dienen.* Dem Gesetz zu sterben, entlässt dich in eine neue und befreiende Atmosphäre der Gnade Gottes, die dich inspiriert.

Das Leben unter dem neuen Bund ist kein Leben der Passivität. Nur weil du vom Gesetz befreit bist, bedeutet das nicht, dass Gott untätig in dir herumsitzen will, bis du dein Ticket in den Himmel einlösen kannst. Nein, die Freiheit vom Gesetz führt dazu, dass du Gott Frucht bringst!

> *Also seid auch ihr, meine Brüder und Schwestern,* ***dem Gesetz getötet*** *durch den Leib Christi, sodass ihr einem andern angehört, nämlich dem, der von den Toten auferweckt ist,* ***damit wir Gott Frucht bringen****.*
> *— Römer 7,4* LUT

16

Wahrscheinlich konntest du uns bis hierher folgen, soweit es die Atmosphäre der Gnade angeht, die kennzeichnend für den neuen Bund ist. Doch jetzt gehen wir noch einen Schritt weiter. Pass auf, hier kommt es: Deine radikale und lebensspendende Freiheit vom Gesetz beinhaltet auch die Freiheit von den Zehn Geboten.

Ganz genau – du stehst nicht unter den Zehn Geboten. Wie können wir da so sicher sein? Paulus macht es deutlich:

> ***Der Dienst für die in Stein gehauenen Gesetze führte zum Tod**, obwohl er mit einer solchen Herrlichkeit begann, dass das Volk Israel nicht einmal den Anblick von Moses Gesicht ertragen konnte. Denn sein Gesicht strahlte die Herrlichkeit Gottes aus, auch wenn dieser Glanz bald wieder verging. Können wir da nicht für den Dienst des Geistes noch weit größere Herrlichkeit erwarten? Wenn schon **der Dienst, der zur Verdammnis führt**, so herrlich ist, wie viel herrlicher muss dann erst derjenige Dienst sein, der uns vor Gott gerecht macht! Ja, **die erste Herrlichkeit ist überhaupt nicht herrlich** im Vergleich zu der überwältigenden Herrlichkeit des neuen Bundes. Wenn also schon das, was vergeht, voller Herrlichkeit ist, dann besitzt das, was bleibt, unermesslich viel größere Herrlichkeit. — 2. Korinther 3,7–11 NLB*

Diese Verse sind unmissverständlich. Sie können unmöglich unter Bezug auf zeremonielle Regeln oder Speisevorschriften interpretiert werden. Paulus spricht ausdrücklich von einem Dienst, der »in Stein gehauen« ist. Und die Zehn Gebote waren der einzige Teil des Gesetzes, der in Stein gemeißelt war.

Was sagt Paulus also über sie? Er bezeichnet die Zehn Gebote als »Dienst, der zum Tod führte« und »Dienst, der zur Verdammnis führt«. Er sagt sogar, dass die Zehn Gebote im Vergleich zum Gerechtigkeit verleihenden Dienst des Geistes *keine Herrlichkeit* hätten.

Das ist kaum zu glauben. Aber warte, es gibt noch mehr, um diesen Punkt zu verdeutlichen:

> *Denn auch von der Begierde hätte ich nichts gewusst, wenn nicht das Gesetz gesagt hätte: »Du sollst nicht begehren!« Die Sünde aber ergriff durch das Gebot die Gelegenheit und bewirkte jede Begierde in mir; denn* ***ohne Gesetz ist die Sünde tot****.*
> *— Römer 7,7b–8* ELB

Hier spricht Paulus wieder über eines der Zehn Gebote: »Du sollst nicht begehren.« Er sagt, dass die Sünde durch das Gebot eine Gelegenheit erlangt. Dann liefert Paulus die überraschende Lösung: »ohne Gesetz ist die Sünde tot«.

Ohne welches Gesetz? Das Gesetz des Begehrens – eines der Zehn Gebote.

Erkennst du die radikale Freiheit, von der Paulus hier spricht? Wenn es dir schwerfällt, nicht zu begehren, vertraue nicht auf Mose. Vertraue auf Jesus. Wenn es dir schwerfällt, ehrlich zu bleiben und nicht zu stehlen, vertraue nicht auf Mose. Vertraue auf Jesus. Wenn es dir schwerfällt, deinem Partner treu zu sein, vertraue nicht auf Mose. Vertraue auf Jesus. Er wird dich niemals zum Begehren, Stehlen oder Ehebrechen verleiten. Jesus ist alles, was du brauchst, um jedes Problem zu überwinden.

Im selben Kapitel des Römerbriefs sagt Paulus, dass du dem Gesetz getötet worden seist, um Jesus anzugehören (mit ihm vermählt zu werden) (Röm 7,4). Gott versucht, dir Folgendes klarzumachen: *Mit Mose zu flirten bedeutet, Jesus zu betrügen!*

Unter den Zehn Geboten ist die Sünde lebendig. Ohne die Zehn Gebote ist die Sünde tot. Ja, so einfach ist das für einen Menschen mit einem neuen Herzen. Hast du je darüber nachgedacht, dass der Grund, warum du so sehr mit der Sünde kämpfst, zum Teil in der Art und Weise liegen könnte, wie du sie bekämpfst? Wenn du bisher versucht hast, die Sünde durch Einhalten von Regeln zu bekämpfen, ist es kein Wunder, dass sie so quicklebendig wirkt!

Aber wenn du dich nicht an den Zehn Geboten orientierst, was wird dich dann leiten? Der dir innewohnende Christus wird dich vom Herzen aus inspirieren. Denke daran, dass mit deinem neuen Herzen auch neue Gebote in dein Inneres eingegraben wurden: Jesus zu vertrauen und andere zu lieben, so wie er dich liebt.

Wenn du jemanden liebst, kannst du ihn nicht gleichzeitig bestehlen. Wenn du deinen Ehepartner liebst, kannst du nicht gleichzeitig die Ehe brechen. Offensichtlich reichen die Gebote des *Glaubens* und der *Liebe* aus, um dich in so vieler Hinsicht zu leiten:

> *Das Wichtigste aber ist, dass ihr einander beständig liebt, denn* ***die Liebe deckt viele Sünden zu!*** *— 1. Petrus 4,8 NLB*

Gott ist nicht naiv. Er weiß genau, wie du funktionieren solltest. Er weiß, dass die echte Lösung für deine Einstellungen und Handlungen nicht in neuen, detaillierteren oder strengeren Gesetzen liegt. Im Gegenteil: Wenn du andere einfach nur liebst, wirst du nicht gegen sie sündigen.

> ***Die Liebe fügt niemandem Schaden zu;*** *deshalb ist die Liebe die Erfüllung von Gottes Gesetz. — Römer 13,10 NLB*

Voller Respekt

Hier geht es *nicht* darum, das Gesetz zu missachten. Nein, das Gesetz ist heilig, gerecht und gut (Röm 7,12). Und Jesus ist nicht gekommen, um das Gesetz abzuschaffen, sondern um es zu erfüllen

(Mt 5,17). Aber weil er es erfüllt *hat*, musst du das nicht mehr tun – und du könntest es auch nicht.

Diejenigen, die sich für Gottes Gnade entscheiden, sind die einzigen, die den perfekten und unerreichbaren Standard des Gesetzes wirklich respektieren. Erlaube uns, das zu erklären: Wenn Menschen die Härte des Gesetzes abschwächen – indem sie sich nur ein paar ihrer Lieblingsgebote herauspicken –, erwecken sie den falschen Eindruck, dass das Gesetz von ihnen nur verlange, »ihr Bestes zu geben«, und dass sie wie in einer Schulklasse benotet würden. Das ist dem Gesetz gegenüber respektlos! Wie wir noch sehen werden, gibt es in Wahrheit nur zwei Noten: eine perfekte 100 oder eine 0 – durchgefallen. Und es gab nur *eine* Person, die jemals eine perfekte 100 erreichen konnte.

Wenn wir das Gesetz also wirklich respektieren, erkennen wir, dass es so perfekt ist und seine Maßstäbe so unerreichbar sind, dass wir es niemals erfüllen könnten. Deshalb muss die Gerechtigkeit gegenüber Gott aus der Gnade durch den Glauben kommen. Wer also mit dem Gesetz kokettiert und sich nur bestimmte Gebote herauspickt, respektiert Gottes Gesetz in Wahrheit überhaupt *nicht*.

Keine Ausnahmen

Stell dir vor, du wärst mit einem Perfektionisten verheiratet, der sich dir gegenüber missbräuchlich verhält. Du kannst es ihm nie recht machen. Du bekommst eine Liste mit zwanzig Dingen, die du übers Wochenende erledigen sollst. Du schuftest von früh bis spät und erledigst neunzehn dieser Aufgaben perfekt. Aber wenn du dann deinem Ehepartner Bescheid gibst, will er über nichts anderes reden, als über die eine Sache, die du nicht erledigt hast. Als Nächstes bekommst du dann zu hören, dass du als Ehepartner ein armseliger, schlechter Scherz seist.

Ähnlich ist es beim Gesetz, auch dieses verfolgt einen Alles-oder-Nichts-Ansatz. Wenn du unter dem Gesetz stehst, bist du verpflichtet, es vollständig zu halten – und zwar perfekt. Du kannst dir nicht einfach die Teile aussuchen, die dir am besten gefallen. Sowohl Jakobus als auch Paulus machen das deutlich:

> *Und wer alle Gesetze bis auf ein einziges befolgt,* ***ist genauso schuldig wie einer, der alle Gesetze Gottes gebrochen hat****.*
> *— Jakobus* 2,10 NLB

> *Hört zu! Ich, Paulus, sage euch: Wenn ihr auf die Beschneidung vertraut, um vor Gott gerecht zu werden, dann kann Christus euch nicht helfen. Ich wiederhole es: Wer sich beschneiden lässt, der* ***muss sämtliche Vorschriften des Gesetzes erfüllen****.*
> *— Galater* 5,2–3 NLB

> *Wer dagegen auf das Gesetz vertraut, um vor Gott gerecht zu werden, steht unter einem Fluch. In der Schrift heißt es: »Verflucht ist jeder, der nicht alle Gebote* ***beachtet und befolgt, die im Buch des Gesetzes geschrieben stehen.****« — Galater* 3,10 NLB

Gott bewertet nicht nach der Devise: »Du warst immerhin besser als andere.« Das Gesetz ist einfach ein »Geht nicht«. Ganz genau. Wenn du mehr als sechshundert Vorschriften einhältst und es nur in einem Punkt vergeigst, ist deine Punktzahl gleich null: Du bist verflucht. Beachte, dass es heißt, dass du alles befolgen musst, was »im Buch des Gesetzes« steht. Damit ist die gesamte Tora mit all ihren Vorschriften gemeint. Keine Ausnahmen.

Halt die Klappe!

»Halt die Klappe!« Diesen Ausdruck durften wir als Kinder zu Hause nicht benutzen. Unsere Mütter haben es einfach nicht geduldet. Doch genau das tut das Gesetz mit seinen 613 Vorschriften, die uns unverhohlen anstarren. Es lässt uns die Klappe halten:

> *Wir wissen aber, dass das Gesetz alles, was es spricht, zu denen sagt, die unter dem Gesetz sind,* ***damit jeder Mund verstopft werde*** *und alle Welt vor Gott schuldig sei, weil aus Werken des Gesetzes kein Fleisch vor ihm gerechtfertigt werden kann; denn* ***durch das Gesetz kommt Erkenntnis der Sünde****.*
> *— Römer 3,19–20*

Beachte, dass das Gesetz nur eine Zielgruppe hat: Nur die *Ungläubigen* stehen unter dem Gesetz. Es soll sie zum Schweigen bringen, denn sie haben keine gute Antwort auf all seine unmöglichen Forderungen. Stattdessen erlangen sie nur ein Bewusstsein für die Sünde.

Gott hat das Gesetz nicht gegeben, um dich lebendig zu machen. Er gab das Gesetz, um zu beweisen, dass du tot warst. Gott hat das Gesetz nicht gegeben, um dir zu zeigen, wie er ist. Er hat das Gesetz gegeben, um dir zu zeigen, wie *du* warst.

Das Gesetz einzuführen war ein gnädiger Schritt, da es dazu diente, die Täuschung über selbstgewirkte Gerechtigkeit zu beenden. Der perfekte und unerreichbare Maßstab des Gesetzes führt dich letztlich zu dem, der dich gerecht macht – und zwar nicht durch Leistung, sondern indem du einfach empfängst.

Das war von Anfang an Gottes Plan. Als Gott dir zeigen wollte, wie er ist, schickte er nicht das Gesetz. Er sandte Jesus, der das genaue Abbild von Gott, dem Vater, ist (Hebr 1,3). Wenn deine Vorstellung von Jesus und deine Vorstellung von Gott voneinander abweichen, dann müssen sie in Einklang gebracht werden. Dank Jesus musst du Gott nicht mehr durch die Brille des Gesetzes als Aufseher und Richter sehen. Du kannst dich an ihm als deinem liebenden Vater erfreuen. Wenn du also wissen willst, wie Gott ist, schau auf Jesus.

Der perfekte Lehrmeister

Hier ist noch ein Beleg dafür, dass das Gesetz nur zu Ungläubigen spricht:

> *Wir wissen aber, dass das Gesetz gut ist, wenn jemand* ***es gesetzgemäß gebraucht****, indem er dies weiß, dass* ***für einen Gerechten das Gesetz nicht bestimmt ist****, sondern für Gesetzlose und Widerspenstige, für Gottlose und Sünder, für Heillose und Unheilige, Vatermörder und Muttermörder, Mörder, Unzüchtige, mit Männern Schlafende, Menschenhändler, Lügner, Meineidige, und wenn etwas anderes der gesunden Lehre entgegensteht …*
> *— 1. Timotheus 1,8–10* ELB

Das Gesetz ist nicht für die Gerechten bestimmt (das bist du!), sondern für die Ungläubigen, die noch »unter dem Gesetz« stehen. Das Gesetz in seiner Vollkommenheit fungiert als Lehrmeister, der die Welt auf ihre Unfähigkeit hinweist, dem Standard gerecht zu werden, und sie für ihr Versagen zur Rechenschaft zieht. Das Gesetz offenbart letztlich den geistlichen Tod und die Abhängigkeit von der Sünde:

> *… ich hätte* ***die Sünde nicht erkannt****, außer* ***durch das Gesetz****.*
> *— Römer 7,7b*

> *Bevor aber der Glaube kam, wurden wir unter dem Gesetz verwahrt und verschlossen auf den Glauben hin, der geoffenbart werden sollte. So* ***ist also das Gesetz unser***

> ***Lehrmeister geworden auf Christus hin**, damit wir aus Glauben gerechtfertigt würden. — Galater 3,23-24*

In Galater 3 heißt es, dass »wir unter dem Gesetz verwahrt [wurden]«, bevor wir zum Glauben an Christus kamen. Du warst eingesperrt und das Gesetz hielt dich gefangen. Dennoch wird heute, zweitausend Jahre später, immer noch darüber diskutiert, ob das Gesetz im christlichen Leben eine Rolle spielen sollte. Wir laden die Menschen ins Gefängnis ein und merken es nicht einmal!

»Du sollst nicht« heißt mehr Mühsal!

Das Gesetz *offenbart* nicht nur die Abhängigkeit von der Sünde. Unter dem Gesetz zu stehen, *verstärkt* die Abhängigkeit sogar noch!

> *Denn als wir im Fleisch waren, wirkten **die Leidenschaften der Sünden**, die **durch das Gesetz erregt wurden**, in unseren Gliedern, um dem Tod Frucht zu bringen. — Römer 7,5 ELB*

> *Denn **die Sünde wird nicht herrschen über euch**, weil **ihr nicht unter dem Gesetz seid**, sondern unter der Gnade. — Römer 6,14*

In Römer 7 heißt es, dass die sündigen Leidenschaften durch das Gesetz *erregt* werden. Römer 6 zeigt, dass die Sünde dich unter dem Gesetz beherrscht. Nur *ohne* das Gesetz ist die Sünde wirklich tot (Röm 7,8).

> *Der Stachel des Todes aber ist die Sünde, **die Kraft der Sünde aber ist das Gesetz**. — 1. Korinther 15,56*

Noch einmal: Wenn du dich jemals gefragt hast, warum du so sehr mit der Sünde kämpfst, solltest du in Betracht ziehen, dass es vielleicht an der Art liegt, wie du den Kampf bisher angegangen bist. Wenn du die Sünde mit einem Haufen von »Du sollst nicht«-Regeln bekämpfst, kannst du mit *mehr* Mühsal rechnen, nicht mit weniger.

Geh aufs Ganze!

Achtspur-Kassetten, Telefonzellen, Videotheken – was haben sie alle gemeinsam? Sie alle waren einmal unverzichtbar, aber jetzt sind sie veraltet und verschwunden. Wusstest du, dass der Verfasser des Hebräerbriefs das Gleiche über den alten Bund schrieb? Er nannte den alten Bund »veraltet« (Hebr 8,13). Er sagte zudem, das Gesetz sei »schwach« und »nutzlos« und der neue Bund sei deine bessere Hoffnung (Hebr 7,18–19).

Du kennst sicherlich die Redewendung »aufs Ganze gehen« (wenn du in den 1990er Jahren ferngesehen hast, ist dir sicherlich noch die gleichnamige TV-Gameshow bekannt). Das ist im Grunde Gottes Botschaft an uns im neuen Bund: Geh aufs Ganze! Man kann es auch anders ausdrücken: »Wennschon, dennschon.«

Interessanterweise vermittelt *der Stammbaum Jesu* dies am besten. Wenn wir einen Blick darauf werfen, entdecken wir etwas, das im ersten Moment alarmierend ist. Es stellt sich heraus, dass Jesus nach dem Gesetz nicht als Hoherpriester taugt. Was? Ja, wirklich: Jesus wurde nicht in den Stamm Levi geboren und war daher unter dem Gesetz nicht als Priester geeignet.

Doch keine Aufregung, dafür gibt es einen guten Grund! Der Verfasser des Hebräerbriefs erklärt es:

> ***Wenn nun aber die priesterliche Ordnung verändert wird, muss auch das ganze Gesetz entsprechend geändert werden.*** *Denn der, von dem wir reden, gehört zu einem anderen Stamm,*

dessen Angehörige nie am Altar dienten. ***Unser Herr kam ja aus dem Stamm Juda, doch Mose hat Juda nie in Verbindung mit dem Priestertum erwähnt.*** *— Hebräer 7,12–14* NLB

Warum wurde Jesus nicht als der nächste in einer langen Reihe von levitischen Priestern geboren? Dafür hat Gott absichtlich gesorgt: »Wenn … die priesterliche Ordnung verändert wird, muss auch das ganze Gesetz entsprechend geändert werden.«

Du kannst nicht ein bisschen von Mose und ein bisschen von Jesus übernehmen. Du rufst jetzt Jesus aus dem Stamm Juda an, der sich nach dem Gesetz nicht als Priester bezeichnen darf. Er stammt aus dem falschen Stamm und ist daher nicht geeignet. Trotzdem nennst du ihn deinen Hohenpriester. Wenn du also einen Wechsel im Priestertum anerkennst, musst du auch konsequent sein und *einen Wechsel im Gesetz* anerkennen.

Hier ist Gottes Botschaft an dich durch den Stammbaum Jesu: Geh aufs Ganze. Sei konsequent. Erkenne Jesus als Hohenpriester an *und* erkenne den neuen Bund als deinen einzigen Weg nach vorne!

17

Einer der großen Vorteile, unter dem neuen Bund zu leben, ist die Sicherheit, die du in Jesus hast. Was genau sichert dich so fest ab? Kurioserweise ist es ein Versprechen zwischen Gott und Gott. Ja, Gott hat sich selbst versprochen, dass du für immer in ihm sicher wärst:

> ***Wer einen Eid leistet, schwört bei einem Größeren****, dass er diesen Eid halten wird, und ein solcher Eid* ***ist ohne Zweifel gültig****. Auch Gott verpflichtete sich mit einem Eid, damit die Empfänger dieser Zusage vollkommen sicher sein konnten, dass sie unabänderlich war. Gott gab uns also sowohl seine Zusage als auch seinen Eid,* ***die beide unabänderlich sind, weil Gott nicht lügt****. Das ist für uns, die wir bei ihm Zuflucht gesucht haben, eine große Ermutigung, denn wir wollen ja das vor uns liegende Ziel, die Erfüllung der Hoffnung, erreichen.* ***Diese Zuversicht ist wie ein starker und vertrauenswürdiger Anker für unsere Seele.*** *— Hebräer 6,16–19a* NLB

Dies ist eine auf beiden Seiten felsenfest gültige Zusage. Warum? Weil wir auf der einen Seite Gott in all seiner Treue, Beständigkeit und Vertrauenswürdigkeit sehen. Und auf der anderen Seite sehen wir Gott ebenfalls in all seiner Treue, Beständigkeit und Vertrauenswürdigkeit.

Nein, du hast das nicht falsch verstanden. Es ist derselbe Gott auf beiden Seiten des Versprechens. Betrachte im Gegensatz dazu die Lesung des Gesetzes in 2. Mose 24 und wie diese Vereinbarung aussah:

> *Darauf nahm er das Buch des Bundes und las es vor den Ohren des Volkes. Und sie sprachen: Alles, was der HERR gesagt hat,* ***das wollen wir tun*** *und darauf hören! — 2. Mose 24,7*

Mose las dem Volk Israel das Gesetz vor. Im Gegenzug versprachen sie, »alles« zu tun, was der Herr befohlen hatte. Aber wenn du dich an die Geschichte erinnerst, hielt ihr Versprechen nicht lange. Nein, das Alte Testament ist voll von Geschichten, in denen ein Versprechen nach dem anderen nicht eingehalten wurde, weil Israel Gott immer wieder ungehorsam war. Das ist das Problem bei allen Bündnissen, bei denen wir Menschen unseren Teil der Abmachung einhalten müssen. Wir sind zum Scheitern verurteilt.

Man kann also nachvollziehen, warum Gott beschlossen hat, im neuen Bund bei sich selbst zu schwören. Er hat eine Vereinbarung mit sich selbst getroffen, damit es sowohl auf der einen Seite als auch auf der anderen Seite einen Gott gibt, der die Wahrheit sagt. Er selbst ist der Anker für deine Seele. Auf diese Weise hat Gott jedem Streit über deine ewige Sicherheit ein Ende gesetzt. Du wirst gerettet und erhalten, indem er seine Versprechen hält, *nicht* du deine.

Du bist für immer gerettet

»Aber was ist, wenn ich … ?« So beginnt fast jede Diskussion bezüglich eines möglichen Verlustes der Errettung. *Aber was ist, wenn ich total viele* Sünden begehe? Aber was ist, wenn ich immer wieder dieselbe Sünde begehe? Aber was ist, wenn ich eine Sünde *mutwillig begehe?* Nur mal nebenbei bemerkt: Bei *jeder* Sünde, die du je begangen hast, war dein Wille im Spiel! Hier sind zwei bessere Fragen, die du dir stellen solltest: *Aber was ist, wenn es nicht um mich geht? Aber was ist, wenn Jesus …?*

In diesem Sinne heißt es in Hebräer 7, dass du vollkommen und für immer durch Jesus gerettet bist, nicht durch dich:

Er aber hat, weil er in Ewigkeit bleibt, ein unübertragbares Priestertum. Daher ***kann er auch diejenigen vollkommen***

***erretten**, die durch ihn zu Gott kommen, **weil er für immer lebt**, um für sie einzutreten. — Hebräer 7,24–25*

Wie lange wirst du gerettet sein? Für immer. Warum? Weil Jesus ewig lebt. Du wirst also so lange gerettet sein, wie Jesus lebt. Das ist ein Grund zum Feiern!

Du kannst sicher sein, dass du das ewige Leben hast (1Joh 5,13). Jesus wird dich niemals verlieren (Joh 6,39). Niemand kann dich aus Gottes Hand reißen (Joh 10,28–29). Und Gott wird dich niemals aus irgendeinem Grund im Stich lassen (Hebr 13,5). All das ist so, weil Gott sich selbst versprochen hat, dich vollkommen und für immer zu retten.

Eine Ruhe der Zuversicht

Mit der Erlösung wurdest du eingeladen, in all dem zu ruhen, was Gott für dich getan hat:

Also bleibt dem Volk Gottes noch eine Sabbatruhe vorbehalten; denn wer in seine Ruhe eingegangen ist, der ruht auch selbst von seinen Werken, gleichwie Gott von den seinen. So wollen wir denn eifrig bestrebt sein, in jene Ruhe einzugehen … — Hebräer 4,9–11a

Wie kannst du »eifrig bestrebt sein, in jene Ruhe einzugehen«? Als Christ *hast* du Gottes Ruhe bereits betreten. Du bist im »Gelobten Land«, weil du Jesus Christus kennst, und befindest dich nicht mehr in einer geistlichen Wüste.

Doch vor zweitausend Jahren mussten sich die Hebräer eine Meinung über Jesus bilden. Wenn sie entschieden, dass er das Lamm Gottes sei, das ihre Sünden wegnehme, und der Sohn Gottes, der ewiges Leben sei, konnten sie seinen Namen anrufen, um gerettet zu werden. Dann konnten sie das Leben nach dem Gesetz ein für alle Mal hinter sich lassen und den Weg des neuen Bundes genießen, der »sanft« und »leicht« ist (Mt 11,28–30).

Es ist also klar, dass ein großer Vorteil des Lebens unter dem neuen Bund darin besteht, dass wir in einer Beziehung zu Gott *ruhen* können, die uns keine Lasten auferlegt. Aber es gibt noch ein weiteres Merkmal, das einen Menschen auszeichnet, der Gottes Gnadenweg des neuen Bundes wirklich genießt: Vertrauen. Laut Hebräer 10 kannst du Vertrauen in diesen neuen und lebendigen Weg haben, weil du dich Gott mit der absoluten Gewissheit nähern kannst, dass dir vergeben ist und du für immer gereinigt bist (Hebr 10,14.19–23).

Die Ruhe und die Zuversicht, die der neue Bund mit sich bringt, sind großartig, aber wir können sie nur dann in vollem Umfang genießen, wenn wir fest stehen, in dem Vertrauen darauf, dass Jesus alles Nötige getan hat.

> *So **steht nun fest** in der **Freiheit**, zu der uns Christus befreit hat, und lasst euch nicht wieder in ein Joch der Knechtschaft spannen! — Galater 5,1*

Zu viel Sieg?

Wahre Freiheit ist nicht die Freiheit *zur* Sünde. Wahre Freiheit ist die Freiheit *von* der Sünde.

Das ist die radikale und mächtige Freiheit, die du in dieser Atmosphäre der Gnade des neuen Bundes genießt. Wenn du also jemals gedacht hast, dass zu viel Gnade gefährlich sei, ist dies eine klare Aufforderung, diese Annahme zu überdenken:

> *Denn die Sünde wird **nicht** herrschen über euch, weil ihr nicht unter dem Gesetz seid, sondern **unter der Gnade**.*
> *— Römer 6,14*

Zu sagen, man könne zu viel Gnade haben, ist wie zu sagen, man könne zu viel Sieg über die Sünde haben. Kann man zu viel Gesetz haben? Ja, das Gesetz erregt sündige Leidenschaften. Du solltest keine geistliche Beziehung zum Gesetz haben, jetzt, da du Jesus hast. Aber kannst du zu viel Gnade haben? Auf keinen Fall! Du kannst nie zu viel Freiheit von der Macht der Sünde haben, und das ist es, was Gottes Gnade bewirkt.

Das Urteil über religiöse Regeln

»Okay, okay, ich hab's verstanden. Ich stehe nicht unter dem Gesetz. Aber um Sünde zu vermeiden, muss ich trotzdem nach guten christlichen Prinzipien und Regeln leben, oder?«

Du sollst in die Kirche gehen. Du sollst deinen Glauben teilen. Du sollst deine Bibel lesen. Du sollst ehrenamtlich in der Kinderkrippe arbeiten. Du sollst immer »Ja« sagen, wenn du um etwas gebeten wirst.

Wenn wir nicht aufpassen, erfinden wir unsere eigene Art von religiösem Gesetz voller »Gefälligkeitsregeln« und selbst auferlegter Verpflichtungen. Und solange wir uns an diese Dinge halten, geben wir uns selbst eine gute Note und gestatten uns, uns Gott »näher« zu fühlen. Doch vor zweitausend Jahren warnte Paulus davor:

> ***Ihr seid mit Christus gestorben**, und er hat euch aus den Händen der Mächte dieser Welt befreit. **Warum folgt ihr dann noch weltlichen Regeln** wie: »Damit sollst du nichts zu tun haben, das sollst du nicht essen, dies nicht anfassen.« Solche Regeln sind nichts als menschliche Vorschriften für Dinge, die doch nur dazu da sind, von uns benutzt und verbraucht zu werden. Sie mögen **weise wirken**, weil sie Hingabe, Demut und strenge körperliche Disziplin verlangen. Aber sie **sind ohne Wert** und dienen nur menschlichen Zielen. — Kolosser 2,20–23 NLB*

Regeln können so religiös erscheinen und sich so richtig anfühlen. Aber mit der Zeit wirst du merken, dass sie einfach nicht funktionieren. Warum funktionieren Regeln bei dir nicht? Regeln sind für schmutzige Menschen, und du bist rein. Regeln sind für sündige Menschen, und du bist ein Heiliger. Regeln sind für Abhängige der Sünde, und du bist ein Sklave der Gerechtigkeit (Röm 6,18). Gott hat dein neues Ich mit dem makellosen Herzen so geschaffen, dass es in einer Atmosphäre der Gnade beflügelt wird.

Versteife dich also nicht auf Regeln. Lass Christus regieren.

> ***Und der Friede Gottes regiere in euren Herzen****; zu diesem seid ihr ja auch berufen in einem Leib; und seid dankbar!*
> *— Kolosser 3,15*

Der Baum der Moral und Ethik

Das Streben nach unserem eigenen System der Regeleinhaltung, Moral und Ethik begann bereits im Garten Eden. Erinnerst du dich an den Baum, von dem Adam und Eva aßen? Es war nicht »der böse Baum«. Nein, es war der Baum der Erkenntnis von *Gut* und Böse.

Sie wollten das Gute vom Bösen unterscheiden, damit sie das Gute tun und das Böse meiden könnten. Sie dachten, sie würden dadurch »gottgleicher« werden. Das war schließlich das ausschlaggebende »Verkaufsargument« im Garten:

> *Sondern Gott weiß: An dem Tag, da ihr davon esst, werden euch die Augen geöffnet,* ***und ihr werdet sein wie Gott und werdet erkennen, was Gut und Böse ist!***
> *— 1. Mose 3,5*

Ja, die Karotte am Ende des Stocks war die »Gottgleichheit«. Kaum waren die ersten Menschen auf diese Verkaufsmasche hereingefallen, fingen sie auch schon an, sich an einer Regel oder einem Standard zu messen. Und das unvermeidliche Resultat war *Scham*.

Die Antwort Gottes: »Wer hat dir gesagt, dass du nackt bist?« (1 Mo 3,11).

Bedenke, dass sie seit dem Tag, an dem sie von Gott geschaffen wurden, nackt gelebt hatten. Doch plötzlich gab es ein Beurteilungssystem. Sie hatten vom Baum der Moral und Ethik gegessen, und nun hielten sie sich für unwürdig und wollten eine Bedeckung.

Sie hatten die Lüge geglaubt, dass Gott ihnen etwas vorenthalte. Die Wahrheit ist, dass er sie vor der totalen Katastrophe bewahren wollte, die unweigerlich folgte, als sie das von ihm abhängige Leben aufgaben und sich stattdessen für »Religion« entschieden. Ein Leistungssystem hatte das Empfangssystem ersetzt. Der Weg des »Guten« hatte den Weg der Gnade ersetzt.

Das Beurteilen nach religiösen Maßstäben war damals eine Todesfalle und ist es auch heute noch.

Eine Gnaden-Atmosphäre

Angesichts der grenzenlosen Freiheit, die wir genießen, müssen wir uns fragen: Was ist unsere Quelle? Wovon wird alles, was wir sagen oder tun, motiviert? Sind es lediglich religiöse Grundsätze oder werden wir von unserem neuen Herzen geleitet, in dem Christus wohnt?

> *Denn in Christus Jesus gilt weder Beschneidung noch Unbeschnittensein etwas,* ***sondern eine neue Schöpfung****. Über alle,* ***die nach dieser Regel wandeln****, komme Frieden und Erbarmen, und über das Israel Gottes! — Galater 6,15–16*

Hier erwähnt Paulus eine Regel, aber es ist keine Regel im traditionellen Sinne. Nein, es ist die Regel der neuen Schöpfung: Erkenne, wer du in Christus bist, und sei du selbst. Das ist es, was zählt! Dein neues

Ich mit dem makellosen Herzen braucht keine Gesetze, die sein Verhalten bestimmen. Du kannst dich von Gottes Gnade leiten lassen!

> *Denn* ***die Gnade Gottes*** *ist erschienen, heilbringend allen Menschen, und* ***unterweist uns, damit wir die Gottlosigkeit und die weltlichen Begierden verleugnen und besonnen und gerecht und gottesfürchtig leben*** *in dem jetzigen Zeitlauf, indem wir die glückselige Hoffnung und Erscheinung der Herrlichkeit unseres großen Gottes und Retters Jesus Christus erwarten. Der hat sich selbst für uns gegeben, damit er uns loskaufte von aller Gesetzlosigkeit und sich selbst ein Eigentumsvolk reinigte, das eifrig sei in guten Werken.*
> *— Titus 2,11–14* ELB

Durch Gottes Gnade bist du ein neuer Mensch und hast ein neues Herz, das *eifrig* ist, Frucht zu bringen. Dabei ist Gottes Atmosphäre der Gnade dein Motivator. Gnade ist weit mehr als Vergebung für den Fall, dass du versagst. Gottes Gnade spornt dich an, ein redliches Leben zu führen.

Weil es so wichtig ist, diese Atmosphäre zu bewahren, nannte der Apostel Paulus die Galater »unverständig«. Er war verärgert darüber, dass sie die Gnade so schnell für eine alternative Atmosphäre des fleischlichen Perfektionismus aufgaben:

> *O ihr unverständigen Galater, wer hat euch verzaubert, dass ihr der Wahrheit nicht gehorcht, euch, denen Jesus Christus als unter euch gekreuzigt vor die Augen gemalt worden ist? Das allein will ich von euch erfahren:* ***Habt ihr den Geist durch Werke des Gesetzes empfangen oder durch die Verkündigung vom Glauben? Seid ihr so unverständig? Im Geist habt ihr angefangen und wollt es nun im Fleisch vollenden?*** *So viel habt ihr umsonst erlitten? Wenn es wirklich umsonst ist!*
> *— Galater 3,1–4*

Paulus lässt ihnen die Wahl. Zuerst fragt er sie, wie sie gerettet wurden – durch das Gesetz oder durch den Glauben? Zweitens fragt er sie, wie sie wachsen wollen – durch das Gesetz oder durch den Glauben?

Paulus war entsetzt darüber, dass sie einen Weg für die Errettung und einen anderen Weg für das Wachstum anführen würden. Es sollte von Anfang bis Ende Gottes Gnade sein!

So wie ihr *Jesus Christus als Herrn* ***empfangen habt****, so lebt auch* ***weiterhin*** *euer Leben in ihm. — Kolosser 2,6 NIV*

TEIL 7

Das fehlerlose Opfer

18

Eine Atmosphäre der Gnade ist unverzichtbar für dein neues Ich mit dem makellosen Herzen. Doch es geht um mehr als nur darum, vom Gesetz befreit zu sein und Gottes volle Annahme zu erfahren.

Wir alle haben in unserem Leben schon eine Menge Sünden begangen, und auch nachdem wir gläubig geworden sind, hört das nicht auf. Da ist es leicht, auf die Masche mit der Selbstverbesserung hereinzufallen, wenn dir der Ankläger jeden Tag deine vielen Sünden vor Augen führt. Das ist, gelinde gesagt, sehr verwirrend!

Was ist Gottes Lösung? Ein sündloses, fehlerloses Opfer.

Gott bringt dir nicht einfach irgendeine Art von Vergebung. Wie wir noch sehen werden, hat Gott dir das gegeben, was er »Ein für alle Mal«-Vergebung nennt. Diese radikale Art der Vergebung ist anders als alles, was du bisher erlebt hast, und sie ermöglicht dir auf wundersame Weise, auf dein neues Ich in der Einheit mit Jesus fokussiert zu bleiben.

Eine Atmosphäre der Vergebung

Vergebung ist für Christen ein sehr kontroverses Thema. Die einfache Botschaft, dass dir deine Sünden vollkommen vergeben sind – vergangene, gegenwärtige und zukünftige (also sogar die Sünden, die du noch nicht begangen hast) –, kann viele Menschen wütend machen. (Aber keine Sorge – auch dass sie wütend werden, wird ihnen vergeben!)

»Spielt Sünde denn keine Rolle?«, fragen sie. Und natürlich spielt unser Verhalten eine große Rolle. Aber weißt du was? Vor zweitausend Jahren stellten Christen dem Apostel Paulus dieselbe Frage, nachdem er ihnen Gottes Gnade erklärt hatte. Wenn die Menschen

Paulus' Botschaft von der grenzenlosen Gnade in Jesus Christus hörten, war oft dies ihre Antwort: »Sollen wir in der Sünde verharren, damit die Gnade zunimmt?« (Röm 6,1 ELB).

Es ist logisch, dass sich diese Frage stellt. Sie muss sich stellen! Denn wenn sich die Frage »Warum nicht einfach sündigen?« nicht stellt, dann stimmt etwas mit der Botschaft nicht, an die wir glauben.

Das Evangelium – mit seiner »Ein für alle Mal«-Vergebung – wirft diese Frage auf.

Und hier ist die Antwort: Du bist der Sünde gestorben. Du bist das neue Ich mit dem makellosen Herzen. Du bist ein Sklave der Gerechtigkeit. Du hasst die Sünde und liebst Jesus. Du kannst nicht anders. Gott ist nicht naiv. Du bist es wert, so viel Vergebung zu erfahren. Paulus drückt es so aus: »Wie sollen wir, die wir der Sünde gestorben sind, noch in ihr leben?« (Röm 6,2b).

Nachdem wir nun geklärt haben, wie wichtig gutes Verhalten und Fruchtbringen sind, können wir darüber sprechen, wie erstaunlich diese Ein-für-alle-Mal-Vergebung durch Jesus wirklich ist.

Los geht's!

Ein-für-alle-Mal-Vergebung

Unter dem Gesetz des Alten Testaments wurde die Vergebung in »Raten« gewährt, vergleichbar mit den Ratenzahlungen für die Hypothek oder fürs Auto. Einmal im Jahr, am Tag der Versöhnung, brachten die Juden Opfer für ihre Sünden dar. Das Blut dieses Opfers sollte die Sünden des vergangenen Jahres bedecken – nicht wegnehmen, aber zudecken.

Doch wenn sie sich, zum Beispiel, auf dem Heimweg vom Versöhnungstag den Zeh stießen und darüber fluchten, standen sie wieder ganz am Anfang, mit einem befleckten Sündenregister. Sie mussten dann im darauffolgenden Jahr wiederkommen – generell jedes Jahr –, um weitere Vergebung und Reinigung zu erhalten. Das nennt die Bibel »Tag für Tag«-Vergebung (Hebr 10,11 NLB), das Gegenteil der Ein-für-alle-Mal-Vergebung, die wir heute genießen (Hebr 10,12.14).

Das Gesetz konnte niemals durch die immer gleichen, sich Jahr für Jahr wiederholenden Opfer diejenigen vollkommen machen, die sich zum Gottesdienst anschickten. Wenn eines dieser Opfer vollkommen gewesen wäre, hätten sie anschließend mit dem Opfern aufhören können!

Hätte man sonst nicht aufgehört, Opfer darzubringen, wenn die, welche den Gottesdienst verrichten, ***einmal gereinigt****, kein Bewusstsein von Sünden mehr gehabt hätten? — Hebräer 10,2*

Verstehst du das? Wäre eines dieser Opfer auch nur im Entferntesten mit dem vollbrachten Werk Jesu Christi vergleichbar gewesen, wären diese Gottesdienstbesucher ein für alle Mal gereinigt und für immer von ihrem schlechten Gewissen befreit worden.

Setzen wir nun *dich* ins Bild. Du lebst auf *dieser* Seite des Kreuzes unter dem neuen Bund. Das Opfer für deine Sünden war kein Tier, es war das fehlerlose, makelfreie Lamm Gottes. Deshalb hast du das Aroma der Vergebung, das die Menschen im Alten Testament nie hatten.

Dir wird *nicht* schrittweise in Raten vergeben. Dank Jesu »Ein für alle Mal«-Opfer am Kreuz sind dir alle – vergangene, gegenwärtige und zukünftige – Sünden vergeben und du bist von ihnen gereinigt.

Auch Christus hat gelitten, als er ***ein für alle Mal*** *für unsere Sünden starb. Er hat nie gesündigt, aber er starb für die Sünder, um uns zu Gott zurückzubringen. — 1. Petrus 3,18a NLB*

Denn ***mit einem einzigen Opfer hat er*** *die für immer vollendet, welche geheiligt werden. — Hebräer 10,14*

Er hat sich hingesetzt!

Unter dem alten Bund hörte das Opfern nie auf. Nein, die levitischen Priester standen ständig da und brachten immer neue Opfer dar. Ihre Arbeit war nie getan. Sie war nie »fertig«. Und genau das ist der springende Punkt!

Im Gegensatz dazu tat nämlich unser Hoherpriester Jesus Christus, nachdem er als Opfer für unsere Sünden gedient hatte, was kein anderer Priester vor ihm je tun konnte. Er setzte sich hin:

> *Er aber* ***hat sich****, nachdem er ein einziges Opfer für die Sünden dargebracht hat, das für immer gilt, zur Rechten Gottes* ***gesetzt****, und er wartet hinfort, bis seine Feinde als Schemel für seine Füße hingelegt werden.* ***Denn mit einem einzigen Opfer hat er die für immer vollendet, welche geheiligt werden.***
> *— Hebräer 10,12–14*

> *Er* ***hat sich****, nachdem er die Reinigung von unseren Sünden durch sich selbst vollbracht hat, zur Rechten der Majestät in der Höhe* ***gesetzt****. — Hebräer 1,3b*

Was bedeutet es für dich, dass Jesus sich gesetzt hat? Es bedeutet, dass er nie wieder etwas unternehmen wird, was deine Sünden betrifft. Es ist vorbei. Es ist erledigt. Deine Sünden werden dir nie mehr vorgehalten. Sie sind für immer verschwunden (Röm 4,8). Jesus ruht in Bezug auf deine Sünden in einer entspannten Position. Warum? Weil du »für immer vollendet« wurdest (Hebr 10,14).

Die Frage an dich lautet: In welcher Position befindest *du dich* bezüglich deiner Sünden? Stehst du wie die Priester im Alten Testament da und versuchst, immer noch mehr Vergebung und Reinigung zu erhalten? Oder setzt du dich mit Jesus hin und stimmst mit ihm überein, dass die Sündenfrage zwischen dir und Gott geklärt ist?

Mit anderen Worten: Leidest du unter dem »Martha-Syndrom« – immer auf den Füßen, vielleicht sogar hektisch umherrennend wie Martha in der Küche, um alles sauber und ordentlich für Jesus zu machen? Oder verhältst du dich eher wie Maria, die entspannt bei Jesus sitzt und das Zusammensein mit ihm genießt?

Was hältst du in Anbetracht dessen, was Jesus getan hat, um dir – ein für alle Mal – zu vergeben, für eine angemessene Reaktion des Glaubens?

Wie gewonnen, so weggenommen!

Christus ist nicht gestorben, um für ein Jahr deine Sünden zu »bedecken«, wie es die Opfer unter dem alten Bund am Versöhnungstag taten. Nein, das Kreuz Christi hat dir deine Sünden restlos weggenommen:

> *Denn es ist unmöglich, durch das Blut von Stieren und Böcken Sünden **wegzunehmen**. — Hebräer 10,4 LUT*

> *Am folgenden Tag sieht er Jesus zu sich kommen und spricht: Siehe, das Lamm Gottes, das die Sünde der Welt **wegnimmt**! — Johannes 1,29 ELB*

> ***wegnehme**, und in ihm ist keine Sünde. — 1. Johannes 3,5 LUT*

Das bedeutet, dass deine Sünden für immer getilgt sind. Weil Christus (mit sich selbst) ein perfektes Opfer für deine Sünden gebracht hat, konnte er wahrhaftig sagen: »Es ist vollbracht!«

Wenn du etwas Zeit mit dem Hebräerbrief verbracht hast, ist dir vielleicht aufgefallen, dass der Schreiber nicht zulässt, dass seine Leser »Amen« zu Christi vollendetem Werk sagen, nur um dann fünf

Minuten später zu glauben, dass sie weitere Vergebung nötig hätten. Keinesfalls. Keine Doppelzüngigkeit erlaubt: Christus ist *einmal* gestorben. Es hat beim ersten Mal funktioniert. Eine Wiederholung ist nicht nötig. Und das bedeutet, dass auch keine Vergebung mehr nötig ist!

Die jüdischen Gläubigen von damals waren sich einer Sache sehr bewusst, über die wir heute nicht viel nachdenken oder reden – der Rolle des Bluts bei der Sündenvergebung:

> *Letztlich können wir sagen, dass nach dem Gesetz fast alles durch Besprengung mit Blut gereinigt wurde.* ***Ohne Blutvergießen gibt es keine Vergebung der Sünden.***
> *— Hebräer 9,22* NLB

Sie konnten also leicht einen Zusammenhang herstellen: Nur Blut bewirkt Vergebung. Jesus hat sein Blut *einmal* vergossen. Er ist im Himmel *nicht* damit beschäftigt, noch mehr Blut zu vergießen, immer und immer wieder. Deshalb ist uns heute in dem Maß vergeben, wie uns in alle Ewigkeit vergeben sein wird!

Das ist die kraftvolle Botschaft, die im Zentrum des Hebräerbriefs steht. Leider ist er heutzutage einer der am wenigsten studierten Briefe in der Kirche. Deshalb wissen viele Gläubige heute nicht, wie es sich mit ihrer Vergebung ganz genau verhält.

Vergangene, jedoch nicht zukünftige Sünden?

Dementsprechend ist eine Überzeugung heutzutage sehr verbreitet: »Uns werden unsere vergangenen Sünden vergeben, jedoch *nicht* unsere zukünftigen Sünden. Uns werden nur die Sünden vergeben, die wir vor Gott bekennen.« (Manche glauben sogar, dass sie ihre Errettung jedes Mal wieder verlieren, wenn sie sündigen, bis sie richtig Buße tun und um Vergebung bitten.)

Ohne es zu merken, kann es passieren, dass du einem Glaubenssystem auf den Leim gehst, das wie folgt funktioniert:

Dir sind alle deine Sünden vergeben, bis du wieder sündigst. Jesus hat alle deine Sünden weggenommen und denkt nicht mehr an deine Sünden, bis du eine begehst. Dann liegt es an dir, neue Vergebung zu erlangen. Achte also darauf, dass du nicht versehentlich vergisst, eine Sünde *zu bekennen.*

Am Ende vermischen wir unseren neutestamentlichen Hohenpriester – Jesus – mit einem alttestamentlichen Konzept fortlaufender Vergebung. Auf diese Weise setzen wir das vollbrachte Werk Jesu Christi herab. Der Hebräerbrief macht deutlich, dass Christus im Himmel nicht immer wieder aufs Neue stirbt. Das bedeutet, dass uns hier unten auf der Erde nicht immer wieder aufs Neue vergeben wird. Es ist wirklich vollbracht:

> *Denn Christus ging in den Himmel selbst, um nun für uns vor Gott einzutreten. Er betrat nicht das irdische Heiligtum, denn dies war nur ein Abbild des wahren Tempels im Himmel.* ***Er ging auch nicht in den Himmel, um sich immer wieder selbst zu opfern****, wie die irdischen Priester, die Jahr für Jahr das Heiligtum betreten, um das Blut von Tieren zu opfern. Wenn das nötig gewesen wäre, hätte er seit Erschaffung der Welt* ***immer wieder sterben müssen****. Er kam* ***ein für alle Mal*** *am Ende der Zeiten,* ***um die Macht der Sünde*** *durch seinen Opfertod für uns* ***zu brechen****. — Hebräer 9,24–26* NLB

Heute ist es nicht besser

Wenn ein Hebräer dies vor zweitausend Jahren las, wirkte es ziemlich radikal. Die Botschaft war im Wesentlichen folgende: *Es gibt kein Opfer mehr für Sünden. Geh nicht mit der Erwartung zurück in den Tempel, dass dort etwas Neues geschieht. Leg kein weiteres Tier auf den Altar. Das hat jetzt keinen Sinn mehr. Gott hat den Laden für befristete Vergebung dichtgemacht. Es ist vorbei. Jesus hat am Kreuz alles erledigt. Und er hat es schon beim ersten Mal vollkommen und vollständig getan. Eine Wiederholung ist nicht nötig.*

Sehr wahrscheinlich bringst du in deinem Garten keine Tieropfer für deine Sünden dar. Doch wenn du denkst, es gehe um dich und deine Entschuldigungen und deine vielen Worte, ist das genauso schlimm wie das, was die Juden damals dachten, und zwar, dass es um die toten Werke des Tempels gehe. Wenn du denkst, es gehe darum, möglichst wenig zu sündigen und jeden Tag neue Vergebung zu erhalten, könntest du genauso gut ein Hebräer sein, der vor Tausenden von Jahren trotz der Botschaft Christi in den Tempel ging.

> *Und er fügt hinzu: »Und ich werde nie wieder an ihr Unrecht und ihre Sünden denken.« Wenn Sünden vergeben worden sind,* ***ist es nicht mehr notwendig, Opfer zu bringen****.*
> *— Hebräer 10,17–18* NLB

Bedenke dies: Niemandem ist zu, sagen wir mal, 62 Prozent vergeben. Dir ist entweder zu 0 Prozent in Adam vergeben oder zu 100 Prozent in Christus. Es gibt kein Dazwischen. Gott hat niemandem teilweise vergeben!

Und bedenke auch dies: Wie viele deiner Sünden lagen in der Zukunft, als Christus starb? Alle deine Sünden – die vor der Errettung und die nach der Errettung – lagen in der Zukunft, als Christus starb. Deshalb sind dir *alle* Sünden vergeben – vergangene, gegenwärtige und zukünftige. Wann sie begangen wurden oder werden, spielt keine Rolle.

Das Gesetz führte ein blutbasiertes System zur Sündenvergebung ein. Durch das einmalige Blutopfer Christi wurden alle unsere Sünden weggenommen – genau ein Mal. Entweder stimmen wir also folgender Aussage zu oder nicht:

Dank Jesus ist mir zu 100 Prozent vergeben, komme, was wolle.

Wenn wir nicht zustimmen, sagen wir damit, dass noch etwas getan werden müsse. Doch lass dich nicht täuschen. Es gibt nichts mehr zu tun. Wenn du zu Jesus Christus gehörst, sind deine Sünden ein für alle Mal weggenommen worden. Dir ist für immer vollkommen vergeben (Joh 1,29; Hebr 10,2.14).

In dieser Atmosphäre der völligen Vergebung regt Gott dich dazu an, deinen Blick von deinen Sünden abzuwenden und auf deinen Erlöser zu richten!

19

So klar die Botschaft der »Ein für alle Mal«-Vergebung auch ist, hören wir populäre Bibellehrer oft etwas anderes sagen: »Sicher, in Gottes himmlischer Buchhaltung ist die völlige Vergebung Fakt. Aber hier auf der Erde musst du aufpassen, dass dein Sündenkonto nicht ins Minus rutscht. Du brauchst immer noch *erfahrbare* Vergebung, und es liegt an dir, sie zu erlangen.«

Nur ist es so, dass das eher dem Juden- als dem Christentum entspricht. Unter dem alten Bund des Judentums lag es tatsächlich an *dir.* Du musstest einmal im Jahr, zum Versöhnungstag, zurückkehren, um weitere Vergebung zu bekommen. Und was man heute oft in christlichen Kreisen hört, ist eigentlich *viel schlimmer* als die Vergebung des alten Bundes!

Inwiefern ist es schlimmer? Im Judentum wurden zumindest einmal im Jahr die Sünden bedeckt. Das Blut der Tiere deckte die Sünden eines ganzen Jahres ab. Und wenn sie bedeckt waren, musstest du ein ganzes Jahr lang nicht wiederkommen.

Was also sagen wir Christen damit, wenn wir glauben, dass wir viermal am Tag, zehnmal in der Woche oder einmal in jedem Gottesdienst Vergebung benötigen? Wir sagen damit, dass das Blut Christi *noch weniger bewirke* als das Blut von Stieren und Böcken!

Mit ein bisschen mentaler Gymnastik gelangen wir zu einer Theologie, die im Grunde doppelzüngig ist: Uns ist »positionell« völlig vergeben, aber uns muss immer noch »beziehungsmäßig« vergeben werden. Dann schmeißen wir unser System an, das uns tagtäglich weitere Vergebung und Reinigung bringen soll.

Dabei ist das Ganze eine fortlaufende Beleidigung des Blutes Jesu Christi. Erinnere dich daran, dass die Juden nach den Tieropfern echte Erleichterung verspürten. Ihrem Gefühl nach war ihnen in ihrer Position, in ihrer Beziehung, in ihrer Erfahrung und in jeder anderen Hinsicht vergeben worden. Sie hatten keine Kategorien à la »himmlischer Buchhaltung« und »irdischer Buchhaltung«. Sie wussten einfach, dass ihre Sünden bedeckt waren, Punkt. Wie viel mehr können wir uns aufgrund des einmaligen Opfers von Jesus Christus ein für alle Mal »besser fühlen«?

Du bist Gott nichts schuldig!

Wenn du jemandem Geld schuldest und mit ihm Zeit verbringst, fühlst du dich womöglich ein bisschen unwohl, vielleicht sogar peinlich berührt. Schließlich weißt du, dass du es zurückzahlen solltest.

Aber stell dir vor, du schuldest *dem Gott des Universums* etwas!

In manchen Kirchen hört man sonntagmorgens etwas in dieser Richtung: »Wenn man bedenkt, wie viel er für dich getan hat … (lange Pause, damit du Zeit hast, dich schuldig zu fühlen), wie viel mehr solltest du dafür leben, ihm etwas zurückzuzahlen?« Dann setzt das Gefühl von unerfüllter Pflicht und Schuld ein. Ganz gleich, was du tust, du weißt, dass es nie genug sein wird. Also gibst du entweder alles, was du hast, oder du findest dich damit ab, dass du ständig Schuldgefühle wegen unbezahlter Schulden hast.

Aber du weißt vielleicht auch, wie es sich anfühlt, von einer Schuld befreit zu werden. Du stößt einen großen Seufzer der Erleichterung aus. Hier kommt eine Eilmeldung: Du schuldest Gott nichts. Du musst in seiner Gegenwart nicht wie auf Eiern laufen.

> *Er hat auch euch … mit ihm lebendig gemacht,* ***indem er euch alle Übertretungen vergab; und er hat die gegen uns gerichtete Schuldschrift ausgelöscht****, die durch Satzungen uns entgegenstand … — Kolosser 2,13–14a*

Gott hat dir alle deine Sünden vergeben. Er hat deine ganze Schuld ausgelöscht. Du musst nicht mehr nachts wach liegen und dich fragen, was Gott wohl von dir hält. Du bist ihm nichts schuldig. Du könntest ihm sowieso nie etwas zurückzahlen.

Das steht in direktem Widerspruch zu einer Menge feuriger Predigten darüber, was du Gott angeblich schuldest. Solche Predigten sorgen dafür, dass man sich schrecklich fühlt, und manche interpretieren das dann so: »Wow, der Geist hat mich echt überführt!« Ja, manche Menschen messen die Wirksamkeit einer Predigt tatsächlich daran, wie schuldig sie sich hinterher fühlen. Wenn sie sich schrecklich fühlen, dann war Gott wirklich am Werk und es war eine tolle Predigt.

Doch Gott hat sein Werk bereits vollbracht, indem er deine Schuld ausgelöscht hat, also kommt das Schuldgefühl nicht von ihm. Gott führt dich in die Freiheit, nicht in die Schuld. Er führt dich zu dem Bewusstsein, dass du rein, ihm nah und ohne Schuld vor ihm stehst. Er führt dich nie zu dem Gefühl, ihm etwas zurückzahlen zu müssen – als ob du das je könntest.

Mit Jesus prahlen

Wenn manche Menschen zum ersten Mal die unglaubliche Botschaft der »Ein für alle Mal«-Vergebung verstehen, wissen sie nicht, wie sie diese Erkenntnis gut vermitteln können. Sie konzentrieren sich nur auf das, was sie nicht tun müssen, und sagen Dinge wie: »Ich muss nicht um Vergebung für meine Sünden bitten. Mir ist bereits ganz und gar vergeben, für immer!« Dann gehen sie weg, ohne eine weitere Erklärung abzugeben. Sie setzen auf den Schockeffekt.

Wenn du so vorgehst und betonst, was du *nicht* tun musst, werden die Leute dich wahrscheinlich dahingehend missverstehen, dass Sünde keine Rolle spiele und Verhalten im Allgemeinen unwichtig für dich sei. Das ist zwar nicht das, was du sagst, aber man wird dich *mit Sicherheit* so verstehen.

Für uns beide hat sich gezeigt, dass der richtige Ansatz darin besteht, mit dem zu prahlen, was Jesus getan hat, anstatt mit dem, was du nicht tun musst. Mit Jesus zu prahlen ist nie etwas Schlechtes, und es lenkt den Blick auf das Kreuz und darauf, was es im Vergleich zu den alttestamentlichen Opfern bewirkt hat.

Beachte, wie der Apostel Johannes seine Gedanken ausdrückt:

> *Ich schreibe euch, ihr Kinder, weil* ***euch die Sünden vergeben sind*** *um seines Namens willen. — 1. Johannes 2,12*

Erstens, eure Sünden *sind* euch vergeben – Beschreibung des gegenwärtigen Zustands! Es geschieht nicht erst noch. Es ist geschehen. Doch beachte zweitens, warum es geschehen ist – *um seines Namens willen.* Warum hat Gott das getan? Um mit dem Namen Jesus zu prahlen. Bei dieser unglaublichen Vergebung, die du besitzt, geht es letztlich nicht um dich. Es geht darum, mit dem Namen Jesus zu prahlen. Du bist einfach der Nutznießer seines vollbrachten Werkes.

Es weitergeben

Dein Glaubenssystem wird sich zeigen, ob du es merkst oder nicht. Du wirst die Behandlung, die du glaubst, von Gott zu bekommen, an andere weitergeben. Was für eine Art von Behandlung glaubst du also zu bekommen? Welche Art von Gnade? Welche Art von Vergebung?

Sobald du von Gottes völliger Vergebung deiner Sünden erfahren hast, kannst du anfangen, diese Art von Vergebung gegenüber deinen Mitmenschen auszustrahlen:

> *Seid stattdessen freundlich und mitfühlend zueinander und* ***vergebt euch gegenseitig, wie auch Gott euch durch Christus vergeben hat****. — Epheser 4,32 NLB*

Gott hat dir vollständig vergeben, also gib es weiter. Aber erkennst du auch, dass du, wenn du denkst, es liege an dir, von Gott Vergebung zu erlangen und sie zu behalten, dann *diese* Art von Vergebung an andere weitergeben wirst?

»Ich vergebe ihr, wenn sie herkommt und sich entschuldigt.«

Du wirst widerspiegeln, was deinem *Glauben* nach von Gott kommt. Was wäre, wenn du erkennst, dass Gott dich völlig und bedingungslos von all deinen Sünden befreit hat und dass er nicht auf Entschuldigungen wartet? Das würde sich auch auf die Art und Weise auswirken, wie du andere behandelst. Du würdest nicht darauf warten, dass sie ihr Unrecht anerkennen. Du könntest dich entscheiden, ihnen zu vergeben und an ihrer Schuld nicht länger festzuhalten – ohne Bedingungen –, so wie Gott es für dich getan hat.

Was ist mit dem Vaterunser?

Okay, aber sagt das Vaterunser nicht, dass deine Vergebung an eine Bedingung geknüpft ist, nämlich daran, inwieweit du anderen vergibst?

> *Und **vergib uns** unsere Schuld, **wie auch wir vergeben** unsern Schuldigern. — Matthäus 6,12 LUT*

> *Denn **wenn** ihr den Menschen ihre Verfehlungen vergebt, so **wird** euch euer himmlischer Vater auch vergeben. **Wenn** ihr aber den Menschen nicht vergebt, so **wird** euch euer Vater eure Verfehlungen auch **nicht** vergeben. — Matthäus 6,14–15 LUT*

Beachte die Bedingung. Zuerst führt Jesus ihnen ein Gebet vor, in dem sie Gott bitten sollen, ihnen zu vergeben, so wie sie anderen Menschen vergeben haben. Autsch. Das wird böse enden! Danach bekräftigt Jesus die Bedeutung des Gesagten, indem er die

Bedingungen klar darlegt: Wenn du anderen vergibst, wird Gott dir vergeben. Wenn du anderen nicht vergibst, wird Gott dir nicht vergeben.

Wie passt das mit deiner Ein-für-alle-Mal-Vergebung in Christus zusammen? Wie kann es sein, dass dir für immer und ewig vergeben ist, du aber nur dann Vergebung erhältst, wenn du anderen vergibst? Das scheint ein Widerspruch zu sein.

Nun, es *ist* ein Widerspruch!

Denk daran, dass Jesus »unter dem Gesetz geboren« wurde und eine Zuhörerschaft lehrte, die noch »unter dem Gesetz« stand (Gal 4,4–5). Erst mit dem Kreuz begann Gottes neuer Weg der Gnade (Hebr 9,17). Deshalb erleben wir Jesus so oft, wie er den Irrtum der Selbstgerechtigkeit und den wahren Geist des Gesetzes entlarvt: *Hau deine Hand ab. Reiß dein Auge aus. Sei so vollkommen wie Gott. Verkaufe alles, was du besitzt.* Hier haut er einfach wieder in die gleiche Kerbe: *Vergib anderen, damit dir Gott vergibt.*

Jesus drängte die Juden seiner Zeit dazu, zu erkennen, was sie in einem auf dem Gesetz beruhenden System verdient hatten. Und genau das tut er auch im nächsten Kapitel:

> *Richtet nicht, damit ihr nicht gerichtet werdet!* ***Denn mit demselben Gericht, mit dem ihr richtet, werdet ihr gerichtet werden;*** *und mit demselben Maß, mit dem ihr [anderen] zumesst, wird auch euch zugemessen werden. — Matthäus 7,1–2*

Sollten Christen sich Sorgen machen, dass ihnen nur dann vergeben wird, wenn sie anderen Menschen zuerst vergeben? Müssen wir befürchten, dass wir anhand desselben Maßstabs gerichtet werden, mit dem wir andere kritisiert haben? Nein, natürlich nicht! Dir wird aufgrund des Blutes Jesu vergeben, und nicht, weil du nett zu anderen Menschen warst. Und du kannst frei sein von der Furcht vor dem Gericht, denn es gibt keine Verdammnis für die, die in Christus sind (Röm 8,1).

Das Vaterunser und seine Theologie der Vergebung machen nur Sinn, wenn du erkennst, dass Jesus *vor* dem Kreuz gelehrt hat, bevor sein Blut für unsere Sünden vergossen wurde. Seine Zuhörer waren eine Gruppe von Juden, die noch unter dem Gesetz lebten. Sein Ziel war es, ihnen den wahren Geist des Gesetzes – einen perfekten und unmöglich erreichbaren Standard – vor Augen zu führen, damit sie erkennen würden, dass sie Gottes Gnade brauchten, die durch das Kreuz und seine Auferstehung angeboten werden würde.

Wie wird also Gläubigen des Neuen Testaments – nach dem Kreuz – gelehrt, anderen Menschen zu vergeben?

> *… ertrage einer den andern und vergebt euch untereinander, wenn jemand Klage hat gegen den andern; wie der Herr euch* ***vergeben hat****, so* ***vergebt*** *auch ihr! — Kolosser 3,13 LUT*

> *Seid aber gegeneinander freundlich und barmherzig und* ***vergebt*** *einander, gleichwie auch Gott euch* ***vergeben hat*** *in Christus. — Epheser 4,32*

Das ist das genaue Gegenteil von dem, was wir in Matthäus 6 sehen. Hier sagt Paulus, dass du anderen vergeben sollst, weil Gott dir bereits vergeben *hat*. Es gibt keine Bedingung dafür, dass dir vergeben wird – es ist bereits geschehen. Du bist einfach dazu aufgerufen, die Gnade, die du bereits empfangen *hast*, mit anderen zu teilen.

»Was soll ich tun?«

Vielleicht bist du an dem Punkt, an dem du sagst: »Okay, ich kapiere es. Vergebung basiert auf Blut, und Jesus wird nie wieder sein Blut vergießen. Es hat gleich beim ersten Mal funktioniert. Eine Wiederholung ist nicht nötig. Also sind mir alle meine Sünden vergeben – vergangene, gegenwärtige und zukünftige. Es ist wirklich vorbei. Ich verstehe es. Aber wenn ich Gott nicht jedes Mal, wenn ich sündige, darum bitten muss, von seinem himmlischen Thron zu steigen, um mir zu vergeben und mich zu reinigen, was ist dann eine gesunde Reaktion nach einer Sünde?«

Wir sind so sehr daran gewöhnt, zu betteln, zu flehen oder gar angekrochen zu kommen, dass wir vielleicht das Offensichtliche übersehen haben: Danke Gott für seine Vergebung. Wende dich von der Sünde ab. Handle anders. Meide die Versuchung. All das sollte sich von selbst verstehen!

Es steht außer Frage, dass Sünde ungesund ist. Denk daran: Du hast ein neues Ich mit einem makellosen Herzen, eine vollkommen neue Kreatur. Du bist tot für die Sünde. Du bist nicht mehr für sie geschaffen. Sie bringt dir nie wirklich Erfüllung. Es ist also nur vernünftig, dass du dich von der Sünde abwendest und beschließt, sie fortan zu meiden.

Aber auch wenn du aufhörst und dich von der Sünde abwendest, ist dir nicht mehr vergeben. *Dich von der Sünde abzuwenden, lässt dich erfüllter sein, aber es schenkt dir nicht mehr Vergebung.* Ja, einem Christen kann völlig vergeben sein und trotzdem kann er unglücklich sein. Du wendest dich also nicht von der Sünde ab, um mehr Vergebung zu bekommen. Du wendest dich von der Sünde ab, um wieder wahre Zufriedenheit zu erlangen, indem du so handelst, wie das neue Ich mit dem makellosen Herzen eben handelt!

20

Sobald du verstehst, dass dir vollkommen vergeben ist, tauchen andere Fragen auf:

Warum solltest du deine Sünden bekennen? Welchen Sinn hat das?

Im Griechischen bedeutet *homologeo* (»bekennen«), dass man das Gleiche sagt wie jemand anderes oder mit ihm übereinstimmt. Bekennen bedeutet einfach, mit Gott übereinzustimmen. Ist es gesund für dich, mit Gott übereinzustimmen? Ja, natürlich!

Du solltest bei allem mit Gott einer Meinung sein.

Du bekennst (stimmst mit Gott überein), dass Jesus Christus für deine Sünden gestorben ist. Du bekennst (stimmst mit Gott überein), dass dir durch sein Opfer vergeben worden ist. Du kannst auch bekennen (mit Gott übereinstimmen), dass du, obwohl du Sünden begehst, trotzdem gerecht bist. Ja, du kannst mit Gott im Hinblick auf die vielen Wahrheiten in der Evangeliumsbotschaft übereinstimmen.

Doch wenn du als Gläubiger deine Sünden bekennst, lässt das Jesus nicht wieder am Kreuz hängen. Und wenn du deine Sünden bekennst, ist dir nicht mehr vergeben, als es schon der Fall ist. Egal, wie oft du deine Probleme bekennst, du bleibst die ganze Zeit auf demselben Stand der Vergebung: 100 Prozent Vergebung – dank dem Blut Christi, und nicht aufgrund deiner Bekenntnisse.

Bekenntnis anderen gegenüber

Was ist mit dem Bekennen von Sünden untereinander? Sagt die Bibel nicht, dass das wichtig ist?

> ***Bekennt nun einander die Sünden und betet füreinander,*** *damit ihr geheilt werdet! Viel vermag eines Gerechten Gebet in seiner Wirkung. — Jakobus 5,16* ELB

Es ist gesund für dich, dein Fehlverhalten zuzugeben und über deine Probleme mit vertrauenswürdigen Freunden in einer sicheren Gemeinschaft zu sprechen. Damit du mehr Vergebung von Gott bekommst? Nein! Dir *ist bereits* vergeben. Jakobus sagt, dass du über deine Schwierigkeiten mit anderen sprechen sollst, *damit sie für dich beten können.*

Wie kannst du sonst für einen Freund effektiv beten und er für dich, wenn ihr nicht beide wisst, was im Leben des anderen vor sich geht? Aber wenn du dich einem Freund anvertraust (oder auch nicht), hat das keinen Einfluss auf die Vollständigkeit des Werkes Christi.

Also noch einmal: Es gibt viele Gründe, Fehlverhalten zuzugeben und deine Probleme zu bekennen, aber mehr Vergebung von Gott zu bekommen, ist keiner dieser Gründe. Es ist vollbracht!

Das große Dilemma

Wir haben uns bereits mit dem Vaterunser beschäftigt und damit, dass Jesus zeitlich vor dem Kreuz zu den Menschen sprach, also bevor sie die Möglichkeit der völligen Vergebung hatten. Aber es gibt noch eine andere Stelle, die der Apostel Johannes *nach* dem Kreuz geschrieben hat. Sie wird oft falsch interpretiert und als Vorwand für die Theologie »Dir wird nicht vergeben, wenn du nicht jede einzelne Sünde bekennst« benutzt. Hier ist sie:

> ***Wenn wir aber unsere Sünden bekennen,*** *so ist er treu und gerecht, dass er uns die Sünden vergibt und uns reinigt von aller Ungerechtigkeit. — 1. Johannes 1,9*

Wenn wir unsere Sünden bekennen? Was ist, wenn wir nicht jede einzelne bekennen? Was ist, wenn wir eine vergessen? Was ist, wenn wir bei unserem Bekenntnisritual ein paar auslassen? Wird uns dann von Gott nicht vergeben? Leider glauben das viele Menschen! Und 1. Johannes 1,9 ist der Katalysator für ihre Überzeugung.

Aber sagt Johannes hier wirklich, dass du über jede Sünde, die du begehst, Buch führen und Gott jede einzelne verbal bekennen sollst? Und musst du das tun, um Gott gegenüber eine weiße Weste zu bewahren? Nein, natürlich nicht. Das würde gegen alles verstoßen, was im Neuen Testament über die »Ein für alle Mal«-Vergebung steht.

Deshalb ist es absolut entscheidend, diesen Vers im Zusammenhang zu verstehen, um sich der völligen Vergebung sicher sein zu können. Ein großer Teil des Johannesbriefs dient der Gegenüberstellung von Gläubigen und Betrügern. Wie wir sehen werden, geschieht genau das in seinem ersten Kapitel.

»Wenn wir bekennen …«

Um es gleich vorwegzunehmen: Dieser Abschnitt enthält *zweifelsohne* ein klares, bedingtes *Wenn*: »Wenn wir … bekennen …« Außerdem deutet der Hauptsatz darauf hin, dass Zweifel daran bestehen, *ob* eine Person bekennen wird und dadurch Vergebung und Reinigung erfährt. Mit anderen Worten: Die Bedingung *muss* erfüllt sein, damit ihr vergeben werden kann. Wenn sie bekennt, wird sie gereinigt. Wenn sie nicht bekennt, wird sie nicht gereinigt. Das sagt 1. Johannes 1,9 aus, schlicht und einfach.

Wenn du jedoch ein wiedergeborener Gläubiger bist, ist dir, wie wir bereits gesehen haben, für alle Zeiten vergeben und du bist gereinigt (Hebr 10,14). Und zwar aufgrund des Blutes Christi und nicht etwa, weil du in der Lage wärest, jede Sünde zu identifizieren und zu bekennen. Wie verstehen wir also 1. Johannes 1,9 richtig?

Oft nehmen wir an, dass jeder Vers in der Bibel an und über Christen geschrieben ist. Aber nicht so schnell! Vergiss nicht das evangelistische Herz des Apostels Johannes. Beachte, dass Johannes wollte, dass die Empfänger seiner Botschaft die Gemeinschaft mit Gott hätten, die er bereits genoss:

> *Wir sagen euch, was wir selbst gesehen und gehört haben,* ***damit ihr Gemeinschaft mit uns habt****. Und zusammen sind wir verbunden mit dem Vater und mit Jesus Christus, seinem Sohn. — 1. Johannes 1,3 NLB*

Einige der Menschen, denen Johannes schrieb, hatten offensichtlich noch keine Gemeinschaft mit Gott. Und du, hast *du* bereits Gemeinschaft mit Gott? Wenn du gläubig bist, dann lautet die Antwort: *Ja!* Wann hat sie begonnen? Als du Gottes Geschenk der Vergebung und des neuen Lebens angenommen hast. Als Lebens-Statement kannst du sagen: »Meine Gemeinschaft ist mit dem Vater und mit seinem Sohn Jesus Christus.« Einige von Johannes' Zuhörern konnten das noch nicht sagen. Und genau deshalb schrieb er ihnen!

Mehr Kontext

Vor zweitausend Jahren, als Johannes seinen Brief schrieb, wurde eine frühe Form des Gnostizismus in der Kirche verbreitet. Erstens behaupteten die Gnostiker, dass *Jesus nicht leibhaftig war*, weil Gott sich nie so weit herablassen würde, einen menschlichen Körper anzunehmen. Zweitens behaupteten die Gnostiker, *die Sünde sei nicht real oder relevant*. Beobachte nun, wie Johannes die erste dieser Irrlehren zu Beginn seines Briefes anspricht:

> *Es war von Anfang an, wir haben es* ***gehört*** *und mit unseren eigenen Augen* ***gesehen****, wir haben es betrachtet und mit*

unseren Händen ***betastet****: das Wort des Lebens. Das Leben wurde uns offenbart, und wir haben es* ***gesehen****. Und jetzt bezeugen und verkünden wir euch das ewige Leben. Es war beim Vater, und dann wurde es uns* ***offenbart****. Wir sagen euch, was wir selbst* ***gesehen*** *und* ***gehört*** *haben, damit ihr Gemeinschaft mit uns habt. — 1. Johannes 1,1–3a* NLB

Johannes betonte die Tatsache, dass Jesus tatsächlich körperlich erschienen war. Johannes hörte, sah und berührte Jesus. Auf diese Weise bekämpfte Johannes die erste gnostische Irrlehre. Im weiteren Verlauf des Kapitels geht er auf die *zweite* gnostische Irrlehre ein:

Wenn wir sagen, wir haben keine Sünde*, so betrügen wir uns selbst, und die Wahrheit ist nicht in uns. Wenn wir aber unsre Sünden bekennen, so ist er treu und gerecht, dass er uns die Sünden vergibt und reinigt uns von aller Ungerechtigkeit.* ***Wenn wir sagen, wir haben nicht gesündigt****, so machen wir ihn zum Lügner, und sein Wort ist nicht in uns. — 1. Johannes 1,8–10* LUT

Dieser gnostische Kontext verrät die wahre Bedeutung von 1. Johannes 1,9. Johannes wendet sich an gnostische Sündenleugner in der Hoffnung, dass sie zur Vernunft kommen, die Wahrheit anerkennen und gerettet werden. Auf diese Weise würde ihnen vergeben und sie würden von aller Ungerechtigkeit gereinigt.

Zusammenfassend lässt sich sagen, dass dies ein evangelistischer Text ist, der an alle gerichtet ist, die sagen, sie hätten keine Sünde (Vers 8) bzw. sie hätten nie gesündigt (Vers 10). Johannes sagt weiter, dass diese Menschen sich selbst betrügen, sie Gott zum Lügner machen würden und dass sie die Wahrheit (Jesus) oder sein Wort nicht in sich hätten.

Darf ich vorstellen? Das ist Joe!

Stell dir nun mal vor, wir machen dich mit jemandem bekannt: »Das ist unser Freund Joe. Joe sagt, dass er noch keinen Tag in seinem Leben gesündigt habe. Ja, Joe sagt, er sei sündlos. Joe nennt Gott also einen Lügner, und Gottes Wort hat keinen Platz in Joes Leben.«

Nachdem wir ihn so vorgestellt haben, hältst du Joe da für einen Gläubigen? Nein, natürlich nicht! Joe kann nicht gläubig sein, denn der erste Schritt, um gläubig zu werden, ist das Eingeständnis, dass du ein Sünder bist, der einen Erlöser braucht.

Joe ist dazu nicht bereit.

Du siehst Joes Sturheit und entscheidest dich deshalb, mit ihm zu reden: »Joe, hör zu. Wenn du Gott deine Sündhaftigkeit bekennst, rate mal, was er dann in deinem Leben tun kann? Er wird dir vergeben und dich von aller Ungerechtigkeit reinwaschen!«

Joe kratzt sich kurz nachdenklich am Kopf und beschließt dann: »Weißt du, du hast recht. Wenn ich es mir recht überlege, habe ich gesündigt. Ich bin ein Sünder. Ich brauche Vergebung und die Reinigung von aller Ungerechtigkeit. Ich werde auf das Angebot von Jesus eingehen.«

Das ist das wahre Motiv hinter 1. Johannes 1,9. Der Vers ist ein Appell an gnostische Sündenleugner (oder jeden, der wie Joe ist), zur Vernunft zu kommen, ihre Sündhaftigkeit zu bekennen und Gottes Ein-für-alle-Mal-Vergebung anzunehmen.

Übrigens, hast du das Wort »aller« in dem Vers bemerkt? Ja, Menschen wie Joe kann vergeben werden und sie können von »aller Ungerechtigkeit« gereinigt werden. Nein, dieser Vers sagt nicht, dass man mit jedem mündlichen Sündenbekenntnis nach und nach Vergebung erhalte. Er will darauf hinaus, dass man zum Glauben an Christus kommt und einem dann durch ein einziges Opfer für immer vollkommen vergeben ist (Hebr 10,14).

Ein einzigartiger Vers

Mit diesen Gedanken zu 1. Johannes 1,9 vor Augen, erkennst du da, dass du die Post an jemand anderen liest? Im Gegensatz dazu, was viele glauben, ist 1. Johannes 1,9 kein Stück Seife, das Christen für ein tägliches Reinigungsritual verwenden sollen.

Denk mal darüber nach: Wenn es eine Formel für die tägliche Seelenreinigung gäbe, hieße das, Paulus hätte sie den Römern verschwiegen, denn er hat nie darüber geschrieben. Die Galater haben nie ein Wort darüber zu hören bekommen. Auch die Epheser, Philipper und Korinther haben sie offenbar nie erfahren. (Wenn jemand eine solche Formel nötig gehabt hätte, dann waren es die Korinther!)

Nicht ohne Grund ist 1. Johannes 1,9 ein einzigartiger Vers. Er soll an die Sündenleugner appellieren und sie anflehen, zur Vernunft zu kommen und Vergebung und Reinigung von *aller* Ungerechtigkeit zu empfangen – so wie wir Gläubigen es bereits getan haben.

Erlösung und Vergebung in einem

Gewiss fragst du Gott nicht jeden Tag: »Wirst du mich erlösen?« Und warum nicht? Weil du bereits erlöst wurdest. Du wurdest von Gott freigekauft, zurückgekauft. Es gibt also keinen Grund, immer wieder um Erlösung zu bitten.

Hier ist der Punkt: Dir wurde *in dem Moment*, als du erlöst wurdest, zugleich auch vergeben. Es war ein Zwei-für-eins-Deal! Du hast das eine nicht ohne das andere bekommen:

> *In ihm haben wir **die Erlösung** durch sein Blut, **die Vergebung der Sünden**, nach dem Reichtum seiner Gnade. — Epheser 1,7 LUT*

> *Er hat uns errettet aus der Herrschaft der Finsternis und hat uns versetzt in das Reich des Sohnes seiner Liebe, in dem*

*wir **die Erlösung** haben durch sein Blut, **die Vergebung der Sünden**. — Kolosser 1,13–14*

Erlösung und Vergebung kamen in Christus als Gesamtpaket. Wenn du nicht danach strebst, mit jedem Tag mehr erlöst zu werden, warum strebst du dann danach, mit jedem Tag mehr Vergebung zu empfangen? Hast du eines, hast du beides.

Gedanken zur Endgültigkeit

Die Endgültigkeit des Kreuzes bedeutet mehr als Erlösung und Vergebung. Sie bedeutet, dass du dauerhaften Frieden mit Gott hast. Du bist »versöhnt« worden.

*Auch euch, die ihr einst entfremdet und feindlich gesinnt wart in den bösen Werken, **hat er jetzt versöhnt** in dem Leib seines Fleisches durch den Tod, **um euch heilig und tadellos und unverklagbar darzustellen vor seinem Angesicht**. — Kolosser 1,21–22*

Heilig. Tadellos. Schuldlos. Das ist die Botschaft hier. Du bist vollkommen mit Gott versöhnt worden. Du bist so rein und ihm so nah, wie du nur sein kannst. Das musst du auch sein! Denn es gibt keinen anderen Weg, um eine dauerhafte Beziehung zu einem perfekten Gott zu haben, mit einem dauerhaften Band zwischen dir und ihm. Du musstest vollkommen schuldlos, vollkommen versöhnt und vollkommen gerecht werden. Und genau deshalb brauchst du dir keine Sorgen über Verdammnis oder Gericht zu machen. Du bist frei von beidem!

*Also **gibt es jetzt keine Verdammnis für die, die in Christus Jesus sind**. Denn das Gesetz des Geistes des Lebens in Christus*

Jesus hat dich frei gemacht von dem Gesetz der Sünde und des Todes. — Römer 8,1–2 ELB

Denn Gott hat seinen Sohn nicht in die Welt gesandt, damit er die Welt richte, sondern damit die Welt durch ihn gerettet werde. ***Wer an ihn glaubt, wird nicht gerichtet;*** *wer aber nicht glaubt, der ist schon gerichtet, weil er nicht an den Namen des eingeborenen Sohnes Gottes geglaubt hat. — Johannes 3,17–18*

Es ist an der Zeit, die Endgültigkeit des Kreuzes zu feiern, das dir völlige Vergebung, Freiheit von aller Strafe und absoluten Frieden mit Gott gebracht hat!

Als nun Jesus den Essig genommen hatte, sprach er: ***Es ist vollbracht!*** *Und er neigte das Haupt und übergab den Geist. — Johannes 19,30*

Das vollbrachte Werk Christi ist die Atmosphäre, die Gott geschaffen hat, damit dein neues Ich aufblühen kann. Gottes unglaubliche »Ein für alle Mal«-Vergebung bietet dir die Freiheit, ohne Angst vor Versagen zu lernen und zu wachsen. Da dir vollkommen vergeben ist – im Hinblick auf Vergangenheit, Gegenwart und Zukunft –, kannst du das »Risiko« eingehen, bei jedem Schritt auf den dir innewohnenden Christus zu vertrauen. Und du bist frei, das neue Ich mit dem makellosen Herzen zu sein!

TEIL 8

Die optimale Perspektive

21

Gottes perfekte Atmosphäre für dein neues Ich ist Freiheit und Vergebung.

Es ist so schön, wenn man entdeckt, dass dieses krampfhafte Bemühen, mit Gott ins Reine zu kommen und mit ihm im Reinen zu bleiben, nicht nötig ist. Du kannst all die Sorgen loswerden, die dich einst beschäftigt haben: *Bekenne ich genug? Bete ich genug? Lese ich genug? Diene ich genug? Bin ich genug?* Du fängst an, eine gesündere Perspektive einzunehmen. Es geht nicht mehr um dich. Es geht um ihn.

Wie gelingt dir das? Setzen wir die Teile dessen zusammen, was du bereits gesehen hast, um herauszufinden, wie du deinen Blick auf Jesus gerichtet halten und deine Einheit mit ihm genießen kannst. Wir beginnen mit der Kunst, nichts zu tun. Nichts?

Ja, nichts!

Die Kunst des Nichtstuns

Hier ein bisschen Italienisch für Anfänger: *Dolce far niente.* Dieser populäre Ausdruck bedeutet »die Süße des Nichtstuns«. Nein, damit ist nicht gemeint, dass man faul ist. Es bezieht sich einfach auf das Vergnügen, das man hat, wenn man still ist, wenn man sich entspannt. Man könnte es auch als »angenehme Entspannung« oder »sorglose Stille« beschreiben. Hört sich das nicht gut an?

Was wäre, wenn du das haben könntest, ohne nach Italien zu fliegen oder an den Strand zu gehen? Was wäre, wenn du diese »sorglose Stille« inmitten deines normalen Alltags genießen könntest?

Genau das passiert, wenn Jesus dich von dem befreit, was dich geplagt hat: Du kannst dann anfangen, die Abwesenheit eben dieser

Sache zu genießen. Von diesem »süßen Nichts« ist hier die Rede ist: pure Unbekümmertheit, weil das, was da war, nicht mehr da ist.

Klar, es gibt viele wichtige Entscheidungen zu treffen – wenn die Versuchung anklopft, wenn sich die Gelegenheit bietet, jemandem mit Liebe zu begegnen, oder wenn man die Chance hat, Jesus zum Ausdruck zu bringen. Die »Kunst des Nichtstuns«, von der wir hier sprechen, hat nichts mit Passivität zu tun.

Es geht einfach darum, dass du dich der religiösen Schuldgefühle und der ganzen menschlichen Anstrengungen entledigst, die du unternommen hast, damit Gott mit dir zufrieden ist und du in seiner Gunst bleibst. All das kann dank dem vollbrachten Werk Christi und deinem neuen Ich abrupt zum Stillstand kommen. Letztlich geht es bei der Kunst des Nichtstuns darum, dich nicht von dem Vertrauen, das du in Jesus hast, abbringen zu lassen.

Was man nicht tun sollte

Wenn es darum geht, was nicht getan werden muss, soll eines ganz klar sein – diese Botschaft ist für *Gläubige.*

Es geht um die Freude und Freiheit, die wir in Jesus Christus bereits *haben.* (Wenn du noch nicht gläubig bist, kannst du jetzt den Namen des Herrn Jesus Christus anrufen, um durch seinen Tod und seine Auferstehung gerettet zu werden. Wenn du ihm die Tür deines Lebens öffnest, verspricht er, hereinzukommen, dich zu verwandeln und für immer bei dir zu sein).

Genauso klar soll gesagt sein, dass es durchaus eine Menge Dinge gibt, die Gläubige *tun sollen.* Wenn wir das Neue Testament durchgehen, finden wir Dutzende von Passagen, die Haltungen und Handlungen beschreiben. Und jeden Tag stehen wir vor vielen Entscheidungen, die wir treffen müssen: Wir stellen Gott unseren Körper zur Verfügung. Wir wandeln im Geist. Wir richten unser Denken auf die Wahrheit aus. Wir lieben andere Menschen, wie Jesus uns liebt.

Doch hier sind vier Dinge, die wir nicht tun müssen, auch wenn viele Gläubige das meinen:

1. Bemüht sein, Gott näher zu kommen.
2. Nach Vergebung und Reinigung streben.
3. Das eigene Herz prüfen oder verändern.
4. Mehr fühlen oder »erleben«.

Diese vier Dinge können viel von deiner Zeit und Energie in Anspruch nehmen. Sie können einen Großteil deines Denkens beherrschen, während du versuchst, eine Beziehung zu Gott aufzubauen und ein christliches Leben zu führen.

Doch stell dir vor, du könntest jeden Tag frei von der Sorge leben, Gott näherkommen oder mehr Vergebung erhalten zu müssen. Stell dir vor, du könntest jeden Tag leben, ohne krampfhaft dein Herz »prüfen« oder »verändern« zu wollen. Stell dir vor, du müsstest dich nicht mehr »geistlicher fühlen« oder einer Gotteserfahrung hinterherjagen.

Wie würde dein Leben aussehen, wenn es sich einfach durch *ein sicheres Wissen* um die Wahrheit auszeichnen würde?

Das Beispiel Abrahams

Ein gutes Beispiel dafür, die »Kunst des Nichtstuns« *nicht* zu praktizieren, ist Abraham. Gott gab ihm das Versprechen, dass er einen Sohn haben würde. Gott sagte, dass Abraham durch diesen Sohn »ein Vater vieler Völker« sein würde (1Mo 17,5).

Das war eine wunderbare Verheißung aus dem Munde Gottes selbst, aber was hat Abraham getan? Abraham hat *nicht* nichts getan. Vielmehr nahm er die Dinge selbst in die Hand.

Abraham wurde nervös, als seine Frau Sarah nicht in dem Zeitrahmen schwanger wurde, den er für angemessen hielt. Auf Sarahs

Drängen hin beschloss Abraham, dass es an ihm sei, Gottes Versprechen zu erfüllen. Also heckte er einen Plan B mit einer anderen Frau aus. Wir alle wissen, wie das ausging! Noch heute, Tausende Jahre später, befinden sich die Nachkommen dieses Sohnes in einem endlosen Konflikt mit den Nachkommen des verheißenen Sohnes von Sarah.

Abraham hätte sich dafür entscheiden können, sich zu entspannen und die Kunst des Nichtstuns zu praktizieren. Er hätte daran glauben können, dass Gott sein Versprechen einlösen würde. Stattdessen versuchte Abraham jedoch krampfhaft, das, was Gott geplant und versprochen hatte, selbst zu bewerkstelligen.

Genau wie Abraham könntest auch du versucht sein, Gott zu »helfen«. Du könntest versucht sein, ihm Hilfestellung dabei zu geben, dir näher zu kommen, dir zu vergeben, dein Herz zu reinigen oder dir geistlich »mehr« zu geben. Das Einzige, was diesen Zug aufhalten kann, ist zu wissen, dass Gott deine Hilfe nicht braucht, weil *alles schon getan wurde.*

Außerdem ist der Unterschied zwischen Abrahams Situation und der deinen wie Tag und Nacht: Heute wartest du nicht mehr darauf, dass Gott sein Versprechen einlöst. Er hat es bereits getan! Du wartest nicht darauf, dass Jesus dich rein macht und zu sich zieht. Das hat er schon!

Als heutiger Gläubiger ist das, was du hast, sogar besser als das, was Abraham angeboten wurde. Er war dazu aufgerufen, seinen Glauben auf ein *zukünftiges* Ereignis zu setzen. Du bist dazu aufgerufen, deinen Glauben auf etwas zu setzen, das bereits geschehen ist – das *vollbrachte* Werk von Jesus Christus!

Mäusejagd

In unser beider Haushalte leben Katzen. Das Lieblingsspielzeug von Andrews Katze, einem Kater, ist ein Stock mit einer elastischen

Schnur, an deren Ende eine Stoffmaus befestigt ist. Der Kater schleppt das Spielzeug durchs Haus und bettelt jeden an, es aufzuheben und mit ihm zu spielen. Und wenn man das tut, wird er ganz wild! Diese Maus zu jagen, ist seine Lieblingsbeschäftigung. Er fängt sie nur ab und zu, und wenn er sie erwischt, wird sie ihm ruckzuck wieder aus dem Maul gezogen und die Jagd geht weiter.

Manche von uns jagen Erfahrungen hinterher, die uns Befriedigung und das starke positive Gefühl vermitteln, »die Maus zu fangen« – ein spektakulärer Gottesdienst, eine Neuhingabe am Lagerfeuer, eine inspirierende Konferenz oder ein ausgedehntes Sündenbekenntnis vor dem Abendmahl. All dies mag uns ein Gipfelerlebnis bescheren, aber es hält nur eine gewisse Zeit an. Ehe wir's uns versehen, sind wir wieder am Ausgangspunkt, vielleicht geht es uns sogar ein bisschen schlechter. Also schleppen wir diese Gefühle sozusagen mit uns herum und suchen nach dem nächsten Erlebnis, das uns das nächste Hoch verspricht. Wir wollen uns wieder gut fühlen. Wir wollen uns näher bei Gott fühlen. Wir wollen das Gefühl haben, »richtig« zu sein.

Ist es das, was Gott für uns vorgesehen hat? Nein, das ist der Versuch, »etwas zu tun« oder »etwas zu bewirken«, anstatt – im Glauben – die Kunst des Nichtstuns zu praktizieren. Genau wie Abraham suchen wir nach Wegen, wie wir Gott »helfen« können, anstatt uns auf das zu verlassen, was er bereits für wahr erklärt hat.

Das soll nicht heißen, dass gegen aufrichtigen Lobpreis, eine gute Konferenz oder jemanden, dem gegenüber wir uns öffnen können, etwas einzuwenden wäre. Das sind alles gute Dinge! Aber wenn wir uns auf diese Erfahrungen *verlassen*, insbesondere dann, wenn es dabei darum geht, »mehr« zu bekommen oder ein »höheres Niveau« zu erreichen oder »dich mit deinen Bemühungen neu hinzugeben«, dann ist Vorsicht geboten!

Das ist ein Katz- und Mausspiel.

Wenn wir meinen, dass wir etwas erleben müssten, damit alles in Ordnung sei, heißt das im Umkehrschluss, dass mit uns nicht alles in Ordnung ist, weil wir uns nicht gut fühlen. Aber das ist eine Lüge. Das Evangelium ist kein Versprechen, dass du etwas fühlen wirst. Das Evangelium ist keine Aufforderung, nach mehr von Christus zu geiern. Das Evangelium ist eine Einladung, nicht mehr zu hungern und nicht mehr zu dürsten, weil wir in Jesus gesättigt sind (Joh 6,35).

Es ist eine Einladung – im Glauben –, die Kunst des Nichtstuns zu praktizieren.

> ***Wer dagegen keine Werke verrichtet****, sondern an den glaubt, der den Gottlosen rechtfertigt, dem wird sein Glaube als Gerechtigkeit angerechnet. — Römer 4,5*

Erfahrungshascherei

Beginne ein Daniel-Fasten. Integriere den Sabbat in dein Leben. Praktiziere diese Disziplinen. Übe dich in jener Geistesgabe.

Uns werden ständig neue, trendige Erfahrungen angeboten, um unseren Glauben zu »stärken«. Wir werden aufgefordert, in der Kirche den Gang hinunterzugehen, um ein Versprechen abzugeben oder uns neu hinzugeben, damit wir uns anschließend erneuert und rein fühlen. Wir werden ermutigt, ein und dasselbe Lied immer und immer wieder zu singen und damit ein repetitives Verhalten zu zeigen, von dem Psychologen sagen, dass es emotionalen Stress abbaue. Wir werden ständig in Anweisungen zu neuen Dingen ertränkt, die wir tun sollen, um »geistlicher« zu sein. Die menschengemachte Religion überschwemmt uns mit Aufrufen, etwas Tieferes zu finden und etwas Größeres zu erleben – wir müssen nur dem neuesten Trend folgen.

Jede Botschaft der »Erfahrungshascherei« ist ein Angriff auf unsere Vollkommenheit in Christus. Der Feind klagt uns an mit: »Was ist los mit dir? Wenn du wirklich gerettet wärst, würdest du mehr fühlen. Wenn du die Wahrheit glauben würdest, wäre dein Gefühlsleben völlig geheilt. Du würdest nicht so viel schwanken!«

Als Menschen lieben wir es, zu fühlen. Positive Gefühle können uns obenauf sein lassen, während negative Gefühle uns glauben machen können, dass wir ganz unten seien. Aber wir wissen auch, dass wir unseren Gefühlen nicht trauen können. Emotionen können aus dem Nichts auftauchen. Sie sind nicht verlässlich. Vor allem spiegeln sie oft nicht das wider, was laut Gott wahr ist. Es ist nichts falsch daran, Gefühle zu haben, aber wir wollen nicht, dass die Gefühle uns beherrschen.

Versteh das jetzt bitte nicht falsch: Wir sind emotionale Wesen, und die Natur unserer Gefühle ist es, aufzusteigen und abzufallen, uns zu fluten und wieder abzuebben. Logisch! Falsch ist jedoch, dass du dich, wenn du wirklich das Leben im Überfluss erleben würdest, immer supergeistlich und großartig fühlen würdest.

Die Wahrheit ist, dass es nicht darum geht, neuen Gefühlen nachzujagen. Es geht darum, *dein Denken zu erneuern* und so viel wie möglich über die Liebe und Gnade Gottes in Christus Jesus zu lernen (Röm 12,2; 2Petr 3,18).

Es geht darum, eine Person zu *kennen*.

Nichts mehr nachzujagen

»O ja, davon habe ich schon gehört. Ja, ich strebe nach dem Leben in Fülle! Das siegreiche Leben! Ja, ich lerne, in ihm zu bleiben, in seine Ruhe einzugehen und über meine Umstände hinaus auf einer höheren Ebene zu leben!«

Das Leben der Fülle in Christus ist nichts, was du anstreben musst. Jesus kam, um es dir zu geben, und das hat er getan (Joh 10,10). Siegreich? Gott hat bereits über Sünde und Tod gesiegt, und er hat dich für die Sünde tot und für ihn lebendig gemacht. Der Böse kann dir nichts anhaben (1Joh 5,18). Bleiben? Bleiben bedeutet einfach

»wohnen«, und du wohnst jeden Tag in Christus, rund um die Uhr. In seine Ruhe eingehen? Du bist bereits in seine Ruhe eingegangen. Hebräer 4 spricht von dieser Ruhe und lädt ungläubige Juden ein, die geistliche Wüste zu verlassen und in Gottes Ruhe einzugehen. Du hast das bereits getan, denn du bist jetzt in Christus. Ein Leben auf einer höheren Ebene? Gott hat dich bereits auferweckt und in die himmlischen Regionen versetzt, direkt neben ihn (Eph 2,6).

Was also, wenn es nichts mehr gibt, dem nachzujagen ist? Was ist, wenn du bereits alles hast, was du brauchst?

> *Da seine göttliche Kraft uns* ***alles zum Leben und zur Gottesfurcht*** *geschenkt hat durch die Erkenntnis dessen, der uns berufen hat durch seine eigene Herrlichkeit und Tugend …*
> *— 2. Petrus 1,3* ELB

> *Denn in ihm wohnt die ganze Fülle der Gottheit leibhaftig; und* ***ihr seid zur Fülle gebracht in ihm,*** *der das Haupt jeder Herrschaft und Gewalt ist. — Kolosser 2,9–10*

Du bist okay

Viele Jahre lang hatte Andrews Großvater ein Nummernschild mit der Aufschrift: IBOKDA. Und das ist die Botschaft, die so viele religiöse Leiter verkaufen: »Ich bin o. k. Du auch?« Dann stellen sie die »Methode« vor, wie man zum Okaysein gelangt.

Doch hier ist Gottes Botschaft an dich: IBOKUDA – Ich bin o. k., und du auch!

Durch Jesus Christus bist du okay geworden (mehr als okay – gerecht!). Weil du okay bist, kannst du endlich die Tretmühle der Selbstverbesserung verlassen. Du kannst mit deinen täglichen Versuchen aufhören, rein zu werden und nahe zu kommen, richtig zu werden und richtig zu bleiben. Selbst wenn du dich schmutzig und distanziert fühlst, bist du aufgefordert, der Wahrheit zu folgen, und nicht dem Gefühl. Die Wahrheit wird dich immer befreien, und sie enttäuscht nie!

Denn die Schrift sagt: »Jeder, der an ihn glaubt, ***wird nicht enttäuscht werden.****« — Römer 10,11 NASB*

22

Hier ein Auszug aus einer E-Mail, die wir von einem Gemeindeleiter erhalten haben, der gerade erst anfängt, die Kunst des Nichtstuns zu praktizieren. Und schon jetzt scheint er mehr zu tun als je zuvor!

Im Hebräerbrief wird deutlich erklärt, dass Jesus ein für alle Mal gestorben ist – für alles und für jeden. Als ich das gelesen habe, hat es bei mir klick gemacht. Ich habe immer »gewusst«, dass mir vergeben wurde, aber jetzt glaube ich, dass es wahr ist, weil Gott es gesagt hat!

Schon lange hatte ich mir diese Fragen gestellt. Ehrlich gesagt hatte ich das Gefühl, dass der Feind diese Fragen benutzte, um mich zu täuschen.

Nichtsdestotrotz konnte ich das Gefühl nicht abschütteln, dass ich KEIN schlechter Mensch war, nur weil ich nicht jeden Tag meine Bibel las oder betete oder meine Sünden ausgiebig bekannte. Sicher, ich mag faul gewesen sein, aber meine Vergebung hatte ich gewiss nicht verspielt. Ich hatte erlebt, wie Gott meine Gebete erhörte, und ich trug auch dann Frucht, wenn ich nicht »täglich ein Kapitel las«.

Jetzt erkenne ich, dass mein innerer Kampf aus meinen Erfahrungen mit menschlichen Beziehungen resultiert, nicht aus meiner Beziehung zu Gott. Endlich verstehe ich das Konzept »Wir sehen unseren himmlischen Vater wie unseren irdischen Vater«. Mein erster Gedanke, nachdem ich das Auto zu Schrott gefahren hatte, war: »Er wird mich umbringen«, nicht: »Papa, hilf mir!«

Was Gott in den letzten sechzig Tagen mit meinem Leben gemacht hat, ist einfach unglaublich. Ich werde gleichzeitig befreit und entfesselt. In mir brennt ein Feuer, das nicht mehr da war, seit ich gläubig geworden bin. Es ist so überwältigend, so wunderbar und so befreiend! Ich habe immer noch Fragen und ich bin mir sicher, dass es immer noch Festungen gibt, die zerstört werden müssen, aber ich sehe mehr vom Licht.

Ich sehe solch eine gute Nachricht. Das ist das Evangelium! Und während ich all dies sacken lasse, verbringe ich interessanterweise sehr viel mehr Zeit im Wort und im Gebet, als es in den letzten Jahren der Fall war.

Ich kann verstehen, warum viele vor dieser Lehre Angst haben. Sie widerspricht allem, was man ihnen von klein auf erzählt hat. Aber je mehr die Menschen beginnen, dies zu erkennen, desto mehr werden sie lesen, was die Bibel tatsächlich sagt.

Zuerst müssen sie verstehen, wo der neue Bund beginnt. Das ist eine große Umstellung in ihrem Denken, aber es ist einfach, sie dorthin zu bringen. Dann können wir ihnen erzählen, dass Jesus gestorben ist – ein für alle Mal. Da wird es dann interessant! — Bob

Unsere Lieblingspassage in Bobs Brief ist: »Ich werde gleichzeitig *befreit* und *entfesselt.*« Genau das passiert, wenn wir anfangen, Gottes Gnade wirklich zu verstehen. Wir genießen die neu gewonnene Freiheit in Jesus, aber sie führt nicht zur Passivität. Wir üben uns in der Kunst des Nichtstuns, aber am Ende tun wir vielleicht mehr als je zuvor – ohne es überhaupt zu versuchen.

Wie genau praktizieren wir diese Kunst des Nichtstuns? In den nächsten zwei Kapiteln werden wir einige Aspekte des Evangeliums, die wir bereits gewürdigt haben, noch einmal aufgreifen und die Teile zusammenfügen. Du wirst sehen, dass du all die Energie, die du früher darauf verwendet hast, dich selbst mit Gott ins Reine zu bringen und dann mit ihm im Reinen zu bleiben, umlenken kannst. Du kannst wissen, dass du rein bist. Du kannst wissen, dass du nah bist. Du kannst wissen, dass du qualifiziert bist.

Du bist frei, auf eine neue Art zu denken … weil du okay bist.

Aspekt #1: Tue nichts, um Gott näher zu kommen

Was sollen wir tun, um Gott näher zu kommen? *Nichts.*

Was? Ja, schon klar, für dich hört sich das wahrscheinlich alles andere als plausibel an. Es mag sogar falsch klingen. Es mag dem widersprechen, was du in hundert Predigten gehört oder in anderen christlichen Büchern gelesen hast. Aber wenn wir in Gottes Wort schauen, stellen wir fest, dass dies tatsächlich die schockierende und gewaltige Realität ist: Du bist Gott schon so nah, wie du nur sein kannst.

In 1. Korinther 6,17 heißt es: »Wer aber dem Herrn anhängt, ist ein Geist mit ihm.« Seit wann hängst du dem Herrn an? Seit der Erlösung, als du zu diesem neuen Wesen mit dem makellosen Herzen wurdest. Du bist jetzt also dem Herrn nahe – mit ihm geistlich verbunden, zusammengeschlossen, verschmolzen. Ihr seid miteinander so innig verbunden, wie ihr es nur sein könnt. Näher als »ein Geist« könnt ihr euch nicht sein.

Viele Menschen sagen, dass sie die Bibel studieren, um Gott näherzukommen. In Wirklichkeit füllen und erneuern sie ihren Verstand mit Gottes Wahrheit. Dabei lernen sie Gottes Güte kennen und ihre Gefühle reagieren darauf. Sie *fühlen* sich gut, weil sie gute *Gedanken* haben.

Das heißt aber nicht, dass sie Gott mit der Zeit immer näherkommen. Es bedeutet nur, dass sie lernen, ihre Gedanken immer mehr auf die Wahrheit zu richten (Kol 3,2). Denn die Wahrheit (die Wirklichkeit) ihrer Nähe war die ganze Zeit über präsent.

Du liest die Bibel, um den Autor kennenzulernen. Du liest die Bibel aber nicht, um ihm näherzukommen, sondern um daran erinnert zu werden, dass du bereits ein Geist mit ihm *bist.*

Gott hat dir völlig vergeben. Er hat dich vollständig versöhnt. Er hat dich für immer mit sich selbst verbunden. Er hat dich gekreuzigt, begraben und auferweckt, damit du neues Leben bekämest. Er hat dich auferweckt und mit ihm in die himmlischen Regionen versetzt. Was musst du also tun, um Gott näher zu kommen?

Gar nichts.

Stattdessen kannst du dich auf deine vollkommene Verbundenheit mit ihm verlassen. Du kannst nach ihr handeln. Du kannst ihr entsprechend denken und reagieren. Aber du kannst nichts tun, was dem hinzugefügt würde, was Gott bereits getan hat.

> *Denn vorher wart ihr tot aufgrund eurer Schuld und weil euer altes Ich euch bestimmt hat. Doch* ***Gott hat euch mit Christus lebendig gemacht****. Er hat uns alle unsere Schuld vergeben.*
> — *Kolosser* 2,13 NLB

Es sich »aneignen«?

Selbst die einfache Wahrheit deiner vollkommenen Gottesnähe kann fehlinterpretiert werden. Vielleicht hat nichts zu mehr Missverständnissen geführt als die Idee, sich eine Wahrheit wie diese »anzueignen«.

Hast du jemals versucht, dir eine geistliche Wahrheit »anzueignen«? Der Begriff »sich aneignen« klingt wirklich gut und wird formal als »etwas ohne Befugnis oder Recht an sich nehmen oder sich zunutze machen« definiert.

Wow! Der Begriff legt nahe, dass du dir etwas nimmst, das eigentlich nicht dir gehört! So ähnlich wie Polizisten in manchen Actionkrimis, die ihre Marke zücken und ein Fahrzeug beschlagnahmen, wenn Gefahr im Verzug ist und sie gerade zu Fuß unterwegs sind. In christlichen Kreisen wird es normalerweise so definiert: »in deiner eigenen Erfahrung das verwirklichen, was laut Gott positionell bereits der Fall ist«. Das klingt ein bisschen akademisch und sogar etwas geistlich, aber es schwingt immer noch dieselbe Bedeutung mit: Du verdienst »es« eigentlich nicht und hast auch kein Recht darauf (worum auch immer es genau geht), aber du kannst es irgendwie durch einen Willensakt in Anspruch nehmen.

Nun, versuchen wir es doch. Ja, genau jetzt. Warum eignest du dir in den nächsten fünfzehn Sekunden nicht deine perfekte Nähe zu Gott an? Warum eignest du dir nicht auch gleich deine Vergebung und deine Gerechtigkeit an, wenn du schon dabei bist? Mach eine kurze Lesepause und gib dir die Gelegenheit dazu. Auf geht's. Mach dir deine Nähe, Vergebung und Gerechtigkeit zu eigen. Bereit …? Los!

… Jetzt, da du wieder da bist – wie ist es gelaufen? Nein, das ist kein Sarkasmus, hier muss nur etwas klargestellt werden. Also: Hast du dir deine Nähe zu Gott angeeignet? Deine Vergebung? Deine Gerechtigkeit? Woher weißt du, dass du es erfolgreich getan hast? Was ist der Indikator, um deinen Erfolg zu messen? Ein Gefühl?

Unterm Strich ist es so: Worte wie »aneignen« klingen zwar gut, aber sie ergeben keinen Sinn, wenn man sie zu Ende denkt. Wahrheiten wie deine Gottesnähe, deine Vergebung und deine Gerechtigkeit sind schlichtweg gültig. Du musst nichts tun, um ihnen noch mehr Geltung zu verschaffen. Es gibt keinen »Schalter«, den du umlegen musst, um etwas zu »aktivieren«. Du bist Gott vollkommen nah, du bist vollkommen gerecht und dir ist vollkommen vergeben. Als neue Schöpfung ist das die Wahrheit über dich, ob du sie nun erkennst bzw. fühlst oder nicht.

Aspekt #2:
Tue nichts für mehr Vergebung oder Reinigung

Wenn du bis hierhin gelesen hast, hast du die Wahrheit über deine Vergebung schon erfahren: Dir sind bereits alle deine Sünden vergeben – vergangene, gegenwärtige und zukünftige (Hebr 10,14). Durch das einmalige Opfer Christi wurdest du »ein für alle Mal« vollkommen gereinigt. Du musst also nichts mehr »tun«, um noch mehr

Vergebung oder Reinigung zu erlangen. Doch es ist eine Sache, dem zuzustimmen, während du hier davon liest. Eine ganz andere ist es, inmitten von Anschuldigungen auch daran festzuhalten.

Denke an eine Sache, die du getan hast, für die du dich besonders schämst – etwas aus deiner Vergangenheit, etwas, mit dem du gerungen hast, sei es eine Gewohnheitssünde oder ein einmaliger Vorfall. Was tust du in dem Moment, in dem der Ankläger dich angreift und die Beweise auf der Kinoleinwand deines Verstandes laufen?

Versuchst du es zu rechtfertigen mit: »Na ja, es wurden nicht allzu viele Menschen verletzt«? Oder vielleicht mit: »Es ist ja nur einmal passiert«? Oder gar: »Ich werde es nie wieder tun«?

Auch wenn es positiv ist, dass nur wenige Menschen verletzt wurden, dass es nur einmal passiert ist oder dass du dich entschlossen hast, es nie wieder zu tun, führt nichts davon zu deiner Vergebung. Gott möchte nicht, dass du im Moment der Anklage auf diese Weisen reagierst.

Stattdessen möchte Gott, dass du gar nichts tust. *Gar nichts?* Was würde es rechtfertigen, dass du gar nichts tust? Hier ist der Gedanke: Wenn du nichts tust – keine fleischliche Verteidigung gegen die Anschuldigungen vorbringst –, erachtest du dich tatsächlich für tot gegenüber diesem Gedanken. Du beschäftigst dich einfach nicht damit.

Der Feind ist wie ein quengelnder Strafverteidiger, der auf den Stufen zum Gerichtsgebäude sitzt und versucht, einen Fall neu aufzurollen, der bereits abgeschlossen ist. Satan lockt dich immer wieder in den Gerichtssaal, um noch mehr Argumente vorzubringen, noch mehr zu diskutieren, damit du dich weiter rechtfertigst und verteidigst. Aber das ist alles bloß eine Scharade. Es ist nicht nötig, sich um solche Dinge zu kümmern, nicht im Geringsten. Warum? Weil »es vollbracht [ist]« (Joh 19,30).

Wenn du also auf solche Aufforderungen hin, deine vergangenen Sünden zu rechtfertigen, »nichts tust«, bagatellisierst du sie damit nicht. Ganz im Gegenteil: Du achtest das vollbrachte Werk Christi.

Du stimmst damit überein, dass nichts mehr für dich getan werden muss. Du erkennst das Opfer Jesu voll und ganz an. Du stimmst mit Gott überein, dass deine Sünden nicht angerechnet werden und an sie nicht mehr gedacht wird (Röm 4,8; Hebr 10,17).

Kein anderer wie er

Vielleicht haben wir deshalb ein Problem, unsere Beziehung zu Gott zu verstehen, weil wir versucht sind, sie mit einer menschlichen Beziehung gleichzusetzen. Aber die Wahrheit ist, dass es nichts Vergleichbares gibt. Nichts ist vergleichbar mit dem, was wir mit Gott haben. Wir haben eine perfekte »vertikale« Beziehung zu ihm, die durch unsere Leistung nicht im Geringsten beeinträchtigt oder beeinflusst werden kann.

Die Beziehung zu anderen Menschen ist anders, ganz anders. Wenn du eine andere Person verletzt hast und sie dann um Vergebung bittest, fällt es ihr leichter, dir zu vergeben und die Gemeinschaft zwischen euch wiederherzustellen. Das ist die »horizontale« Welt, in der wir mit anderen leben.

Der Grund, warum wir die vertikale nicht mit der horizontalen Ebene gleichsetzen können, ist der, dass es auf der horizontalen kein Blutopfer gab. Kein anderer ist für deine Sünden gestorben. Kein anderer hat sie auf einmal weggenommen. Kein anderer versteht völlig, dass du ein vollkommen gehorsames Herz hast, das Sünde immer bereut.

Kein anderer kann mit dir so in Beziehung treten wie Jesus.

Horizontal versus vertikal

Im horizontalen Bereich sprichst du über deine Schwierigkeiten mit vertrauenswürdigen Freunden (Jak 5,16) und versammelst dich mit anderen zu einer wunderbaren Gemeinschaft (Hebr 10,25). Das kann sehr ermutigend für dich sein, aber es verbessert nicht die vertikale Ebene. Die vertikale Verbindung, die du mit Gott hast, ist perfekt und dauerhaft.

Überleg mal: Wenn die vertikale Ebene nicht perfekt und beständig wäre, wie könntest du dann jemals auf der horizontalen Ebene zurechtkommen? Die horizontale ist doch schon schwierig genug und kann sehr anstrengend sein – all die Beziehungen zu anderen Menschen, das Verzeihen, die Bewältigung von Beziehungskonflikten. Stell dir vor, du müsstest gleichzeitig noch zusehen, dass du die vertikale Ebene mit Gott auf die Reihe kriegst.

Na ja … die meisten von uns müssen sich das nicht vorstellen, denn das ist die Last, die wir schon so lange zu tragen versuchen. Kein Wunder, dass wir am Ende erschöpft, frustriert und schließlich desillusioniert sind. Wir sind nicht dafür geschaffen, die »Vertikale« und die »Horizontale« gleichzeitig zu managen. Deshalb musste die vertikale Ebene in Christus ein für alle Mal erledigt werden.

Wir wollen damit nicht sagen, dass alle Gläubigen voll »ausgereift« sind. Das stimmt natürlich nicht. Du lernst ständig und erneuerst deinen Verstand. Aber selbst während du lernst und wächst, ist deine vertikale Beziehung zu Gott bei 100 Prozent. Du bist ihm ganz nahe, dir ist vollkommen vergeben und du bist über alle Maßen gerecht, auch wenn einige deiner Gedanken noch unreif sind. Während du wächst – und auch wenn du Fehler machst und Sünden begehst –, musst du nie am intakten Zustand deiner vertikalen Beziehung zu Gott zweifeln.

Denk einen Moment über Folgendes nach. Was wäre, wenn du wirklich alle Versuche einstellen würdest, mit Gott ins Reine zu kommen und zu bleiben? Was wäre, wenn du all die damit verbundene Energie zurückhättest? Was wäre, wenn du stattdessen die Energie hättest, darüber nachzudenken, wie du andere Menschen von einer Warte der Stabilität und Ruhe aus lieben kannst? Was könnte das für dich bedeuten?

Das ist genau das Leben, das du Gott nach genießen sollst! Er hat es dir ermöglicht, deinen Blick von ungerechtfertigten Ängsten über deinen geistlichen Zustand abzuwenden und stattdessen nach den Bedürfnissen anderer zu schauen und sie zu stillen.

Was ist mit der Gemeinschaft?

Aber können wir nicht »aus der Gemeinschaft mit Gott fallen«? Steht das nicht in der Bibel?

Tatsächlich *nicht*. Der Begriff »Gemeinschaft« wird im Neuen Testament nie auf diese Weise verwendet. Du gehst nicht in die Gemeinschaft mit Gott hinein und wieder aus ihr heraus. Gemeinschaft bezieht sich in der Bibel auf deine »vertikale« Beziehung zu Gott. Diese Bindung steht nie bei, sagen mir mal, 64 Prozent oder gar bei 0 Prozent. Sie liegt immer bei 100 Prozent. Weil deine Sünden weggenommen wurden – ein für alle Mal – und weil du »mit ihm [Christus] einsgemacht« bist (Röm 6,5), ist deine Gemeinschaft perfekt und dauerhaft.

Wenn du dich entscheidest, zu sündigen, musst du es tun, *während* du in Gemeinschaft mit Gott bist. Deshalb macht es auch nicht mehr so viel Spaß wie früher, oder? Deine Einheit mit Jesus ist echt. Dein neues Herz ist lebendig. Deine neuen Sehnsüchte rufen. Die Sünde geht dir gegen den Strich.

Denk einfach mal darüber nach: Wenn dir nicht für immer und ewig vergeben wäre, dann wärst du wieder im Garten Eden angelangt. »Oh, du hast von dem Baum gegessen? Dann verschwinde aus dem Garten!« Du würdest am Montag geistlich sterben und dann wieder am Dienstag, am Mittwoch und an jedem weiteren Tag.

Manche Menschen glauben das. Ja, sie glauben buchstäblich, dass sie ihre Errettung jedes Mal verlieren, wenn sie sündigen. Sie glauben, wenn etwas auf der horizontalen Ebene passiert, ist auch die vertikale gestört. Doch das ist *nicht* die Wahrheit. Du kannst die horizontale Ebene leben, weil du weißt, dass die vertikale Ebene perfekt und dauerhaft ist. Dir ist vollkommen vergeben und du bist immer vollkommen gerecht:

> *Denn mit einem einzigen Opfer hat er die* ***für immer vollendet****, welche geheiligt werden. — Hebräer 10,14*

> *Denn er hat den, der von keiner Sünde wusste, für uns zur Sünde gemacht, damit* ***wir in ihm [zur] Gerechtigkeit Gottes würden****. — 2. Korinther 5,21*

23

Geh bis zum Äußersten. Zögere nicht, zu feiern, wie rein und wie nah du Gott bist. Lass nicht zu, dass irgendjemand das verwässert oder an Bedingungen knüpft. Es gibt schlichtweg keinen Platz für Kompromisse, wenn es um Gottes perfekte *Agape*-Liebe geht. Sie ist *derart* erstaunlich!

Täusche dich nicht: Der Feind dreht dir gern ein minderwertiges Glaubenssystem an, das darauf ausgelegt ist, deine Zuversicht und dein Vertrauen zu Gott zu untergraben. Ja, er freut sich, dir eine Liste von Maßnahmen anzubieten und dich davon zu überzeugen, dass du sie alle umsetzen musst, um zu »aktivieren«, was bereits auf dich zutrifft.

Das spricht das Fleisch an, denn auf dem Planeten Erde müssen wir normalerweise erst arbeiten, bevor wir uns ausruhen können. Wir arbeiten die ganze Woche, um am Wochenende ausruhen zu können. Wir arbeiten unser ganzes Leben lang, um später in Rente gehen zu können. Doch Jesus bietet uns das Gegenteil an.

Das christliche Leben *beginnt* mit Ruhe. Wir »arbeiten« von einem Ort aus, an dem wir *bereits* ruhen.

Aber was sollst du tun, wenn du die Nähe, Annahme oder Vergebung Gottes nicht spürst? Du kannst diese Gefühle zur Kenntnis nehmen und mit Gott und anderen darüber sprechen. Die Antwort wird jedoch immer dieselbe sein – deine Gefühle stimmen nicht immer mit der Wahrheit überein.

Vergiss nicht: Es geht um ein *Wissen*, nicht um ein Gefühl.

Vielleicht bist du in dem Glauben aufgewachsen, du müsstest deinen Gefühlen folgen, weil du sonst wie ein Heuchler handeln würdest. Du dachtest, deinen Gefühlen treu zu sein, hieße, dir selbst treu zu sein. Aber wenn du gläubiger Christ bist, ist dies beides oft *nicht* dasselbe! Um dir selbst treu zu sein – dem, wer du wirklich bist –, musst du oft *gegen* deine Gefühle handeln.

Echte Heuchelei heißt nicht, gegen deine Gefühle zu handeln. Nein, Heuchelei ist ein Verhalten, das im Widerspruch zu dem steht, wer du wirklich bist. Heuchelei hat also nichts mit deinen Gefühlen zu tun. Oftmals sagen dir deine Gefühle das eine, aber du musst *das genaue Gegenteil* tun, um dir selbst treu zu bleiben: dem neuen Ich mit dem makellosen Herzen, zu dem Gott dich gemacht hat.

Aspekt #3: Tue nichts, um dein Herz zu überwachen oder zu reparieren

Manche sagen, dein Herz habe sich als Folge der Scheidung verhärtet, die du durchgemacht hast. Andere sagen, die Pornosucht, mit der du vielleicht immer noch kämpfst, habe dein Herz verhärtet. Jetzt müsse Gott dein Herz weichmachen, das gehe aber nur, wenn du ihn lassest.

Doch ist das die Wahrheit? Nein!

Sicher, einige der Einstellungen und Überzeugungen, die sich während der schmerzhaften Scheidung gebildet haben, können in deinem Verstand verblieben sein. Und einige der alten Gedanken aus der Zeit der Pornosucht können dich manchmal plagen. Aber all das spielt sich im mentalen Bereich ab, nicht in deinem Herzen. Dein Herz ist heute genauso gut und wahrhaftig wie am Tag deiner Erlösung. Während du als Gläubiger also eine Erneuerung deines Verstandes erfährst, kannst du »nichts« tun, um dein Herz zu reparieren. Es ist bereits mehr als verändert – es wurde ausgetauscht!

Weiter vorne haben wir die Frage behandelt, wie wir sagen können, wir seien gut, wenn Jesus doch gesagt hat: ›Niemand ist gut als Gott allein!‹« (Mk 10,18)?

Zu jener Zeit war das absolut wahr. Es gab niemanden, der »gut« war – nur Gott. Aber heute sieht die Sache anders aus. Jesus ist gestorben und wieder auferstanden, um dich gut zu machen. Von neuem geboren zu sein, macht einen Unterschied. Du bist aus Gott geboren, aus dem Geist geboren und ein Sklave der Gerechtigkeit

(Röm 6,18). Du bist auf eine Weise gut, wie es vor dem Kreuz niemand war (Lk 7,28). Du bist eine neue Schöpfung. Du bist ein Kind des lebendigen Gottes. Du hast Anteil an seiner göttlichen Natur (2Kor 5,17; 1Joh 3,1; 2Petr 1,4).

Du sagst vielleicht: »Nun, ja, das mag stimmen ... in Christus. Aber wir sind nichts ohne Christus.« Das ist natürlich eine Tatsache, aber es gibt dabei noch etwas zu bedenken: Bist du jemals nicht in Christus? Bist du jemals ohne ihn? Also hören wir doch auf, mit falschen Hypothesen zu schmälern, was er getan hat. Sein vollbrachtes Werk ist gut, und genauso bist du jetzt gut.

Wer du bist, wird sich nie wieder ändern. Du bist geistlich lebendig, und du wirst nie tot sein. Du hast ein neues Herz, und du wirst nie wieder dein altes Herz haben. Du bist ein Kind Gottes, und du wirst nie ein Kind des Zorns sein. Du bist gut, und du wirst nie böse sein. Also gewöhne dich daran – du bist für immer in Christus. »In Christus« ist deine Wirklichkeit. Dein untadeliges Ich »in Christus« ist die einzige Identität, die du hast – und die ist einfach nur gut!

Was ist mit Heiligung?

Vielleicht denkst du jetzt: *Aber was ist mit der fortschreitenden Heiligung – wird hier nicht etwas vergessen? Die Spannung zwischen dem »schon« und dem »noch nicht« darf man schließlich nicht ignorieren!*

Schon klar, was du meinst, aber nein – die religiöse Welt hat die ganze Sache mit der »fortschreitenden Heiligung« oder »fortschreitenden Heiligkeit« einfach falsch verstanden. Heiligen (oder heilig machen) bedeutet »für einen bestimmten Zweck absondern«. Die Bibel spricht von zwei Arten der Heiligung:

Typ 1: Die Heiligung (Absonderung), die dich als Person betrifft.

Typ 2: Die Heiligung (Absonderung), die deine Einstellungen und Handlungen betrifft.

Die Unterscheidung von Identität und Verhalten ist wichtig. Wenn diese beiden Arten der Heiligung miteinander verschmolzen werden, kommt es zu allen möglichen Missverständnissen. Genau das ist heute der Fall, denn der Durchschnittschrist denkt, dass er mit der Besserung seines Verhaltens nach und nach geheiligt werde. Aber das stimmt nicht!

Wir sollten die beiden Arten der Heiligung nicht miteinander vermischen. Um zu verstehen, warum, schauen wir uns in folgenden, oft außer Acht gelassenen Bibelversen die erste Art der Heiligung an – die Heiligung deiner Person:

> *... um ihnen die Augen zu öffnen, damit sie sich bekehren von der Finsternis zum Licht und von der Herrschaft des Satans zu Gott, damit sie Vergebung der Sünden empfangen und ein Erbteil unter denen,* ***die durch den Glauben an mich geheiligt sind!*** *— Apostelgeschichte 26,18*

> *Und solche sind etliche von euch gewesen; aber ihr seid abgewaschen,* ***ihr seid geheiligt****, ihr seid gerechtfertigt worden in dem Namen des Herrn Jesus und in dem Geist unseres Gottes! — 1. Korinther 6,11*

> *Aufgrund dieses Willens* ***sind wir geheiligt*** *durch die Opferung des Leibes Jesu Christi, [und zwar] ein für alle Mal. — Hebräer 10,10*

Hast du bemerkt, dass es in allen drei Abschnitten heißt, dass du geheiligt (worden) bist – die Beschreibung eines gegenwärtigen Zustandes? Du als Person bist bereits vollständig für Gott abgesondert *worden*. Gott selbst hat dich abgesondert, und das kannst du nicht weiter verbessern. Du bist eine Person, die Gott gehört (1Petr 2,9). Du bist zu 100 Prozent für Gott reserviert. Hier geht es nicht um einen Prozess. Wenn Jesus Christus jetzt zu dir zurückkehren würde, würdest du ganz und gar zu ihm gehören. Schließlich kommt er nicht nur wegen eines Teils von dir. Er nimmt dich als Gesamtes an!

Beachte nun die zweite Art der Heiligung (oder Heiligkeit), die in diesem Abschnitt zum Ausdruck kommt:

> *… sondern wie der, welcher euch berufen hat, heilig ist,* ***sollt auch ihr heilig sein in eurem ganzen Wandel****. — 1. Petrus 1,15*

Hier spricht Petrus über deinen Wandel, also dein Verhalten. Das ist der fortschreitende Teil. Die Absonderung deiner Einstellungen und Handlungen ist in Arbeit. Sie ist fortlaufender Prozess. Aber du – als Person – wurdest bereits vollständig und für immer abgesondert.

Wir müssen diese beiden Arten der Heiligung auseinanderhalten: *uns* und *unser Verhalten*. Unsere Einstellungen und Handlungen definieren uns nicht und bestimmen auch nicht unser Abgesondertsein. Wenn wir nicht aufpassen, werden wir uns dabei ertappen, wie wir sagen, dass wir nicht an Werke-basierte Gerechtigkeit glauben, während wir gleichzeitig der Lüge der Werke-basierten Heiligkeit auf den Leim gehen!

Erinnere dich daran, dass alles, was Gott mit dir gemacht hat, um dich zu seinem Eigentum zu machen, zur gleichen Zeit geschah:

> *Und solche sind etliche von euch gewesen; aber ihr seid* ***abgewaschen****, ihr seid* ***geheiligt****, ihr seid* ***gerechtfertigt*** *worden in dem Namen des Herrn Jesus und in dem Geist unseres Gottes! — 1. Korinther 6,11*

Du bist abgewaschen, gerechtfertigt *und geheiligt* worden, und zwar genau zur selben Zeit. Wir »ignorieren« also nicht die Heiligung, wenn wir über das untadelige Ich sprechen. Wir trennen einfach das, was wir sind, von dem, was wir tun, so wie es die Botschaft des Evangeliums selbst tut.

Hier ist eine Übersicht dazu, wie sich das, was wir sagen, von der gängigen Meinung unterscheidet:

	das »Schon«	das »Noch nicht«
gängige Sichtweise	Rechtfertigung deiner Person	»fortschreitende Heiligung« deiner Person durch dein Verhalten (zusammengefasste Sicht)
biblische Sichtweise	Rechtfertigung und Heiligung deiner Person	Heiligung deines Verhaltens (das macht dich als Person nicht »besser«)

Was ist Wachstum?

Aus folgendem Grund ist das alles so wichtig: Es gibt eine subtile, aber mächtige Form der Ablehnung, mit der wir als Gläubige überhäuft werden, ob wir es merken oder nicht. Dahinter steht die Vorstellung, dass Wachstum eine Veränderung in unserer geistlichen Verfassung (nicht nur in unseren Einstellungen und Handlungen) bewirke, die uns mit der Zeit für Gott annehmbarer mache. Dies ist eine schädliche Lüge, die oft unentdeckt bleibt.

Um damit aufzuräumen, lass uns die Wahrheit auf verschiedene Arten ausdrücken:

1. Dir ist vollkommen vergeben, du bist vollkommen gerecht und du bist vollkommen für Gott bestimmt, auch dann, wenn du niemals wachsen oder etwas anderes über ihn erfahren wirst.
2. Wenn Christus in diesem Moment wiederkäme, wärst du zu 100 Prozent bereit für den Himmel. Du musst nicht in letzter Minute aufpoliert werden. Du lässt einfach die sündigen Einflussnehmer (die Welt, das Fleisch und die Macht der Sünde)

hinter dir, und das reicht aus. Es ist nichts falsch an dem, was du bist.

3. Gott liebt und nimmt nicht *nur* einen geistlichen Teil von dir an. Er liebt und nimmt dich als Ganzes an – Geist, Seele und Körper. Dein Geist ist mit dem seinen verbunden. Deine Seele (Persönlichkeit) kommt mit in den Himmel, ohne dass eine Last-Minute-Reinigung notwendig wäre. Auch wenn du einen neuen Auferstehungsleib bekommst, ist dein jetziger Körper der Tempel des Heiligen Geistes (1Kor 6,19) und auch er ist heilig und gottgefällig (Röm 12,1).

Kurz gesagt: Es gibt keinen Teil von dir, der repariert werden muss, bevor Gott sich an dir erfreuen kann. Das tut er bereits in jeder Hinsicht. Ja, du lernst (im »Spiegel« deiner Seele) mehr und mehr zu reflektieren, wer du im Innersten wirklich bist. Aber das macht *dich* nicht besser. Dein neues Wesen und deine Gerechtigkeit an sich bleiben dieselben, auch wenn du lernst und in deinen Einstellungen und Handlungen wächst.

Aspekt #4: Tue nichts, um mehr zu fühlen

Gott ruft uns nie dazu auf, zu fühlen. Er ruft uns auf, zu *wissen*. In 1. Johannes 5,13 (NLB) steht: »Das schreibe ich euch, damit ihr *wisst*, dass ihr das ewige Leben habt, weil ihr an den Namen des Sohnes Gottes glaubt.« Beachte, dass hier nicht steht: »damit ihr fühlt«. Uns wird nie versprochen, dass wir etwas fühlen werden. Uns wird nur zugesichert, dass wir etwas wissen können.

Was auch immer du also für das hältst, was christliche Leiter, Pastoren, Missionare oder andere geistliche Leiter die ganze Zeit über fühlen, sie tun es schlichtweg nicht. Wir alle sind Menschen, und unsere Gefühle sind sehr unterschiedlich. Wir trinken eine Tasse

Kaffee und fühlen uns ein paar Stunden lang energiegeladen. Am Ende des Tages fühlen wir uns müde und erschöpft. Wir essen etwas Schlechtes und haben Verdauungsstörungen. Wir fühlen alles Mögliche, aber was uns von der Welt abhebt, ist die Wahrheit darüber, wer wir sind:

> *Heilige sie [sondere sie ab] in deiner* ***Wahrheit****! Dein Wort ist Wahrheit. — Johannes 17,17*

Wir sind beide begeistert – nicht über das, was wir fühlen, sondern über das, was wir wissen. Wir sind begeistert darüber, was Jesus getan hat. Das ist eine Tatsache, kein Gefühl.

Trotzdem haben wir, genau wie du, die Verkaufspräsentationen im Ohr: *Verinnerliche diesen Glaubenssatz und du wirst dich großartig fühlen. Wenn du den Zehnten gibst, wirst du spüren, wie Gott dich in den Segen hineinführt. Halte den Sabbat, und du wirst geistliche Ruhe verspüren. Nimm zu Hause regelmäßig das Abendmahl, und du wirst dich gesegnet fühlen. Du kannst Visionen und Träume haben und von Gott auf* ***mächtige*** *Weise gebraucht werden, wenn du dich nur diesem oder jenem Glauben hingibst.*

Die Verkaufspräsentationen nehmen kein Ende und die meisten sind einfach nur Müll. Hier ist, was Paulus dazu zu sagen hatte:

> ***Lasst euch den Siegespreis von niemandem nehmen****, der sich gefällt in Demut und Verehrung der Engel und sich dessen rühmt, was er geschaut hat,* ***und ist ohne Grund aufgeblasen in seinem fleischlichen Sinn*** *… — Kolosser 2,18 LUT*

Welchen Siegespreis will man dir nehmen? Den Siegespreis der Zufriedenheit, der darin besteht, zu wissen, dass dein untadeliges Ich – verbunden mit Jesus – ausreicht.

Du musst nicht auf Shoppingtour nach weiteren »Erlebnissen« gehen. Selbst wenn jemand anderes etwas mit Gott erlebt oder von ihm erfährt, kannst du demjenigen alles Gute wünschen, musst aber nicht die Lüge glauben, dass du das Gleiche erleben müssest, damit es dir gut gehe:

> *Denn wir wagen nicht,* ***uns unter die zu rechnen oder mit denen zu vergleichen****, die sich selbst empfehlen; aber weil sie sich nur* ***an sich selbst messen*** *und* ***mit sich selbst vergleichen****, verstehen sie nichts. — 2. Korinther 10,12 LUT*

Wenn du andere zu deinen Idolen machst und dich selbst vergleichst, handelst du ohne rechtes Verständnis der Botschaft des Evangeliums.

Wir alle haben schon einmal zu jemandem in der Kirche hinübergeschaut, der die Hände hoch erhoben hatte, sich hin und her wiegte und mit einem sehr aufrichtigen und anbetenden Gesichtsausdruck gen Himmel schaute. In einem solchen Moment hast du zwei Möglichkeiten: (a) deine eigene »Erfahrung« mit der »Erfahrung« dieser Person zu vergleichen, oder (b), dich daran zu erinnern, dass du vollständig bist, dir nichts fehlt und du mit jedem geistlichen Segen gesegnet bist – egal, welche Körperhaltung oder welchen Gesichtsausdruck du zeigen magst.

Wenn du deinen Blick auf andere gerichtet hast, ist er nicht auf Jesus gerichtet. In solchen Momenten hast du das Gefühl, dass du nicht vollständig seist und nicht genug habest. Doch du kannst diese Gedanken gefangen nehmen (2 Kor 10,5) und dich dafür entscheiden, zu glauben, dass du in Jesus vollständig *bist* und er dich zu jemandem gemacht hat, der vollauf genügt.

Du kannst dich in der Kunst des Nichtstuns üben, um mehr zu fühlen.

Was kannst du tun?

Es gibt viele Dinge, die du tun kannst. Du wachst jeden Tag auf und stellst deinen Körper Jesus zur Verfügung. Du lebst im Geist. Du richtest deine Gedanken aus. Du liebst andere. Du wächst in deinem Wissen über das Evangelium. Du dankst Gott für alles, was er getan hat. Du lernst, wie du gemäß dem handelst, wer du wirklich bist.

Doch die dementsprechenden Entscheidungen können nur getroffen werden, wenn dein Verstand klar ist und du nicht mit religiösen Ablenkungen beschäftigt bist:

- mit dem Versuch, Gott näher zu kommen;
- mit dem Versuch, mehr Vergebung und Reinigung zu erhalten;
- mit dem Versuch, dein Herz zu reparieren;
- mit dem Versuch, mehr zu fühlen oder zu »erleben«.

Auf diese Weise kannst du dich in der Kunst üben, nichts zu tun, um mit Gott ins Reine zu kommen und mit ihm im Reinen zu bleiben. Auf diese Weise ehrst du das vollbrachte Werk von Jesus Christus.

TEIL 9

Der vollkommene Gott

24

Es gibt sogar noch mehr, was dich und *dein makelloses Herz* aufblühen lässt.

Deine Vorstellung von Gott prägt und beeinflusst dich mehr, als du dir vorstellen kannst. Sie prägt deine Einstellung und dein Handeln, sogar deine Reaktionen auf das, was dir widerfährt. Wenn du denkst, Gott sei streng und rachsüchtig, interpretierst du schwierige Umstände vielleicht als sein Urteil über dich. Wenn du Gott als fordernd und unversöhnlich wahrnimmst, interpretierst du schwierige Zeiten vielleicht als seine Vergeltung für deine Sünden.

Die Art und Weise, wie du Gott siehst, beeinflusst auch dein Gedankenleben. Denn wer hat schon Vertrauen zu einem zornigen Gott, der einen bestrafen will, sobald man etwas verbockt hat? Und wenn du glaubst, dass deine Nähe zu Gott durch deine Taten beeinträchtigt werden kann, wirst du dich dein ganzes Leben lang schmutzig und weit von ihm entfernt fühlen. Du wirst ihn als größtenteils enttäuscht über dich und selten zufrieden mit dir wahrnehmen.

Du wirst ihn immer als jemanden wahrnehmen, der dir gegenüber nur so gut ist, wie du es ihm gegenüber bist.

Hast du dich, wenn das Leben gerade gut läuft, jemals gefragt: »Wann wird wohl der Hammer fallen?« Hast du schon einmal gedacht: *Gott, du wirst es nicht lange so glatt laufen lassen. Ich bin mir sicher, dass du irgendetwas über mich hereinbrechen lässt. Du wirst mich zerschmettern, brechen oder mir eine Lektion erteilen. Du bist auf keinen Fall so gut, wie du sagst!*

Angesichts der Welt, in der wir leben, mit ihrem Schmerz, ihrem Leid, ihren Tragödien und ihrer Ungerechtigkeit kann diese Anklage gegen Gottes vollkommene Güte sogar berechtigt erscheinen. Wir fragen uns: »Wie kann ein guter Gott so etwas zulassen?«

Deshalb ist es so wichtig, das richtig zu verstehen. Du musst Gott so kennenlernen, wie er wirklich ist. Eine Atmosphäre der Vergebung und Gnade auf Grundlage des Bundes bringt dich nur bedingt weiter. Tief in deinem Inneren musst du glauben, dass *der Urheber* des Bundes selbst von Natur aus gut ist und dass du ihm voll und ganz vertrauen kannst.

Zu sagen, dass Gott gut ist, beantwortet nicht *alle* deine Fragen. Es gibt noch viele ungelöste Rätsel. Aber Gottes Güte soll nicht geheimnisvoll sein. Er hat seine Güte verkündet und sie durch Jesus bewiesen (Röm 5,8). Er ist genau das, was er sagt.

Er ist vollkommen gut.

Gottes Güte ist wichtig

Warum ist zu wissen, dass Gott gut ist, so wichtig? Es ermöglicht dir, inmitten einer unsicheren Welt an der Beständigkeit seines Charakters festzuhalten. Du kannst seinem Herzen vertrauen, auch wenn du seine Wege nicht verstehst.

> *»Meine Gedanken sind nicht eure Gedanken«, sagt der Herr, »und* ***meine Wege sind nicht eure Wege****. Denn so viel der Himmel höher ist als die Erde,* ***so viel höher*** *stehen meine Wege über euren Wegen und meine Gedanken über euren Gedanken.« — Jesaja 55,8–9* NLB

Gott ruft dich nicht dazu auf, ihn *zuerst* zu verstehen und ihm *dann* zu vertrauen. Nein, du bist aufgerufen, Gott *zuerst* zu vertrauen. Du sollst ihm vertrauen, auch wenn du ihn nicht unbedingt verstehst. Du sollst ihn kennen und nicht bemüht sein, ihn zu ergründen. Und wenn du dich dafür entscheidest, zu glauben, dass Gott gut ist, dann bringst du deine Überzeugungen in Einklang mit der Wahrheit darüber, wer er wirklich ist.

Und bedenke Folgendes: Wenn Gott nicht gut wäre, würden wir die Grundlage dafür verlieren, dass *irgendetwas* gut sein kann. Der einzige Grund, warum wir überhaupt etwas als gut anerkennen, ist der, dass wir es nach einem Maßstab beurteilen. Der ultimative, unveränderliche Maßstab ist Gott selbst.

Im Garten Eden lehnte Adam Gott als Grundlage für seine Gutheit ab. In gewisser Weise rümpfte Adam die Nase über Gott und sagte: »Ich brauche deine Gutheit nicht.« Adam wusste nicht, dass er das tat, denn er war getäuscht worden. Dennoch beschloss er im Ungehorsam: »Ich werde selbst bestimmen, was gut und was böse ist. Das brauchst nicht du für mich zu tun.«

Adam aß von dem Baum und entschied sich damit, sein eigenes Gewissen über Gut und Böse entscheiden zu lassen. Bis zum heutigen Tag entscheidet die Welt, was nach ihrem eigenen Ermessen »richtig« und »falsch« sei. Wahrheit und Gutheit sind subjektiv geworden. Dementsprechend hat das »Essen von diesem Baum« zu Chaos und Konflikten geführt, da immer mehr Menschen ihren eigenen moralischen Kompass entwickeln und befragen.

Und dafür geben wir Gott die Schuld? Er ist derjenige, der uns gesagt hat, wir sollen nicht von diesem Baum essen!

Wo ist Gott in der Krise?

Die Terroranschläge vom 11. September 2001. Der Hurrikan Katrina. Das Coronavirus. Es scheint, als gingen jedes Mal, wenn wir eine Katastrophe erleben, irgendwelche religiösen Leiter auf Sendung, um zu verkünden, dass dies Gottes Gericht über die Welt sei. Ihrer Meinung nach sei Gott wütend auf New York City gewesen, dann auf New Orleans und jetzt auf den ganzen Planeten.

Als die Zahl der Coronavirus-Fälle im Süden der USA anstieg, luden die Behörden uns Pastoren zu einer Telefonkonferenz ein, um zu besprechen, wie wir mit der Pandemie umgehen sollten. Schon nach wenigen Minuten zitierte ein Pastor Jakobus 5,16 und sagte, wir müssten anfangen, einander unsere Sünden zu bekennen. Ein anderer forderte uns alle auf, 1. Johannes 1,9 zu beachten und Gott unsere Sünden zu bekennen, um mit ihm ins Reine zu kommen. Mehrere andere deuteten an, dass unsere Sünden unseren Gebeten für die Heilung unserer Nation im Weg stünden. Gott habe das Virus gebracht, um »unsere Aufmerksamkeit zu bekommen«, behauptete einer. »Es ist eine Geißel der Zucht«, sagte ein anderer.

Es herrschte Einvernehmen darüber, dass Gott wegen unserer Sünden Unheil über uns gebracht habe, und die Lösung war klar: Kommt mit Gott ins Reine, und er wird es beenden. Wenn ihr es nicht schafft, mit Gott ins Reine zu kommen, wird er die Welt weiter damit traktieren.

Ist diese Ansicht wirklich haltbar? Werfen wir einen Blick auf die Wahrheit über Gott und die Katastrophen, die unsere gefallene Welt heimsuchen. Was wir im Neuen Testament finden, unterscheidet sich stark von den heute gängigen religiösen Meinungen.

Vollkommener Gott, vollkommene Motive

Gottes Ziel ist es nicht, Menschen zu töten oder sie als Strafe für ihre Sünde krank zu machen oder sie zu zwingen, auf ihn zu hören. Nein, er will ausnahmslos jede Person retten, die seinen Namen anruft (Röm 10,13). Der Apostel Petrus schrieb über Gottes Pläne in der heutigen Welt Folgendes:

> *Es ist aber nicht so, dass der Herr seine versprochene Wiederkehr hinauszögert, wie manche meinen. Nein, er wartet, weil er Geduld mit uns hat. Denn* ***er möchte nicht, dass auch nur ein Mensch verloren geht, sondern dass alle Buße tun und zu ihm umkehren****. — 2. Petrus 3,9 NLB*

Gott wünscht nicht, dass irgendjemand stirbt. Er will, dass jeder einzelne Mensch umkehrt und an ihn glaubt. Der Apostel Paulus drückte es so aus:

> *Das ist gut und macht Gott, unserem Erlöser, Freude.*
> ***Er möchte, dass jeder gerettet wird** und die Wahrheit erkennt.*
> *— 1. Timotheus 2,3–4* NLB

Was also denkt Gott deiner Meinung nach über die Welt, wenn Katastrophen eintreten? Ist er oben im Himmel und sagt: »Ich bin wütend auf euch, also schleudere ich Unheil auf euch herab, um euch zu bestrafen. Und dann, beim Jüngsten Gericht, werde ich euch erneut für eure Sünden bestrafen«? Oder sagt er: »Ich liebe dich so sehr, dass ich meinen Sohn geschickt habe, um für dich zu sterben und dir neues Leben in ihm zu schenken. Ich nehme zutiefst Anteil an dem, was du gerade erlebst. Ich trauere mit dir und möchte dich als dein Tröster, dein Ratgeber und dein Leben durch diese und jede andere Tragödie begleiten«?

Vielleicht bist du versucht zu denken (wie die Pastoren in jenem Telefonat): *Gott bringt das Unglück über uns, um mehr Menschen zur Umkehr zu bewegen.* Aber lies hier, was Gottes Wort darüber sagt, wie er die Menschen wirklich zur Umkehr führt:

> *Ist es dir gleichgültig, wie freundlich, geduldig und nachsichtig Gott mit dir ist? Siehst du nicht, wie **Gottes Freundlichkeit dich zur Umkehr bewegen will?** — Römer 2,4* NLB

Beachte, dass es die Freundlichkeit des Herrn ist, die Menschen zur Umkehr bewegt. Gott versucht nicht, jemanden zu bedrohen oder zu erschrecken, um ihn so zur Umkehr zu bewegen. Nein, es ist Gottes Güte, die Menschen zu ihm führt, und es ist die Gnade Gottes, die uns lehrt, Nein zur Sünde zu sagen (Tit 2,11–12).

Schau dir Jesus an!

Wenn du Gott wirklich verstehen willst inmitten einer Krise, solltest du – wie immer – auf Jesus blicken. Schließlich hat Jesus Folgendes über sich selbst gesagt:

> ***Wer mich gesehen hat, der hat den Vater gesehen.*** *Wie kannst du da sagen: Zeige uns den Vater? — Johannes 14,9b*

Wenn du also Jesus gesehen hast, dann hast du auch den Vater gesehen. Daran gibt es einfach keinen Zweifel: Jesus und der Vater sind genau auf derselben Seite. Der Autor des Hebräerbriefs drückt es so aus:

> ***Dieser [der Sohn] ist*** *die Ausstrahlung seiner Herrlichkeit und* ***der Ausdruck seines Wesens*** *und trägt alle Dinge durch das Wort seiner Kraft. — Hebräer 1,3a NLB*

Jesus zeigt dir genau, wie Gottes Absichten aussehen. Du schaust den Sohn an, um den Vater zu verstehen. Und was entdeckst du über den Sohn und damit über Gottes Plan in der heutigen Welt? Die Worte des Apostels Johannes lassen wenig Raum für Zweifel:

> *Denn Gott hat seinen Sohn* ***nicht*** *in die Welt gesandt,* ***damit er die Welt richte, sondern damit die Welt*** *durch ihn* ***gerettet werde.*** *— Johannes 3,17*

Und Jesus selbst verdeutlichte seinen Auftrag, indem er Folgendes sagte:

> *Und wenn jemand meine Worte hört und nicht glaubt, so richte ich ihn nicht;* ***denn ich bin nicht gekommen, um die Welt zu richten, sondern damit ich die Welt rette.*** *— Johannes 12,47*

Wenn du den Vater verstehen willst, musst du den Sohn vor Augen haben. Und aus Jesu eigenen Aussagen geht klar hervor, dass Gott die Welt retten und sie nicht ins Unglück stürzen will. Das wird auch deutlich, wenn du siehst, wie Jesus während seines irdischen Dienstes mit den Menschen umging. Nicht ein einziges Mal hat er Menschen mit Krankheit geschlagen. Tatsächlich tat er genau das Gegenteil:

> *Als aber die Sonne unterging, brachten* ***alle, die Kranke hatten mit mancherlei Gebrechen****, sie zu ihm, und er legte einem jeden von ihnen die Hände auf und* ***heilte sie****. — Lukas 4,40*

Woher kommen also die ganzen Probleme, Krankheiten und der Tod, wenn nicht von Gott? Sie kommen von der gefallenen Welt, in der wir leben. Hier stellt Jesus das, was Gott sich für dich wünscht, dem gegenüber, was die Welt bringt:

> *Dies habe ich zu euch geredet, damit ihr* ***in mir Frieden habt. In der Welt habt ihr Bedrängnis****; aber seid getrost, ich habe die Welt überwunden! — Johannes 16,33*

Beachte – was Jesus dir bringt, ist Frieden in ihm. Die Bedrängnis kommt nicht von ihm, sondern von der Welt. Du kannst Jesus beim Wort nehmen, dass seine Pläne mit dir vollkommen gut sind. Unser Gott hat keine zwei Gesichter. Er stürzt dich nicht ins Unglück und tut dann so, als würde er dich später darin trösten.

Ein beliebter Abschnitt

Der Bibelabschnitt, auf den sich religiöse Leiter in Zeiten von Katastrophen am liebsten berufen, scheint dieser zu sein:

__Wenn__ … mein Volk, über das mein Name ausgerufen ist, sich demütigt und betet, mich sucht und von seinen schlechten Wegen umkehrt, __dann__ höre ich es im Himmel. Ich verzeihe seine Sünde und bringe seinem Land Heilung. — *2. Chronik 7,13–14* EÜ

Viele haben diese Bibelstelle auf Vorfälle angewandt, die sich in den Vereinigten Staaten und im Rest der Welt ereignet haben. Auf die eine oder andere Weise haben sie unterstellt, dass der Terrorismus, die zerstörerischen Wirbelstürme oder das Coronavirus Amerikas Schuld oder sogar die Schuld der Gemeinde seien. Sie haben zu verstehen gegeben, dass Gott unser Land von den Problemen heilen würde, wenn wir mehr nach Gott suchen und Vergebung für unsere Sünden erlangen würden.

Es ist jedoch ein großer Fehler, diese Passage auf diese Weise anzuwenden. Warum? Weil es eine Stelle aus dem Alten Testament ist und wir in neutestamentlichen Zeiten leben. Im selben Abschnitt wird gezeigt, wie den Israeliten ihre Sünden vergeben wurden, indem sie 22.000 Rinder und 120.000 Schafe opferten und den Tempel einweihten, den Salomo gebaut hatte. Israel lebte unter dem Gesetz und Gott war mit den Israeliten durch den alten Bund verbunden. Ihre Sünden wurden durch das Vergießen von Tierblut bedeckt.

Behalte im Sinn, dass wir Gläubigen nicht unter dem Gesetz stehen. Wir stehen unter Gottes Gnade. Wir gehen nicht in den Tempel. *Wir* sind der Tempel des Heiligen Geistes. Wir müssen nicht unter den 613 Geboten des Gesetzes leben und wir opfern keine Tiere für unsere Sünden. Warum nicht? Weil Jesus das Gesetz durch sein Ein-für-alle-Mal-Opfer erfüllt hat. Er ist das perfekte, makellose Lamm Gottes, das für unsere Sünden geopfert wurde. Und aufgrund seines Opfers ist uns für alle Zeiten vollkommen vergeben:

Denn __mit einem einzigen Opfer hat er__ die __für immer vollendet__, welche geheiligt werden. — Hebräer 10,14

Heute leben wir unter einem neuen Bund, einem besseren Bund. Wir haben ein besseres Opfer. Und wir haben einen besseren Hohenpriester – Jesus Christus. Es ist also falsch, den Abschnitt aus 2. Chronik 7 auf einen Terroranschlag, eine Naturkatastrophe oder den Tod eines geliebten Menschen anzuwenden, um die Ursache herzuleiten oder ein Rezept für die Lösung zu haben. Gott wandte sich an die Israeliten, als sie vor Tausenden von Jahren, lange vor dem Kreuz Christi, unter dem Gesetz lebten. In 2. Chronik 7 lesen wir somit die Post an jemand anderen.

Die Post an jemand anderen? Ja, denk daran, dass wir Gläubigen in Jesus bereits alle Vergebung *haben*, die wir brauchen. Außerdem brauchen wir nicht mehr »sein Angesicht zu suchen«, wenn wir ihn bereits gefunden haben (Mt 7,7). Jesus sagte, dass wir, wenn wir ihn einmal hätten, nie mehr hungern und dürsten müssten (Joh 6,35). Als Gläubige haben wir Jesus bereits, und deshalb haben wir alles, was wir brauchen (2Petr 1,3).

Die Botschaft des neuen Bundes, die wir heute mit der Welt teilen können, handelt also nicht von einem Gott, der sie mit Problemen überhäuft. Nein, es geht um einen Gott, der sie liebt und sich danach sehnt, sie zu retten.

> *Denn er [der Herr] möchte nicht, dass* ***auch nur ein Mensch verloren geht****, sondern dass alle Buße tun und zu ihm umkehren. — 2. Petrus 3,9b* NLB

> *Siehe, jetzt ist sie da, die Zeit der Gnade; siehe,* ***jetzt ist er da, der Tag der Rettung****. — 2. Korinther 6,2b* EÜ

25

Wie wir gesehen haben, straft Gott die Welt nicht für ihre Sünden. Unsere Botschaft an unsere Mitmenschen sollte deshalb lauten, dass es Gottes Wunsch ist, sie in Christus zu versöhnen:

> *Das alles aber [kommt] von Gott, der uns mit sich selbst versöhnt hat durch Jesus Christus und* ***uns den Dienst der Versöhnung gegeben hat****; weil nämlich Gott in Christus war und die Welt mit sich selbst versöhnte,* ***indem er ihnen ihre Sünden nicht anrechnete*** *und das Wort der Versöhnung in uns legte. So sind wir nun Botschafter für Christus, und zwar so, dass Gott selbst durch uns ermahnt;* ***so bitten wir nun stellvertretend für Christus: Lasst euch versöhnen mit Gott!***
> — *2. Korinther 5,18–20*

Erzählen wir den Menschen, dass Gott Unheil über sie bringt, um ihre Aufmerksamkeit zu erregen, oder sagen wir ihnen, dass er sie liebt und eine Beziehung zu ihnen will? Der Apostel Paulus lässt keinen Zweifel: Es ist das Letztere!

Sollte das Kreuz Christi denn nicht unsere Sichtweise beeinflussen, wenn eine Katastrophe eintritt? Ist das Kreuz nicht wichtig, wenn wir verstehen wollen, wer Gott ist und was er inmitten eines Alptraumszenarios tut? Natürlich ist es das.

Viele in der Welt leiden bereits unter großen Ängsten und viel Unruhe. Das Letzte, was wir Gläubigen da tun sollten, ist, inmitten einer Krisensituation daherzukommen und anderen Schuld aufzuladen. Dank des Kreuzes und der Auferstehung liegt das Angebot der Vergebung und des neuen Lebens auf dem Tisch. Das ist die Botschaft der Gnade, die wir überbringen:

> ***Er hat uns befähigt, Diener seines neuen Bundes zu sein,*** *eines Bundes, der nicht auf schriftlichen Gesetzen beruht, sondern auf dem Geist Gottes. Der alte Weg führt in den Tod, aber auf dem neuen Weg schenkt der Heilige Geist Leben.*
> *— 2. Korinther 3,6 NLB*

Christliches Karma?

Terror. Krankheit. Katastrophe. Tod. Diese Dinge sind nicht Gottes Gericht über die Welt. Dennoch scheint das »christliche Karma« – die Vorstellung, dass Widrigkeiten oder Pandemien der Preis sind, den wir für unsere Sünden bezahlen – heute weit verbreitet zu sein. Doch das ist eine Lüge. Das Kreuz Christi hat alles Karma zerstört. Gott will die Welt retten, nicht mit Plagen bewerfen. (Ja, es gab im Alten Testament Plagen und das wird auch gleich noch zum Thema!)

Wie können wir wissen, was Gott über die Welt denkt? Die Bibel sagt uns, wo wir hinschauen müssen, wenn wir einen klaren Beweis für Gottes Liebe finden wollen:

> *Gott aber* ***beweist seine Liebe*** *zu uns dadurch, dass* ***Christus für uns gestorben ist****, als wir noch Sünder waren. — Römer 5,8*

Wenn wir sehen wollen, was Gott über die Welt denkt, sollten wir auf Jesus am Kreuz schauen. Dort finden wir Gottes deutlichste Demonstration seiner Liebe. Er wollte nicht, dass es irgendeinen Zweifel an seinen Gefühlen für die Welt gibt, also sandte er seinen Sohn, damit dieser sein Leben für uns gebe (Joh 3,16). Das zeigt, wie viel wir Gott wert sind: Wir sind Jesus wert!

Das Ende ist klar!

Noch während der Entstehung dieses Buches gab es viele Stimmen, die behaupteten, das Coronavirus könne das Ende der Welt bedeuten. Woher wissen wir also, dass dies *nicht* das Ende der Welt ist?

Weil man das Gericht Gottes nicht mit einem Impfstoff aufhalten kann. Man kann Gottes Gericht nicht mit einer Pille aufhalten. Man kann Gottes Gericht nicht aufhalten, indem man Landesgrenzen schließt oder ein paar Monate im Haus bleibt. Wäre die Coronavirus-Pandemie wirklich Gottes Gericht, dann wäre die Menschheit nicht in der Lage, sie zu verhindern oder sie auch nur im Geringsten abzuschwächen.

> *Die jetzigen Himmel aber und die Erde werden durch dasselbe Wort* ***aufgespart*** *und für das Feuer* **bewahrt** *bis zum Tag des Gerichts und des Verderbens der gottlosen Menschen.*
> *— 2. Petrus 3,7*

In der Zukunft wird es einen Tag des Gerichts geben, und er wird nicht aufzuhalten sein. Aber dieser Tag ist nicht heute!

Denk mal nach. Wenn eine Pandemie wie das Coronavirus ein Gericht Gottes wäre, dann hätten wir offenbar die Macht, Gott aufzuhalten oder ihn zumindest etwas zu bremsen. Wenn die Pandemie von Gott käme, müsste er über ältere Menschen wohl besonders zornig sein, denn sie zeigen sich am anfälligsten. Und wenn sie von Gott käme, sollten wir dann nicht für ihre weitere Ausbreitung beten? Schließlich würde wir als Gläubige mit Gottes Plan arbeiten wollen und nicht dagegen!

Erkennst du, wie dumm die Behauptung ist, diese Naturkatastrophen seien Gottes Gericht über die Welt? Trotzdem bestehen manche Leute weiter darauf, dass dies Gottes Züchtigung sei oder er so »unsere Aufmerksamkeit gewinne«.

Stell dir vor, du würdest deine eigenen Kinder bestrafen oder ihre Aufmerksamkeit gewinnen wollen, indem du ihnen einen tödlichen Virus injizierst. Du würdest (und solltest) der Staatsanwaltschaft gemeldet werden! Trotzdem projizieren viele dieses Verhalten auf unseren Gott und Vater und denken, dass er so mit seinen Kindern umgehe. Das ist nicht Gottes *Agape*-Liebe zu uns. Das ist nicht die Wahrheit, die uns frei macht!

Stell dir vor, du bist ein Elternteil. Du liebst dein Kind und siehst es auf einer viel befahrenen Straße spielen. Du erklärst ihm, warum es nicht sicher ist, dort zu spielen. Du rufst es sogar ins Haus, wenn du siehst, dass es dir nicht gehorcht. Was tust du also, wenn es deine Warnungen weiterhin ignoriert? Steigst du ins Auto und versuchst, es zu überfahren, um es für seinen Ungehorsam zu bestrafen? Eher nicht, oder? Das wäre entsetzlich! Kein liebender Elternteil würde so etwas Barbarisches tun. Doch tragischerweise sehen viele Gott genau so. Sie sehen ihn als rachsüchtig und nachtragend, immer darauf bedacht, ihnen eine Lektion zu erteilen, egal, was es sie kostet. Behandelt dich der »Gott allen Trostes« (2Kor 1,3 ELB) wirklich so?

Heute: Der Tag der Erlösung

Es stimmt, dass das Alte Testament voll von Beispielen ist, in denen Gott die Menschen wegen ihres Ungehorsams bestrafte. Die Sintflut, die Zerstörung von Sodom und Gomorra, die Plagen in Ägypten und viele andere Ereignisse sind Beispiele dafür, wie Gott die Sünde mit körperlichen Strafen, einschließlich Katastrophen und Krankheiten, geahndet hat. Dass dies so war, ist offensichtlich.

Wir lesen auch, dass am Ende des Zeitalters alle, die Christus nicht annehmen, für ihre Sünden gerichtet werden. Das sehen wir zum Beispiel in Offenbarung 20 und in Matthäus 25. Auch das ist offensichtlich.

Die Frage, die sich heute stellt, lautet jedoch nicht: »Ist das Alte Testament voll mit Strafgerichten aufgrund von Sünde?« oder »Gibt es einen zukünftigen Tag des Gerichts?« Die Antwort auf diese beiden Fragen ist ein eindeutiges *Ja*.

Die Frage heute ist folgende: »Straft Gott die Menschen als Folge ihrer Sünden mit Unheil?« Und die Antwort darauf ist ein klares *Nein*. Selbst die irdischen Folgen unseres eigenen Handelns sind *nicht* Gottes Gericht über uns. Heute ist der Tag der Erlösung, nicht der Tag des Gerichts (2Kor 6,2 NLB).

Ja, der Tag des Gerichts wird kommen, aber *dieser Tag ist nicht heute*. Wir leben in einer Zeit, in der es gilt, das rettende Evangelium zu verkünden und nicht gottgegebene Katastrophen zu predigen, die töten.

Der Tag des Jüngsten Gerichts

Wenn der Tag des Gerichts schließlich kommt, hast du – als Gläubiger – ihn schon sehnsüchtig erwartet, weil du weißt, dass Gott nicht auf deine Sünden hinweisen wird.

> *Wahrlich, wahrlich, ich sage euch:* ***Wer mein Wort hört und dem glaubt, der mich gesandt hat****, der hat ewiges Leben und* ***kommt nicht ins Gericht****, sondern er ist vom Tod zum Leben hindurchgedrungen. — Johannes 5,24*

Vergiss nicht, dass Gott deine Sünden schon so weit von dir entfernt hat, wie der Osten vom Westen entfernt ist (Ps 103,12). Er denkt nicht mehr an deine Sünden (Hebr 10,17).

> *Und wie es den Menschen bestimmt ist,* ***einmal zu sterben, danach aber das Gericht****, so wird auch der Christus, nachdem er einmal geopfert worden ist, um vieler Sünden zu tragen, zum zweiten Male* ***ohne Beziehung zur Sünde denen zum Heil erscheinen, die ihn erwarten****. — Hebräer 9,27–28 ELB*

Beachte hier, dass das Gericht nach dem Tod kommt, nicht vorher. Das ist wichtig, wo doch so viele behaupten, dass die Katastrophen auf der Erde heute Gottes Gericht über die Menschen vor ihrem Tod seien. Laut Verfasser des Hebräerbriefs ist das nicht der Fall!

Wenn der Jüngste Tag kommt, können wir Gläubigen volles Vertrauen haben und zuversichtlich sein. Gottes vollkommene Liebe vertreibt alle unsere Angst.

> *Darin ist unter uns die Liebe vollendet, dass* ***wir am Tag des Gerichts Zuversicht haben****. Denn* ***wie er, so sind auch wir in dieser Welt****. Furcht gibt es in der Liebe nicht, sondern die vollkommene Liebe vertreibt die Furcht. Denn die Furcht rechnet mit Strafe,* ***wer sich aber fürchtet, ist nicht vollendet in der Liebe****. — 1. Johannes 4,17–18 EÜ*

Wer sich fürchtet, stellt sich Strafe am Tag des Gerichts vor. Aber als Kinder Gottes können wir uns auf diesen Tag *freuen*. Johannes versichert uns, dass wir nichts zu befürchten haben. Wir können sicher sein, dass wir beim Jüngsten Gericht genauso sicher sind wie Jesus.

Und warum? Weil Gott gut ist.

Gefallene Welt, souveräner Gott

Wenn Gott das Unheil nicht als Gericht über die Welt bringt, woher kommt es dann? Ein einziger Tag auf diesem Planeten reicht schon aus, um sich der schrecklichen Dinge gewahr zu werden, die überall passieren: Unfälle, Gewalt, Vergewaltigung, Mord, Aufstände und Hass. Sie geschehen jeden Tag in dieser gefallenen Welt, aber Gott ist nicht der Urheber all dieser Dinge.

Gott ist nicht der Urheber von Sünde und Tod, noch ist er der Urheber von Krankheit und Leid. Gott ist der Urheber und Vollender unseres Glaubens (Hebr 12,2). Gott ist nicht der Verursacher aller Dinge, aber er bewirkt, dass für diejenigen, die ihn lieben, alles zum Guten zusammenwirkt (Röm 8,28).

Gott ist kein Todbringer. Er ist ein Lebensspender!

Also gut, aber kommt hier nicht Gottes Souveränität ins Spiel? Wenn wir Katastrophen einfach auf die gefallene Welt schieben, stellen wir damit nicht Gottes Souveränität infrage? Diese Fragen können mit noch mehr Fragen beantwortet werden: *War Gottes Souveränität gefährdet, als Satan rebellierte? War Gottes Souveränität gefährdet, als Adam und Eva gegen ihn sündigten? Ist Gottes Souveränität jedes Mal gefährdet, wenn Menschen überall auf der Erde sich entscheiden, zu sündigen?*

Nein, natürlich nicht. Das wäre eine armselige Art der Souveränität!

Gott hat Engel und Menschen mit freiem Willen geschaffen. Weil seine Souveränität dadurch nicht gefährdet ist, hat er die Menschen mit der Freiheit geschaffen, ihn zu lieben oder eben auch gegen ihn zu rebellieren. Das steht im Zentrum wahrer Liebe – sie aus freiem Entschluss erwidern zu können. Sie ist nicht roboterhaft. Sie hat nichts mit Gewalt zu tun.

Überleg mal: Welcher Gott ist souveräner – einer, der jeden unserer Schritte kontrollieren muss, damit seine Autorität und sein Plan nicht gefährdet werden? Oder einer, der hoheitlich herrscht und dessen Plan durch unsere Entscheidungen nicht durchkreuzt wird?

Der Preis der Sünde

Letzter Punkt: Wenn wir uns vorstellen, dass Katastrophen Gottes Zorn oder Gericht seien, schmälern wir die Bedeutung des Kreuzes selbst. Denk daran, dass der Lohn der Sünde der Tod ist (Röm 6,23). Nicht Krankheit, nicht Leiden, nicht Schwierigkeiten: Der Lohn der

Sünde ist nichts Geringeres als der *Tod* – das gilt für ausnahmslos jede Person.

Doch Jesus ist gestorben. Er hat den Lohn in vollem Umfang angenommen. Zählen wir also eins und eins zusammen, gibt es Grund zum Feiern!

Ja, sein Opfer am Kreuz hat unsere Schuld vollständig getilgt. Jetzt gibt es nichts mehr zu bezahlen. Weil »es vollbracht ist«, sind uns unsere Sünden vergeben und wir sind von jeder Strafe befreit. Durch das Kreuz sind wir vor dem Zorn gerettet (Röm 5,9). Und es gibt keine Verdammnis mehr für uns, die wir in Jesus Christus sind (Röm 8,1).

Gott hat uns nicht nur alle unsere Sünden vollständig vergeben, sondern uns auch mit einem neuen und nie endenden Leben in ihm beschenkt:

> *Und Gott hat euch mit ihm* ***lebendig gemacht****, die ihr tot wart in den Sünden und in der Unbeschnittenheit eures Fleisches, und* ***hat uns vergeben alle Sünden****. — Kolosser 2,13 LUT*

Schmecke und sieh, dass der Herr gut ist!

Wir leben in einer gefallenen Welt. In dieser Welt sehen wir Sünde, Katastrophen und Leid aller Art. Als Folge des Sündenfalls sehen wir auch Erbgutschäden, Krankheit und Tod. Doch Gott hat das alles nicht verursacht. All das gab es in Eden nicht und wird es auch im Himmel nicht geben.

Gott hatte eine perfekte Welt geschaffen. Erst als wir Menschen beschlossen, die Dinge selbst in die Hand zu nehmen, wurde die Welt unvollkommen. Gott ist immer noch gut, auch wenn unsere gefallene Welt Unheil über uns bringt. Gott ist auch dann noch gut, wenn wir die irdischen Konsequenzen schlechter Entscheidungen ernten, die wir und andere treffen.

Ja, Gott ist gut. Deshalb können wir Gott für alles *Gute* danken (Jak 1,17). Aber woher kommt dann all das *Schlechte* in dieser Welt? Da sind viele Faktoren am Werk: die gefallene Welt im Allgemeinen, der Feind – Satan –, die Macht der Sünde und das Fleisch.

Hier ist die gesunde Unterscheidung, zu der wir gelangen müssen: Der Planet Erde greift uns an, um uns zu Fall zu bringen. Christus wirkt in uns mit seiner Liebe, um uns in ihm aufzubauen (Kol 2,7). Selbst seine Disziplinierung ist immer ein Akt der Liebe, da er uns für die Zukunft erzieht. Er bestraft uns nie für die Vergangenheit.

Wir Gläubigen sind unterdessen dazu aufgerufen, uns gegenseitig zu trösten. Gott trägt uns auf: »Weint mit den Weinenden!« (Röm 12,15b). Ist das nicht das, was Gott selbst für uns tut, wenn wir schwere Zeiten durchmachen?

Er nimmt Anteil.

Gott ist unser Beistand, unser Tröster und unser Helfer in schwierigen Zeiten. Es ist wichtig, dass wir uns daran erinnern, wenn wir auf Probleme treffen. Wir müssen Gottes Liebe kennen, die in Jesus Christus zu finden ist. Der Gott, der gut ist, der Gott allen Trostes – das ist unser Gott.

> ***Schmeckt und seht, dass der Herr gut ist.*** *Freuen darf sich, wer auf ihn vertraut! — Psalm 34,8* NLB

> *Gelobt sei der Gott und Vater unseres Herrn Jesus Christus, der Vater der Barmherzigkeit und* ***Gott alles Trostes, der uns tröstet in all unserer Bedrängnis, damit wir die trösten können, die in allerlei Bedrängnis sind****, durch den Trost, mit dem wir selbst von Gott getröstet werden. — 2. Korinther 1,3–4*

TEIL 10

Lebe deine neue Identität aus

26

Sobald du dein neues, untadeliges Ich und die Realität eines vollkommen guten Gottes verinnerlicht hast, wirkt sich das darauf aus, wie du dich selbst und andere Menschen siehst. Diese wertvollen Wahrheiten helfen dabei, Beziehungen aller Art zu heilen – Freundschaften, Ehen, Familienbeziehungen und viele mehr.

Menschen, die dir nahe stehen

Je besser du jemanden kennst, desto verlockender ist es, ihn ändern zu wollen. In der lockeren Beziehung zu Kollegen wünschst du dir vielleicht, dass der eine oder andere nicht so viel quatschen würde oder freundlicher wäre. Aber je näher du jemandem stehst – einem Verwandten, einem Kind, deinem Partner –, desto eher erwartest du vielleicht, dass er oder sie so denkt und handelt, wie du es möchtest.

Du hast Erwartungen an andere und jedes Mal, wenn sie diese nicht erfüllen, bist du vielleicht enttäuscht über ihr Verhalten. Und je enttäuschter du bist, desto mehr Emotionen stauen sich in dir auf. Vielleicht versuchst du, sie zu manipulieren, damit sie sich ändern, oder du beschämst sie, oder du rächst dich auf subtile Weise, oder du schlägst sogar manchmal aus Verbitterung um dich. Oder du frisst alles in dich hinein, bis es zu viel wird, und dann gehst du hoch wie ein überhitzter Dampfkochtopf.

Aber lass uns einen Schritt zurückgehen und verstehen, woher das alles kommt. Es rührt daher, dass du der fleischlichen Lüge auf den Leim gegangen bist, dass es deine Aufgabe sei, diese Personen zu »reparieren« oder sie dir oder einer bestimmten Norm anzugleichen, die du für menschliches Verhalten hast. Das erzeugt einen Konflikt in dir, den du einfach nicht ertragen kannst.

Wenn dies das Problem ist, was ist dann die Lösung? Genau das, worüber wir in diesem Buch gesprochen haben: dein neues Ich mit dem makellosen Herzen zu verstehen und zu erkennen, dass Gott dich liebt und vorbehaltlos angenommen hat. Dann kannst du ganz du selbst sein und anderen die Freiheit geben, ebenfalls sie selbst zu sein.

Darum ***nehmt einander an****, gleichwie auch Christus uns angenommen hat, zur Ehre Gottes! — Römer 15,7*

So wie du gelernt hast, deinem eigenen neuen Herzen zu vertrauen, kannst du auch beginnen, den neuen Herzen der Gläubigen um dich herum zu vertrauen und ebenso dem guten Gott, der in ihnen lebt. Und was die Ungläubigen angeht, kannst du auch bei ihnen auf Gott vertrauen, anstatt dich ihnen gegenüber als Gott zu aufzuspielen.

Die Perspektive des neuen Bundes bietet dir neue Einsichten, wie du mit deinem Ehepartner, deinen Familienmitgliedern und deinen Freunden umgehen kannst.

»Reparieren« versus Annehmen

Wenn man eine neue Beziehung eingeht, ist eine der größten unausgesprochenen Annahmen die, dass die andere Person verbessert werden muss. Natürlich findest du diese Person auch jetzt schon großartig. (Warum sonst solltest du ihre Nähe suchen?) Aber je besser du jemanden kennenlernst, desto häufiger denkst du: »Wenn er oder sie nur dies tun würde oder sich so verhielte, wie ich es für richtig halte, dann wäre er oder sie wirklich perfekt.«

Aber denk daran: Wenn sie ein neues Wesen haben und somit ein makelloses Herz besitzen, dann sind sie bereits perfekt, egal, was ihr »Seelenspiegel« mitunter reflektiert. Sie sind dazu bestimmt, geliebt und nicht repariert zu werden. (Das gilt auch für Ungläubige, denn Gott »repariert« auch sie nicht, sondern macht sie völlig neu.)

Vielleicht bist du dir deines Irrglaubens, dass du sie ändern könnest, gar nicht bewusst. Und sie wissen wahrscheinlich auch nichts von deinen Plänen, selbst wenn sie ähnliche Ziele haben, um – andersherum – dich zu »verbessern«. Wie dem auch sei, während die Beziehung wächst und reift, stellst du immer wieder auf die eine oder andere Weise fest, dass du dein Gegenüber offenbar nicht ändern kannst. Deine Frustration, deine Missbilligung und vielleicht sogar offen verurteilende Haltung vermitteln dann das Gegenteil von dem, was du in einer Beziehung willst. Anstatt euch näher zu kommen, entfernt ihr euch voneinander.

Du glaubst allmählich, dass die andere Person das Problem sei, obwohl sie es nicht ist. Manchmal lässt du dich auch davon überzeugen, dass du das Problem seist, obwohl du es eigentlich nicht bist. Die Realität ist, dass wir als Gläubige alle einen gemeinsamen Feind haben, der unsere Sicht auf die andere Person verzerren kann. *Die Macht der Sünde ist dieser gemeinsame Feind. Die Macht der Sünde ist das eigentliche Problem.*

> *… denn unser Kampf richtet sich* ***nicht gegen Fleisch und Blut****, sondern gegen die Herrschaften, gegen die Gewalten, gegen die Weltbeherrscher der Finsternis dieser Weltzeit, gegen die geistlichen [Mächte] der Bosheit in den himmlischen [Regionen]. — Epheser 6,12*

Als Gläubiger hast du die Wahl: Wird deine Seele dein neues Herz widerspiegeln? Oder wird sie die in der Welt erlernten sündigen Muster des Fleisches widerspiegeln? Du wirst oft versucht, deine Sünde zum Ausdruck zu bringen, und wenn du das tust, leiden allzu oft diejenigen darunter, die dir am nächsten stehen. Und nicht nur das, die Sünde kann auch deine Perspektive verzerren. Du fängst an, andere auf eine Weise zu sehen, die nicht ihrem Wesen entspricht.

Oft sind gar nicht sie das Problem, sondern die Art, wie du sie wahrnimmst.

Was ist die Lösung? Die Lösung ist, sie so zu sehen, wie Gott sie sieht. Und das kannst du tun, weil du ein neues Herz hast, und sie ebenfalls! Wie würden sich also deine Einstellungen und Handlungen ändern, wenn du andere Gläubige um dich herum als das betrachten würdest, was sie sind – neue Wesen mit makellosem Herzen? *Was wäre, wenn du sie als Menschen sehen würdest, die manchmal ihre wahre Identität nicht zum Ausdruck bringen können, anstatt sie als unzulänglich zu betrachten?*

Bedränge sie nicht!

Die Perspektive des neuen Bundes regt dich dazu an, Menschen keinen Druck zu machen und sie nicht zu bedrängen. Wenn du ein neues, vollkommenes Wesen mit einem makellosen Herzen bist, dann kannst du Gott auch jeden Aspekt ihres Wesens anvertrauen. Es ist nicht deine Aufgabe, sie zu reparieren. Das liegt nicht in deiner Verantwortung. Du hast nur zu entscheiden, was der Spiegel deiner eigenen Seele im jeweiligen Moment ihnen gegenüber reflektiert.

Natürlich gehört zu einer guten Beziehung auch, dass man einander behilflich ist und ein offenes Ohr hat. Das spielt als Möglichkeit, wie ihr euch gegenseitig Liebe zeigen und eure neue Identität widerspiegeln könnt, eine wichtige Rolle. Aber manchmal entsteht der Wunsch zu »helfen« nicht dadurch, dass die andere Person darum bittet oder es will. Wenn dein Ehepartner oder dein bester Freund oder deine beste Freundin zum Beispiel eine Zeit lang schweigt, nimmst du vielleicht das Schlimmste an. Du denkst vielleicht, dass er oder sie wütend auf dich sei und dass du die Situation »in Ordnung bringen« müssest.

Es kann aber auch sein, dass sie einfach nur in Gedanken versunken sind, einen langen Tag hinter sich haben oder einfach nicht so gesprächig sind wie du. Sie wollen sich im Moment einfach nicht einklinken. Nicht jeder ist ein extrovertierter Mensch!

Trotzdem flüstert dir die Macht der Sünde zu, dass dies sicherlich ein schlechtes Zeichen sei und du alles »retten« müssest. Du willst die vermeintliche Spannung lösen und dich wieder wohlfühlen, also zwingst du die Person, über das zu sprechen, was sie stört, um es dann zu beseitigen. Das kann tatsächlich zu einem Konflikt führen, obwohl *es ursprünglich gar kein Problem gab!*

So könnte das aussehen:

Du: *Was ist los?*

Freund/Ehepartner: *Nichts.*

Du: *Nein, ernsthaft. Was ist denn los? Lass uns darüber reden.*

Freund/Ehepartner: *»Nichts« habe ich gesagt. Ich bin nur müde.*

Du: *Warum willst du nie mit mir reden?*

Freund/Ehepartner: *Vielleicht, weil es immer aufs Gleiche hinausläuft!*

(Ergebnis: Beide Parteien sind verletzt und wütend, obwohl es in Wirklichkeit gar kein Problem gab.)

Das ist nur ein Beispiel dafür, wie wir gleich vom Schlimmsten ausgehen können. Aber in 1. Korinther 13,7 steht: »Die Liebe glaubt alles.« Es liegt also schon in deinem neuen, liebevollen Herzen, »alles zu glauben«, was die andere Person betrifft, und das bedeutet, in Bezug auf sie vom Bestmöglichen auszugehen.

Vielleicht ist sie still, weil die betreffende Person über die Ereignisse des Tages nachdenkt. Vielleicht überlegt sie, wie sie auf eine Situation reagieren soll. Oder sie zieht sich einfach zurück, um Kraft zu tanken. Wie also kannst du sie in einer solchen Situation lieben? Anstatt dir Sorgen zu machen, gib ihr die Freiheit, die Annahme und den Raum, den sie braucht.

Es kann sein, dass sie nicht gleich kommunizieren will. Lass sie den Zeitpunkt bestimmen. Aber du kannst trotzdem zeigen, dass sie dir wichtig ist: »Lass mich wissen, wenn ich etwas für dich tun kann.

Ich bin für dich da« könnte hilfreicher sein als »Sag mir, was los ist. Warum willst du nicht mit mir reden?«

Natürlich geht es nicht darum, bestimmte Worte auswendig zu lernen und vorzutragen. Letztendlich kommt es darauf an, der Person die Liebe und den Respekt zu geben, den sie sich wünscht. Es geht darum, sich von Herzen um sie zu kümmern!

Löse nicht jedes »Problem«

Hier ist ein weiteres Beispiel dafür, wie du es vermeiden kannst, dass sich dein Gegenüber unter Druck gesetzt fühlt. Manchmal teilt eine Person ihre Gefühle mit, und anstatt zuzuhören und mitzufühlen, schaltest du dich ein, um diese Gefühle zu »beseitigen« oder der Person zu »helfen«. Auch hier könnte das ungewollte Ergebnis *Ablehnung* sein. Es könnte sich zum Beispiel so abspielen:

Freund/Ehepartner: *Mein Chef ist unmöglich. Ich mache mir Sorgen, dass er mich nicht mag.*

Du: *Du bist immer negativ und gestresst.*

Freund/Ehepartner: *Na ja, es ist auch stressig dort. Ich bin mir nicht sicher, ob ich den Job schaffe!*

Du: *Erinnere dich an die Sonntagspredigt: Ihr vermögt alle Dinge durch Christus.*

Freund/Ehepartner: *Warum kann ich nie richtig mit dir reden?*

(Ergebnis: Du fühlst dich unfähig, zu helfen. Die andere Person fühlt sich emotional im Stich gelassen. Es kommt sogar ein bisschen religiöse Verurteilung dazu, weil sie im Glauben nicht »stark« genug ist.)

Die Person erzählt dir, was in ihrem Leben vor sich geht, und du bezeichnest sie als negativ und gestresst. Dann gibst du vielleicht noch der Versuchung nach und steigst auf eine Kiste, um ihr von dort oben aus ein bisschen zu predigen. Du bist bemüht, ihr eine geistliche Lektion zu erteilen, während sie von ihrem Tag erzählt. Jetzt fühlt es sich an, als würde der Gott des Universums sie für ihre

Gefühle bestrafen: »Du musst nicht ständig so ängstlich sein. Weißt du nicht mehr, was Pastor Jim am Sonntag gesagt hat?«

Das ist ein gutes Beispiel dafür, was passiert, wenn wir versuchen, uns einzumischen und die andere Person »in Ordnung zu bringen«. Und wir wundern uns, warum sie nicht begeistert ist, wenn wir versuchen, ihr Problem zu lösen? Anstatt ihr Bedürfnis nach Gehör und Verständnis zu erkennen und ihr Liebe zu erweisen, sehen wir die andere Person als Projekt, das es zu vollenden gilt. Das ist Ablehnung in Reinkultur!

Umgekehrt findet manchmal auch überhaupt keine Interaktion statt, obwohl sie angezeigt wäre. Eine Person ist verzweifelt und wir denken, es sei respektvoll, ihr »Raum zu geben«. Aber Raum ist nicht das, was wirklich gebraucht wird. Die verzweifelte Person möchte sich mitteilen und gehört werden. Sie wertet unser Schweigen als Zeichen dafür, dass wir uns nicht für ihre Gedanken und Bedürfnisse interessieren.

Auch hier gilt: Es gibt keine pauschale, jeder Situation angemessene Reaktion auf jeden Konflikt. Deshalb sollen wir auf den Heiligen Geist vertrauen, der uns in jeder spezifischen Situation vom Herzen aus leitet.

Gedanken zur Ehe

Der Epheserbrief ist eine der wenigen Stellen im Neuen Testament, die über die Ehe sprechen. Er geht ausdrücklich auf die Bedürfnisse von Ehemännern und Ehefrauen ein. Er vergleicht die Ehebeziehung mit der Beziehung zwischen Christus und der Gemeinde:

> *Ihr Ehefrauen sollt euch euren Männern unterordnen, so wie ihr euch dem Herrn unterordnet. Denn der Mann ist das Haupt seiner Frau, wie Christus das Haupt seines Leibes – der Gemeinde – ist, für die er sein Leben gab, um sie zu retten.*

So wie die Gemeinde sich Christus unterordnet, sollt ihr Ehefrauen euch auch euren Männern in allem unterordnen.
— Epheser 5,22–24 NLB

Ein Ehemann braucht Respekt. Wenn man ständig an jemandem herumnörgelt, fühlt derjenige sich missachtet. Es ist wichtig, Ehemännern Raum zu geben, so zu sein, wie sie sind. Dann ist es wahrscheinlicher, dass sie, erfüllt mit neuer Energie, von sich aus mehr Nähe suchen und bereit sind, ihren Frauen Liebe zu geben. Und Liebe ist genau das, was Paulus als das Hauptbedürfnis der Frau hervorhebt:

Und ihr Ehemänner, liebt eure Frauen mit derselben Liebe, mit der auch Christus die Gemeinde geliebt hat. Er gab sein Leben für sie … Genauso müssen auch die Ehemänner ihre Frauen lieben, wie sie ihren eigenen Körper lieben. Denn ein Mann liebt auch sich selbst, wenn er seine Frau liebt. Niemand hasst doch seinen eigenen Körper, sondern sorgt liebevoll für ihn, wie auch Christus für seinen Leib, also für die Gemeinde, sorgt. Und wir gehören zu seinem Leib. — Epheser 5,25.28–30 NLB

Eine Ehefrau braucht oft die liebevolle Präsenz, die Verfügbarkeit und das Einfühlungsvermögen ihres Mannes. Aber es ist schwierig, zuzuhören, wenn immer die Versuchung da ist, etwas zu »lösen«. Der Ehemann kann sogar geneigt sein, anzunehmen, dass die Gefühle seiner Partnerin seine Schuld seien und er sie deshalb in Ordnung bringen müsse.

Dein liebevolles und respektvolles Herz

Da Gott uns geschaffen hat, weiß niemand besser als er, wie wir funktionieren. Durch den Apostel Paulus sagt Gott uns, dass das

Hauptbedürfnis einer Frau darin besteht, geliebt und geschätzt zu werden, und das Hauptbedürfnis eines Mannes darin, respektiert und geachtet zu werden.

Auch wenn unser »Kopf« dies nicht immer begreift, ist unser Herz doch jederzeit bereit, in der richtigen Weise zu lieben und zu respektieren. Denk mal darüber nach: Wenn wir bereits alles haben, was wir zum Leben und zur Gottgefälligkeit brauchen, dann hat Gott in unserem neuen Herzen bereits den Wunsch programmiert, andere auf diese Weise zu lieben und zu respektieren. Mit anderen Worten: Gott verlangt nichts von uns, was nicht schon in unsere Herzen geschrieben steht. Wir haben ein neues und gehorsames Herz, und dieses Verlangen nach Liebe und Respekt ist dort bereits tief eingegraben.

Die wiedergeborene Ehefrau will ihren Mann respektieren und achten, und der wiedergeborene Ehemann will seine Frau lieben und schätzen. Wir verhalten uns vielleicht nicht immer so, aber unsere Herzen sehnen sich *immer* danach, so zu leben.

Deshalb müssen wir lernen, in der Ehe den Weg vom Kopf zum Herzen zu gehen. Wir können aus dem Herzen heraus reagieren, nicht bloß mit dem Kopf. Der Heilige Geist, der in unserem neuen, makellosen Herzen wohnt, wird uns lehren, einander zuzuhören und anzunehmen, sodass wir nicht mehr ständig darauf aus sind, uns gegenseitig »in Ordnung zu bringen« oder zu verändern.

27

Unaufgefordert Ratschläge zu erteilen, ist eine Art, wie wir oft versuchen, eine andere Person »in Ordnung zu bringen«. Wenn es sich um einen Erwachsenen handelt – sei es dein Sohn oder deine Tochter, ein Freund oder eine Freundin, ein Kollege oder ein Ehepartner –, kann es leicht als Ablehnung empfunden werden, wenn du der Person ungebeten sagst, wie sie es besser machen könnte. Selbst wenn du als Ratgebender wirklich nur helfen willst, kann es dennoch wie eine Abwertung aufgefasst werden, durch die sich die andere Person als unfähig oder ungeschickt abgestempelt fühlt.

Ein klassisches Beispiel

Hier ist ein klassisches Beispiel aus der ehelichen Beziehung: »Ich wünschte, du wärst mehr der geistliche Leiter, der du eigentlich sein solltest«, sagt eine Ehefrau. Vielleicht versucht sie, ihren Mann anzuspornen, aber sie entmutigt ihn nur. Dem Ehemann vermittelt sie damit Ablehnung. Er verkriecht sich und weicht ihren Versuchen, ihn zu verbessern, aus. Vielleicht missfällt ihr etwas an seinem Lebensstil oder sie will ihn nur motivieren, »treuer« zu sein. Doch er fühlt sich kontrolliert und verurteilt.

Ablehnung und Missbilligung haben aber nicht immer ein religiöses Gesicht. Oft geht es auch um häusliche Angelegenheiten:

Wann wirst du den Rasen mähen? Er sieht wirklich schlimm aus.

(Er fühlt sich beschämt.)

Bring bitte den Müll raus. Ich habe dich schon zweimal darum gebeten.

(Er fühlt sich kontrolliert.)

Warum bist du immer im Büro? Die Kinder brauchen dich.

(Er fühlt sich schuldig.)

Du gehst schon wieder angeln?

(Er fühlt sich kritisiert/angeklagt.)

In jedem Fall versucht sie entweder, ihn zu erinnern oder ihn um Hilfe zu bitten oder seine Nähe zu suchen. Er jedoch fühlt sich beschuldigt, kritisiert und kontrolliert. Man beachte, dass in jeder der obigen Aussagen anstatt einer Ermunterung ein kleiner (oder auch größerer!) Hauch Beschämung mitschwingt. (»Es wäre mir eine große Hilfe, wenn …«)

Infolgedessen fühlt er sich angegriffen. Er mag sich verteidigen (seine Verletztheit unter Wut verstecken) oder sich in Schweigen hüllen und alles in sich hineinfressen. Er schaltet den Fernseher ein und er selbst dem Eindruck nach ab. Doch innerlich verarbeitet er das Gespräch oder lässt es Revue passieren, während der Groll in ihm brodelt. Sie sieht ihn dort sitzen und denkt: »Ich und meine Bedürfnisse sind ihm völlig egal.« Beide schäumen innerlich vor Wut.

Missverständnisse

Aber nicht alles, was sie sagt, ist *falsch ausgedrückt.* Oft wird sie einfach nur *falsch interpretiert.* Sie beschwert sich über die Unordnung im Haus, über die lärmenden Nachbarn oder die angespannte Finanzsituation. Sie ist erschöpft, verärgert oder ängstlich und will nur ihre Empfindungen ausdrücken – mehr nicht. Sie möchte ihre Gedanken und Gefühle über ihre gegenwärtige Situation mitteilen. Sie möchte sich gehört und wertgeschätzt fühlen, nicht »belehrt« oder »korrigiert«. Sie sucht nach Empathie, nach Verständnis. Sie will einfach nur jemanden, der ihr in ihrem Kampf beisteht.

Er interpretiert ihre Worte so, dass er nicht genug verdiene, um eine Haushälterin einzustellen oder in eine ruhigere Gegend zu ziehen. Sie ist über Äußerlichkeiten frustriert, er aber nimmt es *innerlich* auf. Am Ende ist er vielleicht beleidigt und fühlt sich abgelehnt, und sie kann nicht verstehen, warum. Er hat das Gefühl, dass es seine Schuld sei und dass er es ihr nie recht machen könne. Er versucht, sich zu beweisen und für sie zu sorgen. Er will gebraucht werden und ihre Erwartungen erfüllen.

Sie sieht ihre Unmutsäußerungen nicht einmal als Bedrohung für ihn an. Trotzdem treffen sie ihn tief. Vielleicht fühlt er sich sogar gedemütigt. Sie weiß nicht, dass sie das tut. Er verliert ihr gegenüber langsam die Geduld und geht ohne ersichtlichen Grund auf sie los, weil er sich kritisiert fühlt. Sie hat es nicht kommen sehen.

Sie ignorieren das neue Herz des jeweils anderen.

Das soll nicht heißen, dass alle vorgenannten Verhaltensweisen oder Reaktionen immer fleischlich sind. Aber letztlich geht es darum, darauf zu vertrauen, dass Gott und dein neues Ich mit dem makellosen Herzen – in der Einheit mit seinem Geist –, dir zeigen, wann und wie du reagieren solltest.

Konflikte

Bei jedem Konflikt mit einem anderen Gläubigen solltest du daran denken, dass ihr euch auf einer bestimmten Ebene bereits »einig« seid. Auftretende Konflikte können in gewissem Sinne als »Vernebelung« bezeichnet werden, weil sie nicht die Einheit widerspiegeln, die ihr im Kern miteinander habt. Eure neuen Herzen sind geeint. Ihr liebt einander mit einer von Gott gegebenen Liebe. Ihr könnt das Beste voneinander annehmen, weil ihr darauf vertraut, dass ihr beide eine gottgegebene Güte habt. Wenn ihr euch das von Anfang an bewusst macht, könnte jeder Streit seine Intensität verlieren. Und ihr könntet eine Angelegenheit schneller klären.

Wir haben als Beispiel gerade eine mögliche Konfliktsituation in der Ehe dargestellt, aber die Lösung ist für jeden Beziehungskonflikt immer dieselbe: Vertraut auf Jesus und kommuniziert aus eurem neuen Ich mit dem makellosen Herzen. Ja, es kann wirklich so einfach sein.

Wenn du glaubst, dass deine Identität nicht von deinen Leistungen abhängt, wirst du weniger empfindlich und nimmst weniger Anstoß an der Hilfe, den Ratschlägen und den Bitten anderer. Wenn du lernst, andere so anzunehmen, wie Gott es tut, wird der fleischliche Wunsch, sie »in Ordnung zu bringen«, seltener auftreten. Wenn du deinen Wert in Jesus findest (und dich durch Hilfe oder Ratschläge nicht mehr bedroht fühlst), werden deine Konflikte entschärft. Das ist der Kern dessen, was es bedeutet, »sich zu demütigen« (1Petr 5,6).

Wenn du begreifst, dass du dieses neue Ich mit dem makellosen Herzen bist, können deine Beziehungen zu anderen auf erstaunliche Weise gedeihen. Dann bestehen Beziehungen nicht mehr darin, der anderen Person das Leben auszusaugen, sondern ihr gegenüber das Leben Jesu zum Ausdruck zu bringen.

»Behaltet die Worte von Jesus, dem Herrn, in Erinnerung:
›Es liegt mehr Glück im Geben als im Nehmen.‹«
— Apostelgeschichte 20,35b NLB

Liebe aus neuem Herzen

Als neue Schöpfung bist du dazu bestimmt, andere zu lieben. So hat Gott dich in deinem Innersten geschaffen. Tatsächlich wünschst du dir Gelegenheiten, Liebe zu geben, und es erfüllt dich auch. Aber wenn du aufgrund von Schuldgefühlen oder Druck gibst oder insgeheim Groll dabei empfindest, entspricht das nicht der Art und Weise, wie dein neues, makelloses Herz funktioniert.

Gottes Liebe wird freiwillig gegeben.

Wenn etwas von dir verlangt wird, kann das zunächst zu einem Gefühl der Verpflichtung führen und auf Dauer zu Verdruss und Burnout. Das ist ein Geben, wie es Gott nie für dich vorgesehen hatte. Ja, es gibt aufopferungsvolles Geben, aber wenn es nach dem Motto abläuft: »Ich habe mich aufgeopfert, also solltest du es auch tun«, dann entspricht das nicht der Haltung des neuen Herzens.

Manche Menschen lernen mit der Zeit, mehr zu geben. Andere lernen, öfter Nein zu sagen und Grenzen zu setzen, weil sie herausfinden wollen, wohin ihr neues Herz sie *wirklich* führt. Außerdem lernen wir, Liebe zu empfangen, auch wenn unsere Gefühle uns sagen, wir seien es nicht wert.

Das neue Herz hört zu. Das neue Herz liebt. Das neue Herz respektiert. Das neue Herz kann mitfühlen. Das neue Herz vertraut. Das neue Herz gibt, ohne nach der Devise »Ich gebe, damit du gibst« auf einen Ausgleich oder eine Belohnung zu sinnen.

Wenn du dir dieser Wesensmerkmale deines neuen, gottgegebenen Herzens bewusst bist, ist der Umgang mit anderen gar nicht so schwer, wie du dachtest. Es ist alles innerlich in deinem Herzen angelegt. Du *willst* andere auf diese Weise lieben. Du kannst dich also einfach Gott hingeben und sagen: *Jesus, gib mir heute Anregung, wie ich dich gegenüber den Menschen in meinem Leben – ob Freunden, Ehepartner oder Angehörigen – zum Ausdruck bringen und ihre Bedürfnisse erfüllen kann. Benutze meine Augen, um zu lieben, meine Hände, um zu dienen, meine Ohren, um zuzuhören und lasse diese Menschen spüren, dass sie gehört, respektiert und wertgeschätzt werden.*

Die Gebote im Neuen Testament sind *beschreibend*; sie schreiben nicht bloß etwas vor. Sie offenbaren die Wünsche deines Herzens. Deshalb ist die Anweisung so rein und direkt. Gott sagt dir nie, dass du so gut lieben sollst, wie du kannst. Das würde ein Herz voraussetzen, das nicht lieben will. Stattdessen gehen die neutestamentlichen Gebote davon aus, dass du ein williges und fähiges Herz hast, das mit Gott vollkommen übereinstimmt.

Ist das nicht schön?

Letztendlich musst du aber bedenken, dass du das Geschöpf bist, nicht der Schöpfer. Du kannst nicht die Last tragen, für andere

Menschen die »Antwort« zu sein. Auch wenn du von Gott dazu gebraucht wirst, ihre Bedürfnisse zu erfüllen, ist Jesus ihre wahre Antwort.

Blaise Pascal hat einmal gesagt, dass wir ein von Gott geschaffenes Vakuum in uns hätten, das nur durch Gott selbst, so wie er sich in Jesus Christus offenbart, gefüllt werden könne. In diesem Buch konntest du erfahren, dass dieses Vakuum (in deinem geistlichen Herzen) gefüllt wurde. Du bist dazu bestimmt, nach innen zu schauen – zum Schöpfer selbst –, und dir von ihm deine Bedürfnisse erfüllen zu lassen. Du bist dazu bestimmt, den Schöpfer anzubeten, nicht die Schöpfung.

Deine Bedürfnisse ausdrücken

Als Neuschöpfungen haben wir eigene Bedürfnisse und dürfen diese auch ausdrücken. Aber selbst unsere Bedürfnisse können wir gegenüber anderen mit Liebe zum Ausdruck bringen.

Die Bibel teilt uns mit, »die Liebe glaubt alles« (1Kor 13,7). Wir können also unsere Bedürfnisse bekunden und gleichzeitig darauf vertrauen, dass *die andere Person auf sie eingeht und sie erfüllt*. Das ist besser als das, was oft passiert: Wir drücken unsere Bedürfnisse aus, ohne daran zu glauben, dass sie auch tatsächlich erfüllt werden.

Das entmutigt die andere Person.

Wir können auch *auf unseren Anspruch verzichten*, dieses Bedürfnis von der anderen Person erfüllt zu bekommen. Auf diese Weise entbinden wir sie von jeglicher Verpflichtung uns gegenüber. Wir bringen also unser Bedürfnis klar zum Ausdruck, aber wir tun dabei zwei Dinge in Bezug auf die andere Person: (1) wir drücken unser Vertrauen aus, dass ihr Herz von dem Wunsch erfüllt ist, uns zu lieben, und (2) wir entbinden sie von jeglicher Verpflichtung, sich unserer anzunehmen.

Außerdem können wir unsere Bedürfnisse auf uns selbst bezogen ausdrücken (mit »Ich/mir/mich«-Aussagen), statt uns anklagend auf den anderen zu beziehen (mit »Du/dir/dich«-Aussagen):

Es würde mir viel bedeuten, wenn …

Ich fühle …

Ich spüre, dass ich das jetzt brauche …

Das ist viel besser als die Aussagen »Du hast nie …« oder »Du tust … nicht« oder »Ich wünschte, du würdest …«, die oft aus unserem Mund kommen. Nachdem wir unsere Bedürfnisse mit einer »Ich/mir/mich«-Aussage zum Ausdruck gebracht haben, können wir unserem Gegenüber Anerkennung für die entgegengebrachte Aufmerksamkeit aussprechen – und zwar nicht auf herablassende Art und Weise (»Danke, dass du mir endlich zuhörst!«), sondern mit einer weiteren ichperspektivischen Aussage wie: *Es tut so gut, mit dir darüber zu reden. Ich danke dir!*

Allzu oft kommunizieren wir verkopft, verlieren uns in Auseinandersetzungen und versuchen, um jeden Preis zu gewinnen. Doch am Ende gibt es keine Gewinner. Wir verletzen den anderen und versetzen ihm einen Stich ins Herz. Wir agieren wie Ankläger und Richter zugleich, legen die Beweise vor, verhandeln den Fall und verurteilen die andere Person. Eine Person mit fleischlicher Denkweise versucht in der Regel *zu gewinnen* oder *zu entkommen*, während das neue Herz die Probleme bewältigen und verstehen will.

Noch einmal: Es geht nicht darum, die Worte exakt so zu sagen, wie sie hier formuliert sind. Das hieße, Sprache zum Gesetz zu machen! Sie sind nur als Beispiele gedacht. Der Schlüssel zu all dem ist, uns daran zu erinnern, dass wir in Jesus neu sind, und darauf zu vertrauen, dass Gottes Geist unsere Kommunikation mit seiner Liebe und Gnade verfeinert.

Du willst vergeben

Wenn dich jemand verletzt hat, kannst du dich entscheiden, diesen Schmerz zu verarbeiten, mit Gott darüber zu sprechen und die betreffende Person von ihrer Schuld dir gegenüber zu befreien. Und so vergibst du jemandem, der dich zutiefst verletzt hat:

Es hat mich verletzt, als … (Vorfall). Ich habe mich … (herabgesetzt, unzulänglich, verlassen, kontrolliert etc.) gefühlt. Aber ich entscheide mich bewusst und aus freien Stücken – weil ich in Christus ein Mensch mit neuem Herzen bin, der verzeiht –, ihm/ihr zu vergeben und ihn/sie von allem zu entbinden, was er/sie mir schuldig ist, selbst wenn es erneut vorkommt.

Aber denk daran: Vergebung ist nicht gleichbedeutend mit Vergessen. Auch wenn du wirklich von Herzen vergibst, kann es sein, dass du noch eine Zeit lang Erinnerungen an das schmerzhafte Ereignis hast. Diese Erinnerungen (oder sogar »Flashbacks«) sind kein Indikator dafür, ob du wirklich vergeben hast oder nicht.

Vergiss auch nicht, dass Vergebung nicht fortschreitend ist. Manchmal hören wir Menschen sagen: »Ich bin einfach noch nicht bereit, zu vergeben. Ich arbeite noch daran.« Aber Vergebung ist kein Prozess. Sie ist eine Entscheidung, die wir treffen, um jemanden von dem zu befreien, was er uns »schuldet« (eine Entschuldigung, eine bessere Behandlung usw.), ohne Bedingungen daran zu knüpfen.

Vergebung ist eine Entscheidung. Manchmal sagt jemand in der Seelsorge: »Ich weiß nicht, ob ich schon vergeben habe oder nicht.« (Das ist so, als wüsstest du nicht, ob du heute Morgen dein Bett gemacht hast.) Vergebung ist ein Ereignis, das stattfindet. Wir treffen die Entscheidung, zu vergeben – ein willentlicher Akt –, auch wenn wir widerstrebende Gefühle haben. Ja, wir können aus dem Herzen leben und aus dem Herzen heraus vergeben, auch wenn unsere Gefühle damit nicht im Einklang sind.

Wachsen in seiner Güte

Wenn du dich selbst so annimmst, wie Gott es tut, fängst du an, die Menschen um dich herum zu akzeptieren. Du versuchst nicht mehr, sie nach den Maßstäben dessen zu formen, was du für akzeptabel oder »richtig« hältst.

Gott ist derjenige, der dich mit einem neuen Wesen und einem makellosen Herzen neugeschaffen hat. Je mehr du in der Erkenntnis seiner vollkommenen Güte wächst, desto öfter spiegelst du das neue Herz wider, das er dir gegeben hat.

Dein neues Herz ist ein Herz, das *annimmt*, ein Herz, das *liebt*, ein Herz, das *respektiert*, ein Herz, das nicht nachtragend ist, sondern *vergibt* – ein Herz wie Gottes eigenes.

Genau so bist du. Das ist *dein neues, untadeliges Ich mit dem makellosen Herzen.*

Epilog

Wow! Was für eine unglaubliche Reise, die wir gemeinsam erlebt haben!

Kannst du dir eine bessere Evangeliumsbotschaft vorstellen als die, die unser Gott uns gegeben hat? Sicher nicht, denn eine solche gibt es nicht! Das ist Christentum in seiner besten Form. Und es gibt keine »tiefere Botschaft«.

Wir machen keinen Kurs in Gottes Gnade, der irgendwann abgeschlossen ist.

Wie alles anfängt

Wenn du schon einmal Fliesen verlegt hast, weißt du, wie wichtig es ist, die erste Fliese richtig zu verlegen. Wenn du das nicht tust, gerät *alles* wortwörtlich aus den Fugen. Leider wissen wir das aus erster Hand. Wir können uns beide an einen Moment erinnern, in dem wir uns wünschten, wir könnten es noch einmal machen, weil schon gleich die erste Fliese (ja, die Eckfliese) nicht richtig verlegt wurde.

Wenn es darum geht, was du über Gott und dich selbst glaubst, ist es *noch viel wichtiger*, in dieser ersten Ecke ein richtiges Fundament zu legen!

> *Denn niemand kann ein anderes* ***Fundament*** *legen als das, das schon gelegt ist –* ***Jesus Christus****. — 1. Korinther 3,11 NLB*

> *Deshalb seid ihr nicht länger Fremde und ohne Bürgerrecht, sondern ihr gehört zu den Gläubigen, zu Gottes Familie. Wir sind sein Haus, das auf dem Fundament der Apostel und Propheten erbaut ist* ***mit Christus Jesus selbst als Eckstein****.*
> *— Epheser 2,19–20 NLB*

Du bist für Gott kein Fremder mehr. Du bist sein Kind, ein Heiliger. Aber du wirst nicht völlig verstehen, wer du bist, wenn du nicht auf *Jesus, deinen Eckstein*, schaust. Er gibt dir auf eine Weise Aufschluss, wie es sonst niemand kann.

Der Druck ist weg

Gottes erste Botschaft an dich ist eine Botschaft der Liebe, der Annahme und der Sicherheit.

Das bedeutet, dass der Druck weg ist. Selbst wenn es darum geht, in deinem Verständnis der Gnade Gottes zu wachsen, musst du nichts »kapieren«. Alles ist bereits wahr, egal, was du in diesem oder im nächsten Moment denken magst.

Du musst auch nicht nach einer erhabeneren Erfahrung streben. Nein, Gottes Angebot im Evangelium ist keine Gottesbegegnung mit Nationalfeiertagscharakter – ein großes Feuerwerk, auf das am nächsten Morgen das Aufsammeln des ganzen Mülls folgt. Nein, du kannst dir sicher sein, dass es um *eine dauerhafte Erkenntnis* geht, die dein Selbst- und Gottesbild verändert.

Erwarte Widerstand

Rechne mit Widerstand. Nicht jeder ist ein Fan dieser Botschaft. Viele Menschen greifen sie an, weil sie in ihr nichts weiter als eine pauschale und wenig motivierende Gnade sehen. Sie stellen sich einen Freibrief zum Sündigen vor – und vergessen dabei, dass sie auch ohne diesen Freibrief ganz prima sündigen! Sie erkennen nicht das »Herz« der Botschaft. Das Evangelium besteht aus mehr als Vergebung und danach irgendwann der Himmel. Gott hat dich mit Gerechtigkeit erfüllt und dich zu ihrem Sklaven gemacht. Du bist süchtig nach Gottes Güte. Und wenn du diesen radikalen Identitätstausch mit Vergebung und Gnade zusammenbringst, fügt sich alles perfekt ineinander. Es macht aus jedem Blickwinkel Sinn.

Gott ist nicht naiv. Wenn man es richtig versteht, ist »das Evangelium der Gnade Gottes« (Apg 20,24) eine Offenbarung seiner Weisheit. Dank Jesus hast du jetzt ein richtiges Herz. Gott hat diese grundlegende Transformation in dir eingeleitet und sie wird nie wieder rückgängig gemacht werden. Er hat dein steinernes Herz herausgenommen und dir ein neues geschenkt. Es steht dir also zu, dass dir vollkommen vergeben wird und du bedingungslos angenommen wirst. Gott hat keine Angst davor, was du tun könntest oder wie du dich entwickeln könntest. Er weiß ganz genau, was er mit der Geburt deines neuen Ichs mit dem makellosen Herzen begonnen hat, und er wird es mit der Erneuerung deines *Denkens* vollenden.

Mach dich also auf den Weg und lerne dein Herz kennen, in dem Christus wohnt. Lebe von dort aus und somit aus ihm. Das ist ein absolut vertrauenswürdiger Weg, denn Gott verlangt nicht von einem schlechten Menschen, »gut« zu leben. Er bittet einen Menschen mit einem neuen Herzen, aus diesem Herzen zu leben. Das ist ein großer Unterschied.

Alles oder nichts!

Wenn du willst, dass in deinem Leben das Evangelium reibungslos funktioniert, solltest du besser einen Alles-oder-Nichts-Ansatz verfolgen. Das bedeutet im Grunde, dass du entscheiden musst, wie »vollbracht« das Werk Christi deiner Meinung nach wirklich ist. Es ist gesund für jeden Gläubigen, sich diese Fragen zu stellen:

Vergebung: *Für wie umfänglich halte ich meine Vergebung? Schließt sie auch zukünftige Sünden mit ein? Hat Jesus nicht gesagt, es sei »vollbracht«? Sagt der Hebräerbrief nicht, dass meine Vergebung »ein für alle Mal« gilt? Welche Entscheidungen kann ich in meinem*

Leben treffen, um meine völlige Vergebung – vergangene, gegenwärtige und zukünftige – stärker zu würdigen und nicht auf die Anschuldigungen des Feindes zu reagieren?

Freiheit: *Wie frei bin ich vom Gesetz? Hat Jesus mich auch von den Zehn Geboten befreit? Glaube ich, dass Jesus in meinem neuen Herzen genügend Inspiration bietet, um mich vom Lügen, Stehlen und Ehebruch abzuhalten? Wie kann ich die Zulänglichkeit meiner Einheit mit Christus stärker würdigen, anstatt mich auf Regeln und Einschränkungen zurückzuziehen?*

Identität: *Wie neu bin ich in Christus? Wenn ich aus Gott geboren bin, welche Art von Mensch bin ich dann genau? Was macht mich aus? Wonach sehne ich mich im Innersten meines Wesens? Wie unterscheide ich mich von dem Typen nebenan? Wenn die Versuchung vom Fleisch und einer Macht namens »Sünde« ausgeht – stellt mich diese Erklärung dann so zufrieden, dass ich voll und ganz an das »untadelige Ich mit dem makellosen Herzen« glauben kann? Welche Entscheidungen kann ich treffen, um mein neues Ich und meine dauerhafte Bindung an Jesus für andere sichtbar zu machen?*

Diese Fragen sind wichtig, denn die Antworten schockieren und befreien zugleich. Das Evangelium ist immer besser, als du denkst, und die Wahrheit macht dich immer frei. Lass dir also nicht von den Erinnerungen in deinem Kopf sagen, wer du bist. Lass stattdessen dein Herz sprechen. Erlaube deinem Verstand durch das, was dein Herz und Gottes Wort über deine wahre Identität sagen, erneuert zu werden.

Gedanken der Schuld laden dich dazu ein, in die Vergangenheit zu blicken. Ängstliche Gedanken laden dich dazu ein, in eine unbekannte Zukunft zu blicken. Gottes Gedanken laden dich ein, auf die Gegenwart zu schauen, in der du in Einheit mit Jesus lebst – genau hier und jetzt.

Von Natur aus abhängig

Wir haben ein neues Herz und sind von Natur aus auf wunderbare Weise abhängig. Wir sollten uns die Schönheit dessen, wie wir geschaffen sind, vergegenwärtigen. Doch diese Schönheit geht unter, wenn wir von Botschaften mit dem Tenor »mehr tun« und »mehr sein« überschwemmt werden.

Wir sind vollständig. Es fehlt uns an nichts. Wir haben alles, was wir zum Leben und zur Gottgefälligkeit brauchen. Wir sind mit jedem geistlichen Segen gesegnet. Wir sind ausgerüstet. Wir sind bereit. Wir entscheiden uns nur dafür, es geschehen zu »lassen«, genau wie Jesus uns sagte: »So lasst euer Licht leuchten vor den Leuten« (Mt 5,16 LUT).

Wir sind Empfänger, nicht Erzeuger. Wir sind in erster Linie dafür gemacht, die Liebe Gottes aufzunehmen und widerzuspiegeln. Ja, wir brauchen seinen Rat. Aber noch mehr brauchen wir seinen Trost. Wir brauchen seine Liebe und Bestätigung mehr als seine Weisung. Nicht bei jeder Interaktion mit Gott geht es darum, eine Lektion erteilt zu bekommen. Manchmal will er uns einfach nur lieben und uns daran erinnern, dass wir bei ihm sicher sind.

Es ist eine Sache, *informiert* zu werden; es ist eine andere Sache, *geliebt* zu werden. Unsere Identität beruht nicht darauf, wie viele Informationen wir von Gott haben. Das führt zu einer »Alleswisser«-Mentalität und einer wissensbasierten Identität. Nein, unsere Identität gründet darauf, wie sehr wir von Gott geliebt werden. Und sobald wir erkennen, wie geliebt und sicher wir wirklich sind, fangen wir an, auch so zu leben.

Seine große Liebe

Hast du versucht, deine Liebe zu Gott zur Schau zu stellen, anstatt dich auf seine Liebe zu dir zu verlassen? Paulus betete dafür, dass

»ihr mit allen Heiligen (dazu gehörst auch du) begreifen könnt, welches die Breite und die Länge und die Höhe und die Tiefe ist, auch die Liebe Christi erkennen könnt, die alle Erkenntnis übertrifft, damit ihr erfüllt werdet, bis ihr die ganze Fülle Gottes erlangt habt« (Eph 3,18–19 LUT).

Hast du schon erkannt, wie riesig Gottes Liebe zu dir ist? Gott schmeißt jeden Tag eine Party für dich. Er erfreut sich an dir. Er feiert dich und »jauchzt über dich mit Jubel« (Zef 3,17 ELB).

Damit du Gott enttäuschen könntest, müsste er Erwartungen an dich haben. Aber Gott hat bereits jede Sünde gesehen, die du jemals begehen würdest, also kannst du ihn nicht enttäuschen. Er ist nie überrascht, wenn du versagst. Als Adam und Eva versagten, handelte er prompt, indem er sie bekleidete und so ihre Schande zudeckte. Auch dir gegenüber ist sein Herz immer auf Rettung eingestellt.

Wir leben in einer leistungsorientierten Gesellschaft, in der Liebe durch Wechselseitigkeit bedingt ist. Wenn du gute Noten hast, kommst du auf eine bessere Universität. Wenn du gute Arbeit leistest, wirst du befördert. Wenn du gutes Verhalten zeigst, wirst du von anderen bestätigt. Und wenn du versagst, erntest du die Konsequenzen – Missbilligung oder sogar Ablehnung. Du musst deinen Teil der Abmachung auf dem Planeten Erde einhalten, sonst …

Doch Gott lädt dich ein, die Herausforderung anzunehmen und anders über dich zu denken. Du befindest dich bei ihm nicht in einer Leistungs-Tretmühle. Es gibt kein Punktesystem. Du hast bereits eine perfekte Punktzahl, noch bevor du deinen Tag beginnst. Du musst dich nicht erst beweisen.

Du musst vor Gott nicht verbergen, wer du bist. Er sieht dich, und was er sieht, gefällt ihm. Ja, er sieht die fleischlichen Muster, die dich plagen. Aber das bist du nicht, und das weiß er. Du kannst also offen und transparent über deine Kämpfe sprechen. Du bestehst nicht aus deinen Kämpfen. Du wirst nicht durch sie definiert. Sie sagen dir nicht, wer du bist. Du bist kein kaputtes Durcheinander. Du bist heil gemacht. Du bist nicht die Summe deiner Taten. Du wirst nach einem ganz anderen Maßstab beurteilt.

Du bist richtig und gut aufgrund deiner Neugeburt, *nicht* wegen deines Verhaltens. Du bist jetzt von Natur aus gutherzig und hast einen guten Geist. Sogar deine Seele und dein Körper sind heilig und Gott angenehm. Er ist für dich – für jeden Teil von dir. Es gibt nichts, was an deinem neuen Ich falsch wäre.

Was wäre also anders, wenn du die Wahrheit über dein neues Herz, dein neues Ich und deinen wesenhaften Wert für Jesus wirklich glauben würdest? Gottes liebevolle Umarmung, mit der er dich (mit *allem* Drum und Dran!) als Zeichen seiner Annahme umschließt, ist mehr als bloße Glaubensüberzeugung. Sie ist göttliche Inspiration für jeden Schritt, den du machst.

Seine Liebe widerspiegeln

Jesus sagte, wer an ihn glaube, werde noch »größere Dinge« tun als er. Jeder vernünftige Mensch muss sich fragen, was er damit meinte! Meinte er Wunder, Heilungen, Prophezeiungen? Wir denken, er meinte die *Liebe.*

Deshalb hat er uns eine Liebe füreinander und eine Verbundenheit miteinander ins Herz gelegt. Echte Liebe für andere ist jetzt deine Bauchreaktion. Liebevolle Beziehungen stehen nun bei dir auf dem Plan und sind deine Bestimmung. Du bist eingeladen, diese neuen Leidenschaften und Sehnsüchte zu nähren und echten Sinn darin zu finden, anderen gegenüber Gottes übernatürliche Liebe widerzuspiegeln.

In 1. Johannes heißt es, dass die Welt an unserer Liebe erkennen wird, dass wir Christen sind. Wenn man dich an deiner Liebe erkennt, was sagt das dann über dein Naturell, deine Beschaffenheit, deine Identität aus? Du bist jetzt von Natur aus ein Liebender. Du musst dich nur dafür entscheiden, verfügbar zu sein, damit deine wahre Bestimmung entfesselt wird.

Es hilft, wenn du dein eigenes Herz kennst. Stell dir die Wirkung vor, wenn du auch das Herz deines Ehepartners, die Herzen deiner Kinder und die der Menschen um dich herum kennst. Du beginnst zu glauben, dass sie gut und der Liebe Gottes würdig sind – der Liebe, die in dir wohnt. Du beginnst, ihnen zu vertrauen. Und wenn du das nicht kannst, übergibst du sie an Gott.

In jedem Fall kannst du erkennen, dass du und die andere Person einen gemeinsamen Feind habt – die Sünde. Du bist nicht dein eigener schlimmster Feind und sie ist es auch nicht. Die Sünde ist euer gemeinsamer Gegenspieler. Wenn wir das verstehen, können wir unsere Beziehungen vertiefen, indem wir ganz wir selbst sind und anderen die gleiche Freiheit geben. Wir verfolgen dann nicht das Ziel, andere zu manipulieren und zu verändern, sondern vertrauen auf den Prozess – »dem von Gott gewirkten Wachstum« (Kol 2,19).

Menschen werden aufmerksam, wenn sie geliebt werden. Es überrascht sie. Sie bemerken es, weil es ungewöhnlich ist. Die *Agape*-Liebe mag angesichts der entbehrungsreichen Welt, in der wir leben, vielleicht sogar ein wenig deplatziert wirken. Wir müssen bereit sein, in unserer Liebe für andere missverstanden zu werden.

Dienst ist Liebe. Ja, wir machen zu viel aus dem Wort. Dienst ist nichts anderes als Frucht zu bringen. Wir alle stehen im Dienst und sind als Diener des neuen Bundes qualifiziert – stell nur sicher, dass du auch dementsprechend dienst! Wenn du das tust, wirst du mit einem unfassbaren Gefühl von Sinn und Bedeutung leben, weil du die grenzenlose Liebe Gottes genießt und mit anderen teilst.

Du – in deiner neuen Identität – nimmst Gottes Einladung an, aus deinem makellosen Herzen zu leben.

Ein neues Herz empfangen

Gott lädt dich ein, aus dem Herzen zu leben, doch nur, wenn du das neue Herz hast, das er dir schenken möchte.

Das geschieht folgendermaßen: Wenn du die Botschaft hörst und glaubst, dass Jesus für deine Sünden gestorben und von den Toten auferstanden ist, um dir neues Leben zu schenken, und du ihm die Tür deines Lebens öffnest, verspricht Jesus, hereinzukommen und dich von innen heraus zu verändern.

Wenn du Gottes Einladung zu einem neuen und freien Leben in Jesus noch nicht angenommen hast, ermutigen wir dich, deinen Wunsch Gott gegenüber auszudrücken. Er verspricht, darauf zu antworten und ein erstaunliches, unumkehrbares Werk in dir zu tun!

Herr Jesus Christus, ich glaube, dass ich ein Sünder bin, der Vergebung und neues Leben von dir braucht. Ich glaube, dass du der Sohn Gottes bist, der am Kreuz gestorben ist, um mir Vergebung anzubieten. Ich glaube, dass du von den Toten auferstanden bist, um mir neues Leben zu schenken. In diesem Moment öffne ich dir die Tür zu meinem Leben und nehme dich auf, damit du mich von innen heraus verwandeln kannst. In deinem Namen, amen.

Wenn du dieses Gebet gebetet hast, um Jesus Christus in dein Leben aufzunehmen, würden wir uns freuen, von dir zu hören. Schick uns deine Geschichte an:

Andrew@AndrewFarley.org
Tim@GraceLifeFellowship.org

Lernfragen

Teil 1: Auf der Suche nach Vollkommenheit

1. Welche populären religiösen Botschaften, die sich um »mehr tun« und »mehr sein« drehten, hast du in deinem Umfeld bisher gehört?
2. Hast du Anzeichen für ein »Christentum nach Schema F« gesehen, das versucht, alle in dieselbe Form zu pressen?
3. Inwiefern warst du schon mal versucht, dich mit anderen zu vergleichen? Wolltest du deinen Wert und Nutzen bestimmen, indem du dich an anderen gemessen hast?
4. Welche Etiketten haben dir andere aufgedrückt? Was denkst du, wie Gott über diese Etiketten denkt?
5. Wie kann es dir helfen, mit den Meinungen anderer über dich umzugehen, wenn du weißt, wer du in Christus wirklich bist?
6. In Johannes 17 betete Jesus darum, dass du die gleiche Nähe – die gleiche liebevolle Verbindung – mit dem Vater haben mögest, die er mit ihm hat. Denkst du, dass sein Gebet erhört wurde? Warum oder warum nicht?
7. Bist du gut? Welche Faktoren spielen bei deiner Antwort eine Rolle?
8. Hast du jemals einen geistlichen Leiter sagen hören, dass wir alle ein »böses Herz« hätten? Wie hast du damals reagiert? Und wie ist es jetzt?

Teil 2: Das makellose Herz

1. Als dir das Evangelium zum ersten Mal erklärt wurde, hast du da etwas vom Empfang eines neuen Herzens oder eines neuen Ichs gehört?
2. Wenn du in Christus zu guten Werken neu geschaffen wurdest, was sagt das über dein Naturell bzw. Wesen aus? Und was sagt dein Naturell über deine Wünsche aus?
3. Was bedeutet es für dich persönlich, in Christus »vollendet« zu sein und alles zu haben, was du zum Leben und zur Gottgefälligkeit brauchst?
4. Hast du Bibellesen und Gebet als geistliche Disziplinen betrachtet? Hat dir die Lektüre dieses Buches eine neue Perspektive eröffnet? Wenn ja, inwiefern?
5. Reagiere auf diese Aussage: *Ich habe das alles schon im Kopf. Ich muss es nur noch in mein Herz bekommen.* Hast du diese Aussage schon einmal gehört? Hat sich deine Meinung zu dieser Aussage seitdem geändert?
6. Reagiere auf diese Aussage: *Ich will eigentlich nicht sündigen.* Glaubst du, dass das wahr ist? Wenn nicht, warum nicht? Wenn ja, woher kommen die sündigen Gedanken in deinem Kopf dann wirklich?
7. Wenn du tatsächlich glauben (und im Sinn behalten!) würdest, dass du ein gehorsames Herz hast und ein »Sklave der Gerechtigkeit« bist, was würde das für dich bedeuten?

Teil 3: Das untadelige Ich

1. Hast du dich schon einmal als »Sünder« oder als »Heiliger« oder als beides betrachtet? Hältst du die Bezeichnung »Heiliger« für gerechtfertigt? Warum oder warum nicht?
2. Reagiere auf diese Aussage: *Du bist nicht die Summe deiner Taten.*

3. Was bedeutet es für dich, »ein Wohlgeruch« für Gott zu sein (2Kor 2,15)?
4. Wie kannst du den halben Meter vom Kopf zum Herzen zurücklegen, um deinen Umgang mit anderen zu verbessern?
5. Warum ist es so wichtig, deine Gerechtigkeit nicht nur als *zugeschrieben* (angerechnet), sondern auch als übertragen (tatsächlich von Gott gegeben) zu betrachten? Warum, glaubst du, sträuben sich so viele Menschen gegen diesen Gedanken?
6. Reagiere auf diese Aussage: *Gott macht sich nichts vor, indem er dich durch eine spezielle »Jesus-Brille« betrachtet.*
7. Wie kann die Wahrheit, dass du »aus Gott geboren« bist, deine Sicht auf deine Gerechtigkeit positiv beeinflussen?

Teil 4: Die ideale Offensive

1. Du hast bereits eine neue »Heartware«, aber du erlebst immer noch Software-Updates. Inwiefern hilft dir diese Analogie, den ständigen Kampf in deinem Inneren zu verstehen?
2. Warum missverstehen so viele Christen die Quelle der Versuchung? (Tipp: F-L-E-I(S)CH versus I-C-H.)
3. Reagiere auf diese Aussage: *Die Quelle der Versuchung bist nicht du.*
4. Wir haben darüber geschrieben, wie wichtig es ist, dass du »dein Spiel machst«, anstatt zu erstarren – und dich ständig zu fragen, ob du ein Foul begangen hast. Beziehe dies auf das Leben im Geist gegenüber dem Analysieren des Fleisches.
5. Warum, glaubst du, neigen wir Menschen so sehr dazu, uns selbst zu prüfen und unsere Motive zu analysieren? (Tipp: Denke an einen der Bäume im Garten Eden.)
6. Wir haben über zwei Arten der Programmierung im Verstand gesprochen – die eine sendet Versagen, Etikettierungen und Anschuldigungen; die andere sendet Wahrheiten darüber, wer du laut Gott bist, die deinen Verstand erneuern. Wie leicht fällt

es dir, den Sender zu wechseln? Wo liegen die größten Herausforderungen?

7. Reagiere auf diese Aussage: *Jesus zu vertrauen ist deine neue Standardeinstellung.*
8. In Kapitel 11 findest du eine schematische Abbildung mit deinem Geist, deiner Seele und deinem Körper. Hilft es dir, den Kern deines Wesens gegenüber den sündigen »Einflussnehmern« in deinem Leben zu verstehen? Wenn ja, inwiefern?

Teil 5: Die perfekte Passform

1. Was bedeutet es für dich, dass deine Seele »himmelsreif« ist?
2. Reagiere auf diese Aussage: *Es ist nichts falsch an dem, wer du bist.*
3. Viele missverstehen Lernen und Wachsen so, dass sie in Gottes Augen immer »besser« werden. Inwiefern ist diese Sichtweise nicht korrekt?
4. Hast du jemals von der Irrlehre gehört, dass dein Körper böse sei? Nun, das ist er nicht. Dein Körper ist kein Hindernis für Gott. Er ist sein Werkzeug! Inwiefern ermutigt dich das, dich ganz anzunehmen, so wie Gott es tut?
5. Bewerte diesen Gedanken: *Es muss mehr von ihm und weniger von mir sein.*
6. Wurde dir jemals beigebracht, dass Gott dich (zer-)brechen will? Oder dass er dich demütigt? Was denkst du nach der Lektüre dieses Buchabschnitts über diese Vorstellungen? Siehst du den »Demütige dich selbst«-Ansatz als wirklich anders an? Warum oder warum nicht?
7. Inwiefern wird der Begriff »Hingabe« in unserem Verständnis der Beziehung zu Gott falsch verwendet oder sogar missbraucht?
8. Musst du dich selbst »verleugnen« und »dir selbst sterben« und »täglich sterben«? Warum oder warum nicht?

Teil 6: Die perfekte Atmosphäre

1. Hast du vor der Lektüre dieses Buches über den neuen Bund nachgedacht? Wenn ja, was hat er für dich bedeutet? Was hast du hier Neues über ihn gelernt?
2. Wann hat der neue Bund wirklich begonnen? Warum ist sein wahrer Beginn so wichtig?
3. Inwiefern verstärkt Jesus das Gesetz, indem er dessen wahre und unmögliche Maßstäbe offenlegt?
4. Wie unterscheiden sich die neuen Gebote (*glaube* und *liebe*, wie in 1Joh 3,23 formuliert), die man auf sein Herz geschrieben hat, vom alttestamentlichen Gesetz?
5. Reagiere auf diese Aussage: *Du bist dem Gesetz gegenüber gestorben, um auf dem neuen Weg des Geistes zu dienen.*
6. Warum, glaubst du, sehen so viele Menschen die Zehn Gebote als Ausnahme von unserer Freiheit vom Gesetz an, obwohl 2. Korinther 3 sie als »Dienst der Verdammnis« bezeichnet?
7. Reagiere auf diese Wahrheit der Bibel: *»Ohne Gesetz ist die Sünde tot« (Röm 7,7–8).*
8. Inwiefern respektieren diejenigen, die sich für Gottes Gnade entscheiden, das Gesetz in Wahrheit mehr als alle, die mit dem Gesetz »liebäugeln« und sich etwas davon herauspicken?
9. Inwiefern ist das Gesetz ein Lehrer, der die Menschen zu Jesus führt?
10. Warum hat Gott unter dem neuen Bund sich selbst ein Versprechen gegeben? Inwiefern ist dies ein »Anker« für uns?
11. Welche christlichen Regeln oder Prinzipien sind deiner Meinung nach nur ein moderner Ersatz für ein Leben gemäß dem Gesetz? Inwiefern hindern sie uns daran, Christus die Herrschaft zu überlassen?

Teil 7: Das fehlerlose Opfer

1. Was ist die »Ein für alle Mal«-Vergebung? Wie unterscheidet sie sich von der »Immer wieder«-Vergebung im Alten Testament?
2. Die Priester des Alten Testaments standen stets und brachten ihre Opfer dar, aber Jesus setzte sich hin, als er sein Werk vollbracht hatte. Welche Bedeutung hat das?
3. Jesus ist das Lamm Gottes, das Sünden »wegnimmt« (nicht bedeckt). Warum ist das so eine große Sache?
4. Hast du schon immer geglaubt, dass auch deine *zukünftigen* Sünden bereits vergeben sind? Warum oder warum nicht?
5. Reagiere auf diese Aussage: *Gott hat deine Schuld ausgelöscht. Du bist ihm nichts schuldig!*
6. Inwiefern regt die Botschaft der »Ein für alle Mal«-Vergebung dazu an, mit Jesus zu prahlen? Inwiefern könnte die Botschaft schlecht vermittelt werden, wenn wir uns nur auf das konzentrieren, was wir *nicht* tun müssen?
7. Warum hat Jesus im Vaterunser in Matthäus 6,14–15 eine bedingte Vergebung vorgestellt? Ist das die Vergebung, die du heute hast? Warum oder warum nicht?
8. In Jakobus 5,16 steht, dass wir einander unsere Sünden bekennen sollen. Geht es darum, mehr Vergebung von Gott zu bekommen? Wenn nicht, warum tust du es dann?
9. 1. Johannes 1,9 wird oft als das »Stück Seife« des Christen für die tägliche Reinigung durch Gott angepriesen. Warum ist das ein Irrtum? Warum gibt es in keinem anderen biblischen Brief eine Formel für die tägliche Reinigung?

Teil 8: Die perfekte Perspektive

1. Beschreibe, was du unter der »Kunst des Nichtstuns« verstanden hast.

2. Hast du dich schon einmal dabei ertappt, wie du eines der folgenden Dinge versucht hast:
   (1) Gott näher zu kommen, (2) Nach Vergebung und Reinigung zu streben, (3) dein Herz zu überwachen oder zu reparieren oder (4) mehr im christlichen Leben zu fühlen oder zu »erleben«? Falls ja, wie hat dir die Lektüre dieses Buches geholfen, all dies nicht mehr zu tun?
3. Welchen geistlichen Ablenkungen oder »Erfahrungshaschereien« bist du als Christ schon ausgesetzt gewesen? Warst du dafür empfänglich? Warum oder warum nicht?
4. Wurde dir jemals gesagt, dass du dir eine geistliche Wahrheit »aneignen« sollst? Hast du verstanden, was das bedeutet? Wie ist es gelaufen?
5. Wie unterscheidet sich deine »vertikale« Beziehung zu Gott von deiner »horizontalen« Beziehung zu anderen Menschen?
6. Hast du jemals gehört, dass man aus der Gemeinschaft mit Gott fallen kann? Glaubst du, dass das möglich ist? Warum oder warum nicht? Was ist falsch daran, menschliche Beziehungen (wie deine Ehe oder deine Elternschaft) anzuführen, um zu erklären, wie Gott mit uns umgeht?
7. Warum ist es wichtig, die beiden Arten der Heiligung (*du* vs. *dein Verhalten*) voneinander zu trennen und sie nicht zu einer »fortschreitenden Heiligung« deiner Person zu vereinen?

Teil 9: Der vollkommene Gott

1. Reagiere auf diese Aussage: *Du wirst Gott als nur so gut dir gegenüber erleben, wie du es ihm gegenüber bist.* Was ist falsch an dieser Darstellungsweise?
2. Unsere Theologie beeinflusst unsere Psychologie. Warum ist der Glaube an die Güte Gottes so wichtig dafür, wie wir über uns und andere denken?

3. Der 11. September 2001. Der Hurrikan Katrina. Das Coronavirus. Sind das Beispiele für Gottes Gericht über die Welt? Warum oder warum nicht? (Wenn nicht, woher kommen diese Katastrophen dann?)
4. Manche Menschen bestehen darauf, dass Gott für alles verantwortlich sei. Sonst sei er nicht wirklich souverän, behaupten sie. Was sind deine Gedanken? Kann Gott die Kontrolle haben, ohne tatsächlich alle wie Marionetten zu kontrollieren? Gibt es eine »größere« Sichtweise von Gottes Souveränität, die wir berücksichtigen müssen?
5. 2. Chronik 7,14 wird oft bei Katastrophen oder Pandemien zitiert. Darin wird Israel aufgefordert, zu beten, Gottes Angesicht zu suchen und sich von ihren bösen Wegen abzuwenden, dann werde Gott »ihr Land heilen«. Gilt dieses Konzept auch heute noch für uns? Ist Gott der Urheber von Katastrophen? Hat sich durch das Kreuz etwas geändert? Erkläre.
6. Warum scheint Gott im Alten Testament so anders zu sein als im Neuen Testament? Wenn Gott sich nicht verändert hat, was hat sich dann verändert?
7. Wie zeigt uns Jesus das Herz Gottes?
8. Welche Botschaften haben wir der Welt heute mitzuteilen? Was hält Gott von ihnen?
9. Wie ermöglicht uns das Wissen um die Güte Gottes, Gemeinschaften der Offenheit, Verletzlichkeit und Sicherheit entstehen zu lassen?

Teil 10: Lebe deine neue Identität aus

1. Warst du schon einmal versucht, andere Menschen in deinem Leben »in Ordnung zu bringen«? Was ist deiner Meinung nach das Mittel dagegen?

2. Wie hilft dir die Erkenntnis, dass die Sünde der gemeinsame Feind ist, in deinen Beziehungen, die Herzen der anderen klarer zu sehen?
3. Was, denkst du, bedeutet es für eine Person, wenn du ihr »keinen Druck machst« und ihr »Raum gibst«? Mit welcher Einstellung kannst du das für diese Person tun?
4. Das Fleisch will ständig, dass wir uns einmischen und die Probleme anderer Leute lösen. Wenn wir dem nachgeben, sind wir am Ende frustriert, desillusioniert oder sogar ausgebrannt. Hast du das auch schon erlebt? Wie lautet die Antwort, wenn du dein neues Ich kennst (das sich dem Fleisch widersetzt)?
5. Du hast wahrscheinlich schon oft gelesen, dass eine Ehefrau geliebt und geschätzt und ein Ehemann respektiert und geachtet werden sollte. Aber wie hilft dir die Herzenseinstellung deines neuen Ichs dabei, diese Bedürfnisse aus Gottes Gnade heraus zu erfüllen, anstatt sie durch Gesetzlichkeit erfüllen zu wollen?
6. In 1. Korinther 13 heißt es, dass die Liebe »alles glaubt«. Wie befähigt dich die Botschaft des neuen Herzens dazu, auch inmitten eines intensiven Gesprächs oder eines Konflikts das Beste über eine andere Person anzunehmen?
7. Nachdem du den Abschnitt darüber gelesen hast, wie du Menschen vergibst, die dich zutiefst verletzt haben, fällt dir jemand ein, der dich verletzt hat? Hast du dich entschieden, zu vergeben? Wenn nicht, überleg doch mal, ob du den Abschnitt noch einmal lesen und dir eine Auszeit nehmen möchtest, um diejenigen, die dich verletzt haben, von ihrer Schuld zu entbinden. (Denn genau das wünscht sich dein neues Herz!)

Ein Bibel-Leitfaden

Hier ist eine Gelegenheit, all das weiter zu feiern, was Gott im Neuen Testament über dein untadeliges Ich mit dem makellosen Herzen sagt. Viel Spaß!

Ich habe das Recht erhalten, Kind Gottes zu sein.	Joh 1,12
Ich bin wiedergeboren und kann das Reich Gottes sehen.	Joh 3,3
Ich werde nicht verlorengehen und habe ewiges Leben.	Joh 3,16
Ich glaube an Jesus und werde nicht verurteilt.	Joh 3,18
Ich muss nicht nach mehr von Jesus dürsten.	Joh 4,14
Ich bete den Vater im Geist und in der Wahrheit an.	Joh 4,23–24
Ich werde nicht ins Gericht kommen.	Joh 5,24
Ich bin vom Tod zum Leben hindurchgedrungen.	Joh 5,24
Ich muss nicht nach mehr hungern oder dürsten.	Joh 6,35
Jesus wird mich niemals verstoßen.	Joh 6,37
Jesus wird mich am letzten Tag auferwecken.	Joh 6,40
Aus meinem Inneren fließen Ströme lebendigen Wassers.	Joh 7,38
Ich habe das Licht des Lebens.	Joh 8,12
Ich kenne die Wahrheit, und sie macht mich frei.	Joh 8,32
Jesus hat mich wirklich frei gemacht.	Joh 8,36
Jesus kennt mich, und ich kenne ihn.	Joh 10,14
Ich kenne Jesus, und ich folge seiner Stimme.	Joh 10,27
Niemand wird mich aus der Hand Jesu reißen.	Joh 10,28
Jesus ist mein Auferstehungsleben. Ich werde niemals sterben	Joh 11,25–26
Ich bin ein Kind des Lichts geworden.	Joh 12,36
Der Beistand wird für immer bei mir sein.	Joh 14,16
Ich bin in Christus, und Christus ist in mir.	Joh 14,20
Der Heilige Geist wird mich alle Dinge lehren.	Joh 14,26
Ich bin eine Rebe, die im Weinstock (Jesus) bleibt.	Joh 15,5
Ich bin ein Freund Jesu.	Joh 15,15

Der Heilige Geist verkündigt mir die Dinge über Jesus.	Joh 16,14
Ich bin nicht von dieser Welt.	Joh 17,16
Ich bin im Vater und im Sohn.	Joh 17,21
Ich habe die Herrlichkeit Christi empfangen.	Joh 17,22
Gottes Liebe ist in mir.	Joh 17,26
Ich bin mit dem Heiligen Geist getauft worden.	Apg 1,5
Ich bin ein Zeuge für Jesus.	Apg 1,8
Ich habe den Namen des Herrn angerufen und wurde errettet.	Apg 2,21
Ich habe die Gabe des Heiligen Geistes empfangen.	Apg 2,38
Ich habe geglaubt und Vergebung der Sünden empfangen.	Apg 10,43
Ich habe mich von der Finsternis zum Licht bekehrt.	Apg 26,18
Ich habe Vergebung und ein Erbe empfangen.	Apg 26,18
Ich bin durch den Glauben an Jesus geheiligt worden.	Apg 26,18
Meine Sünden werden mir nicht angerechnet.	Röm 4,8
Ich habe Frieden mit Gott.	Röm 5,1
Die Liebe Gottes wurde in mein Herz ausgegossen.	Röm 5,5
Durch Jesus bin ich vor dem Zorn gerettet.	Röm 5,9
Ich bin durch das Leben Christi gerettet worden.	Röm 5,10
Ich habe einen Überfluss der Gnade empfangen.	Röm 5,17
Ich habe die Gabe der Gerechtigkeit empfangen.	Röm 5,17
Ich herrsche im Leben durch Jesus Christus.	Röm 5,17
Ich bin gerecht gemacht worden.	Röm 5,19
Ich bin der Sünde gestorben.	Röm 6,2
Ich wurde gekreuzigt und mit Christus begraben.	Röm 6,3–4
Ich wurde zu neuem Leben in ihm auferweckt.	Röm 6,4–5
Mein alter Mensch ist mit ihm gekreuzigt worden.	Röm 6,6
Ich bin gestorben und wurde von der Sünde befreit.	Röm 6,7
Ich bin der Sünde gestorben und lebe für Gott.	Röm 6,10–11
Ich bin nicht unter dem Gesetz, sondern unter der Gnade.	Röm 6,14
Ich bin von ganzem Herzen gehorsam geworden.	Röm 6,17
Ich bin ein Sklave der Gerechtigkeit.	Röm 6,18
Ich bin von der Sünde befreit worden.	Röm 6,22
Ich bin dem Gesetz gestorben.	Röm 7,4
Ich bin mit Jesus verbunden worden.	Röm 7,4

Ich diene im neuen Wesen des Geistes.	Röm 7,6
Für mich gibt es jetzt keine Verdammnis mehr.	Röm 8,1
Ich bin von Sünde und Tod befreit worden.	Röm 8,2
Das Gesetz ist in mir erfüllt worden.	Röm 8,4
Ich kann jetzt im Geist leben.	Röm 8,5
Ich kann mich jetzt auf den Geist ausrichten.	Röm 8,6
Ich bin nicht im Fleisch, sondern im Geist.	Röm 8,9
Mein Geist ist lebendig, weil ich gerecht bin.	Röm 8,10
Der Geist Gottes lebt in mir.	Röm 8,11
Ich bin ein Kind Gottes, das von seinem Geist geleitet wird.	Röm 8,14
Gott ist mein »Papa-Vater«.	Röm 8,15
Gottes Geist bezeugt mit meinem Geist.	Röm 8,16
Ich bin ein Miterbe Christi.	Röm 8,17
Mein Körper ist ein lebendiges und heiliges Opfer.	Röm 12,1
Gott erneuert meinen Verstand.	Röm 12,2
Ich bin in Christus geheiligt worden.	1Kor 1,2
Gott hat mich in die Gemeinschaft mit Jesus gerufen.	1Kor 1,9
Durch Gottes Wirken bin ich in Christus Jesus.	1Kor 1,30
Ich habe Christi Sinn.	1Kor 2,16
Ich bin ein Tempel Gottes.	1Kor 3,16
Ich gehöre zu Christus.	1Kor 3,23
Ich werde die Welt und die Engel richten.	1Kor 6,2–3
Ich wurde reingewaschen, geheiligt und gerechtfertigt.	1Kor 6,11
Mein Körper ist ein Glied Christi.	1Kor 6,15.19
Ich bin ein Geist mit dem Herrn.	1Kor 6,17
Ich bin um einen Preis erkauft worden.	1Kor 6,20
Ich liebe Gott, und er kennt mich.	1Kor 8,3
Ich bin genau so begabt, wie Gott mich haben will.	1Kor 12,11
Gott tröstet mich in all meiner Bedrängnis.	2Kor 1,4
Gott hat seinen Geist in mein Herz gegeben.	2Kor 1,22
Ich bin ein Wohlgeruch Christi für Gott.	2Kor 2,15
Meine Tüchtigkeit kommt von Gott.	2Kor 3,5
Ich bin ein Diener des neuen Bundes.	2Kor 3,6
Mein innerer Mensch wird erneuert.	2Kor 4,16

Gott hat mir den Geist als Unterpfand gegeben.	2Kor 5,5
Ich bin eine neue Schöpfung.	2Kor 5,17
Gott hat mich mit sich selbst versöhnt.	2Kor 5,18
Gott rechnet mir meine Sünden nicht an.	2Kor 5,19
Ich bin zur Gerechtigkeit Gottes geworden.	2Kor 5,21
Gottes Kraft wird in meiner Schwachheit vollendet.	2Kor 12,9
Jesus Christus ist in mir.	2Kor 13,5
Gott hat mich aus dieser bösen Welt gerettet.	Gal 1,4
Ich habe Freiheit in Christus Jesus.	Gal 2,4
Ich bin gerechtfertigt durch den Glauben an Christus Jesus.	Gal 2,16
Ich bin dem Gesetz gestorben. Ich lebe jetzt für Gott.	Gal 2,19
Ich bin mit Christus gekreuzigt worden.	Gal 2,20
Christus lebt in mir. Ich lebe im Glauben an ihn.	Gal 2,20
Ich habe durch Hören und Glauben den Geist empfangen.	Gal 3,2–3
Christus hat mich von dem Fluch des Gesetzes losgekauft.	Gal 3,13
Ich habe die Verheißung des Geistes empfangen.	Gal 3,14
Ich stehe nicht unter dem Gesetz als Lehrmeister.	Gal 3,25
Ich bin ein Kind Gottes durch den Glauben.	Gal 3,26
Ich wurde in Christus hineingetauft.	Gal 3,27
Ich habe mich mit Christus bekleidet.	Gal 3,27
Ich gehöre zu Christus.	Gal 3,28
Ich wurde als Kind Gottes angenommen.	Gal 4,5
Gott hat den Geist seines Sohnes in mein Herz gesandt.	Gal 4,6
Ich bin Kind und Erbe durch Gott.	Gal 4,7
Ich bin ein Kind der Verheißung.	Gal 4,28
Christus hat mich befreit.	Gal 5,1
Ich bin zur Freiheit berufen worden.	Gal 5,13
Mein Verlangen ist im Einklang mit dem Geist.	Gal 5,17
Ich werde vom Geist geleitet und stehe nicht unter dem Gesetz.	Gal 5,18
Ich lebe durch den Geist und kann im Geist wandeln.	Gal 5,25
Ich bin der Welt gekreuzigt worden.	Gal 6,14
Ich wandle nach der Richtschnur der neuen Schöpfung.	Gal 6,15–16
Ich bin mit allem geistlichen Segen gesegnet worden.	Eph 1,3
Ich bin heilig und untadelig vor Gott.	Eph 1,4

Gott hat mich mit Freude als sein Kind adoptiert.	Eph 1,5
Gott hat mir seine Gnade geschenkt.	Eph 1,6
In ihm habe ich Erlösung und Vergebung.	Eph 1,7
Gott hat mich mit dem Reichtum seiner Gnade überhäuft.	Eph 1,7–8
Ich habe ein Erbteil erhalten.	Eph 1,11
Ich wurde mit dem Heiligen Geist der Verheißung versiegelt.	Eph 1,13
Der Geist ist ein Pfand für mein Erbe.	Eph 1,14
Gott hat mich mit seiner großen Liebe geliebt.	Eph 2,4
Gott hat mich zusammen mit Christus lebendig gemacht.	Eph 2,5
Gott hat mich auferweckt und mich in Christus in den Himmel versetzt.	Eph 2,6
Ich habe das Geschenk der Erlösung aus Gnade durch den Glauben.	Eph 2,8
Ich bin Gottes Werk, geschaffen zu guten Werken.	Eph 2,10
Ich bin durch das Blut Christi nahe gebracht worden.	Eph 2,13
Ich habe durch den Geist Zugang zum Vater.	Eph 2,18
Ich bin ein Heiliger. Ich gehöre zu Gottes Haus.	Eph 2,19
Ich kann freimütig und zuversichtlich zu Gott kommen.	Eph 3,12
Gottes Kraft wirkt in mir.	Eph 3,20
Ich bin zu einem neuen Lebenswandel berufen worden.	Eph 4,1
Gottes Gnade ist mir zuteil geworden.	Eph 4,7
Ich wachse in allen Stücken zu ihm hin.	Eph 4,15
Christus lässt mich wachsen und baut mich in der Liebe auf.	Eph 4,15–16
Ich habe den alten Menschen abgelegt und den neuen Menschen angezogen.	Eph 4,22–24
Ich bin durch den Heiligen Geist für immer versiegelt.	Eph 4,30
Gott hat mir in Christus vergeben.	Eph 4,32
Christus hat mich geliebt und sich selbst für mich hingegeben.	Eph 5,2
Ich bin ein Kind des Lichts.	Eph 5,8
Ich bin geheiligt, gereinigt, heilig und untadelig.	Eph 5,26–27
Ich liebe Jesus mit einer unvergänglichen (unsterblichen) Liebe.	Eph 6,24
Gott hat ein gutes Werk in mir begonnen und wird es vollenden.	Phil 1,6
Für mich ist das Leben Christus und das Sterben ein Gewinn.	Phil 1,21
Gott bringt mich dazu, zu wollen und zu tun, was er will.	Phil 2,13

Ich bin ein untadeliges und unschuldiges Kind Gottes.	Phil 2,15
Ich setze kein Vertrauen in das Fleisch.	Phil 3,3
Ich habe die Gerechtigkeit aus Gott.	Phil 3,9
Ich bin vollkommen in Christus.	Phil 3,15
Mein Bürgerrecht ist im Himmel.	Phil 3,20
Christus macht mich stark und lässt mich alles bewältigen.	Phil 4,13
Mein Gott füllt allen meinen Mangel aus.	Phil 4,19
Der Vater hat mich befähigt, an einem Erbe teilzuhaben.	Kol 1,12
Gott hat mich aus der Finsternis gerettet.	Kol 1,13
Gott hat mich ins Reich von Jesus versetzt.	Kol 1,13
Ich habe Erlösung und Vergebung in Christus.	Kol 1,14
Ich bin im Leib Christi versöhnt worden.	Kol 1,22
Ich bin heilig und tadellos vor Gott.	Kol 1,22
Christus in mir ist meine Hoffnung der Herrlichkeit.	Kol. 1,27
Gottes Kraft wirkt mächtig in mir.	Kol 1,29
Ich werde jetzt in Christus erbaut.	Kol 2,7
Ich bin in Christus zur Fülle gebracht.	Kol 2,10
Ich bin mit Christus begraben und auferweckt worden.	Kol 2,12
Gott hat mich zusammen mit Christus lebendig gemacht.	Kol 2,13
Gott hat mir alle meine Sünden vergeben.	Kol 2,13
Gott hat meine Schuld getilgt.	Kol 2,14
Ich bin mit Christus den Grundsätzen dieser Welt gestorben.	Kol 2,20
Religiöse Regeln haben keinen Wert für mich.	Kol 2,21–23
Ich bin mit Christus auferweckt worden.	Kol 3,1
Mein Leben ist mit Christus in Gott verborgen.	Kol 3,3
Christus ist mein Leben. Ich werde mit ihm in Herrlichkeit offenbart werden.	Kol 3,4
Ich habe den alten Menschen mit seinen bösen Gewohnheiten abgelegt.	Kol 3,9
Ich habe den neuen Menschen angezogen.	Kol 3,10
Ich werde erneuert, um Gott wirklich zu erkennen.	Kol 3,10
Ich bin von Gott erwählt, heilig und geliebt.	Kol 3,12
Gott hat mir vergeben (Vergangenheitsform).	Kol 3,13
Ich werde als Lohn das Erbe erhalten.	Kol 3,24

Jesus hat mich vor dem kommenden Zorn gerettet.	1Thess 1,10
Gott hat mich in sein Reich und seine Herrlichkeit berufen.	1Thess 1,12
Mein Herz wird bei der Wiederkunft Christi ohne Tadel sein.	1Thess 3,13
Gott hat mich zur Reinheit berufen.	1Thess 4,7
Ich bin ein Kind des Lichts und ein Kind des Tages.	1Thess 5,5
Ich werde bei der Ankunft Christi vollkommen und untadelig sein.	1Thess 5,23
Gott ist mir treu.	1Thess 5,24
Ich bin durch das Evangelium berufen worden.	2Thess 2,14
Gott hat mir ewigen Trost und Hoffnung gegeben.	2Thess 2,16
Der Herr wird mich vor dem Bösen beschützen.	2Thess 3,3
Das Gesetz ist nicht für mich gemacht. Ich bin gerecht.	1Tim 1,9
Christus Jesus hat sich selbst als Lösegeld für mich gegeben.	1Tim 2,6
Gott hat mir einen Geist der Kraft, der Liebe und der Besonnenheit gegeben.	2Tim 1,7
Der Herr hat mich gerettet und mich mit einer heiligen Berufung berufen.	2Tim 1,9
Der Heilige Geist wohnt in mir.	2Tim 1,13
Wenn ich untreu bin, bleibt Christus mir trotzdem treu.	2Tim 2,13
Der Herr kennt mich, und ich bin sein.	2Tim 2,19
Der Herr wird mir die Krone der Gerechtigkeit überreichen.	2Tim 4,8
Gott, der nicht lügen kann, hat mir ewiges Leben versprochen.	Tit 1,2
Ich bin rein, und alles ist mir rein.	Tit 1,15
Die Gnade Gottes erzieht mich, Nein zur Sünde zu sagen.	Tit 2,11–12
Gott hat mich erlöst und mich für sich selbst gereinigt.	Tit 2,14
Gott hat mich errettet, gewaschen und erneuert.	Tit 3,5
Gott hat den Heiligen Geist reichlich über mich ausgegossen.	Tit 3,6
Ich bin gerechtfertigt und zum Erben des ewigen Lebens gemacht worden.	Tit 3,7
Gott spricht zu mir durch die Botschaft von Jesus.	Hebr 1,2
Jesus hat mich einmalig von der Sünde gereinigt und sich dann hingesetzt.	Hebr 1,3
Jesus ist der Urheber meiner Errettung.	Hebr 2,10
Ich bin geheiligt.	Hebr 2,11
Jesus und ich haben denselben Vater.	Hebr 2,11

Jesus schämt sich nicht, mich seinen Bruder/seine Schwester zu nennen.	Hebr 2,11
Jesus kommt mir zu Hilfe, wenn ich in Versuchung gerate.	Hebr 2,18
Ich bin heilig und habe Anteil an einer himmlischen Berufung.	Hebr 3,1
Ich bin ein Teilhaber des Christus.	Hebr 3,14
Ich habe geglaubt und bin in Gottes Ruhe eingegangen.	Hebr 4,3
Ich kann mit Zuversicht vor Gottes Thron treten.	Hebr 4,16
Jesus ist meine Quelle des ewigen Heils.	Hebr 5,9
Ich bin in einem guten Zustand und mir ist die Errettung sicher.	Hebr 6,9
Zwei unveränderliche Dinge (Gott und Gott) verankern meine Seele.	Hebr 6,18–19
Jesus betrat das Heiligtum als Vorläufer für mich.	Hebr 6,20
Das Gesetz ist schwach, nutzlos und für mich aufgehoben.	Hebr 7,18
Ich nähere mich Gott durch Jesus, meinen Priester.	Hebr 7,19
Jesus ist meine Garantie für einen neuen und besseren Bund.	Hebr 7,22
Jesus rettet mich für immer, denn er lebt immer.	Hebr 7,25
Gott hat seine Gesetze (Wünsche) in mein Herz und meinen Sinn gelegt.	Hebr 8,10
Ich kenne Gott jetzt intuitiv.	Hebr 8,11
Gott denkt nicht mehr an meine Sünden.	Hebr 8,12
Das Blut von Christus hat mein Gewissen gereinigt.	Hebr 9,14
Ich habe die Verheißung des ewigen Erbes erhalten.	Hebr 9,15
Christus hat einmal gelitten, um meine Sünden für immer wegzunehmen.	Hebr 9,26
Christus wird wiederkommen, um mich ohne Verweis auf Sünde zu retten.	Hebr 9,28
Ich bin ein für alle Mal geheiligt worden.	Hebr 10,10
Christus hat sich hingesetzt, nachdem er ein Opfer für meine Sünden dargebracht hat.	Hebr 10,12
Durch ein einziges Opfer hat Christus mich für alle Zeiten vollkommen gemacht.	Hebr 10,14
Der Heilige Geist denkt nicht mehr an meine Sünden.	Hebr 10,17
Mir ist vergeben und ich brauche kein Opfer mehr.	Hebr 10,18
Durch das Blut Jesu kann ich getrost ins Heiligtum eintreten.	Hebr 10,19
Ich kann mich ihm mit wahrhaftigem Herzen und voller Zuversicht nähern.	Hebr 10,22

Das Blut des Bundes hat mich geheiligt.	Hebr 10,29
Ich schrecke nicht zurück; ich habe Glauben und werde bewahrt.	Hebr 10,39
Durch Glauben gefalle ich Gott.	Hebr 11,6
Ich habe etwas Besseres als das Leben gemäß dem Alten Testament.	Hebr 11,40
Jesus ist der Urheber und Vollender meines Glaubens.	Hebr 12,2
Ich werde von meinem Vater zu meinem Besten erzogen.	Hebr 12,7–11
Es ist gut für mein Herz, durch die Gnade gestärkt zu werden.	Hebr 13,9
Gott rüstet mich zu allem Guten aus, um seinen Willen zu tun.	Hebr 13,21
Gott wirkt in mir, was ihm wohlgefällig ist.	Hebr 13,21
Ich werde die Krone des Lebens empfangen.	Jak 1,12
Gottes Wort ist in mir eingepflanzt.	Jak 1,21
Ich glaube Gott und ich bin sein Freund.	Jak 2,23
Ich bin gerecht und mein Gebet ist wirksam.	Jak 5,16
Ich bin wiedergeboren zu einer lebendigen Hoffnung.	1Petr 1,3
Ich habe ein Erbe im Himmel.	1Petr 1,4
Meine Rettung ist durch die Kraft Gottes geschützt.	1Petr 1,5
Meine Seele ist errettet.	1Petr 1,9
Ich bin ein Kind des Gehorsams.	1Petr 1,14
Ich bin durch das Blut Jesu erlöst.	1Petr 1,18–19
Meine Seele ist rein und ich kann von Herzen lieben.	1Petr 1,22
Ich bin aus unvergänglichem Samen wiedergeboren.	1 Petr 1,23
Ich bin Teil einer heiligen Priesterschaft.	1Petr 2,5
Ich bin Gottes Eigentum.	1Petr 2,9
Ich bin Gast und Fremdling in dieser Welt.	1Petr 2,11
Ich bin frei als Sklave Gottes.	1Petr 2,16
Ich bin wertvoll in seinen Augen.	1Petr 3,4
Ich habe durch Gottes Gnade eine besondere Gabe erhalten.	1Petr 4,10
Gott sorgt für mich.	1Petr 5,7
Gott macht mich vollkommen, stärkt und kräftigt mich.	1Petr 5,10
Ich habe Anteil an der göttlichen Natur.	2Petr 1,4
Ich bin von Sünden gereinigt.	2Petr 1,9
Ich bin berufen und auserwählt.	2Petr 1,10
Ich bin von aller Ungerechtigkeit gereinigt.	1Joh 1,9

Ich habe einen Beistand und Fürsprecher beim Vater.	1Joh 2,1
Gottes Liebe ist in mir vollendet.	1Joh 2,5
Um seines Namens willen sind mir meine Sünden vergeben.	1Joh 2,12
Ich habe eine Salbung von Gott.	1Joh 2,20
Der Heilige Geist ist mein Lehrmeister.	1Joh 2,27
Ich bin aus ihm geboren und bin gerecht.	1Joh 2,29
Der Vater liebt mich und nennt mich sein Kind.	1Joh 3,1
Ich bin aus Gott geboren und übe Gerechtigkeit.	1Joh 3,9
Ich bin vom Tod zum Leben hinübergegangen.	1Joh 3,14
Ich habe Gottes Geist, und ich bleibe in ihm.	1Joh 3,24
Größer ist der, der in mir ist, als der in der Welt.	1Joh 4,4
Ich bin aus Gott.	1Joh 4,6
Ich liebe, weil ich aus Gott geboren bin.	1Joh 4,7
Ich bin von Gott geliebt und ich lebe durch ihn.	1Joh 4,9
Gott wohnt in mir, und seine Liebe ist in mir vollendet.	1Joh 4,12
Ich bleibe in ihm, und er bleibt in mir.	1Joh 4,13
Ich darf Zuversicht haben am Tag des Gerichts.	1Joh 4,17
Ich liebe, weil er mich zuerst geliebt hat.	1Joh 4,19
Durch den Glauben an ihn habe ich die Welt überwunden.	1Joh 5,4–5
Ich habe ewiges Leben, und dieses Leben ist Jesus.	1Joh 5,11–12
Gott erhört meine Gebete.	1Joh 5,14
Der Böse kann mir nichts anhaben.	1Joh 5,18
Die Wahrheit bleibt für immer in mir.	2Joh 1,2
Ich habe den Vater und den Sohn.	2Joh 1,9
Ich bin aus Gott und tue das Gute.	3Joh 1,11
Ich bin für Jesus Christus bewahrt.	Jud 1,1
Ich werde vor Gott stehen, untadelig und mit großer Freude.	Jud 1,24
Ich bin ein Priester in Gottes Reich.	Offb 1,6
Mein Name wird nie aus dem Buch des Lebens gelöscht werden.	Offb 3,5
Ich werde mit Jesus auf seinem Thron sitzen.	Offb 3,21
Ich bin berufen, auserwählt und treu.	Offb 17,14
Ich bin zum Hochzeitsmahl des Lammes eingeladen.	Offb 19,9
Ich werde für immer mit ihm herrschen.	Offb 22,5

Das nackte Evangelium

In diesem Buch geht es um die Wahrheit des Evangeliums, die du so in vielen Kirchen und Gemeinden vielleicht niemals zu hören bekommst. Kapitel für Kapitel entlarvt Andrew Farley fromme Floskeln und scheinheilige theologische Konstrukte, die gut klingen mögen, aber den Menschen unnötige, falsche Lasten aufbürden.

Farleys Botschaft ist simpel – aber lebensverändernd. In klarer, leicht verständlicher Weise zeigt er, wie das nackte, ursprüngliche Evangelium von Jesus Christus vieles von dem in Frage stellt, was heute landläufig als typisch christlich gilt. Plötzlich erscheint so manche Bibelstelle in ganz anderem Licht und vieles, was dabei bislang undurchschaubar und bedrückend schien, entpuppt sich in Wahrheit als befreiend und ermutigend.

Gott ohne Religion

Viele Christen kämpfen damit, Gnade und Gebote unter einen Hut zu bekommen. Angst, Leistungsdruck und ein immerwährendes schlechtes Gewissen sind die Folge. Das Leben wird zum Krampf. Doch so muss es nicht sein. Andrew Farley zeigt anhand des Neuen Testaments, dass für Christen das Einhalten von Regeln, Gesetzen und Geboten überhaupt kein Thema mehr ist. Paulus hatte nicht die Zehn Gebote unterm Arm, als er in Kleinasien und Griechenland das Evangelium verkündet hat. Wer Jesus Christus vertraut und ihm nachfolgt, für den hat »das Gesetz« keinerlei Gültigkeit mehr. Christen können stattdessen, so Farleys ermutigende Botschaft, ein Leben der Freiheit führen – aus der Gnade Gottes heraus.

Erlebe den Himmel

Wie wäre es, wenn wir den Himmel schon jetzt erleben könnten?

Bestseller-Autor Andrew Farley zeigt uns, wie man ungeachtet aller Umstände die Schönheit des Himmels wahrnehmen kann. Mit einem tiefen Verständnis für die Realität schmerz- und leidvoller Erfahrungen macht Andrew deutlich, dass der Himmel keine leere Versprechung für eine ferne Zukunft, sondern sehr real und im Hier und Jetzt erlebbar ist. Er erklärt, wie wir unsere fünf geistlichen Sinne wecken, um so die Gnade des Himmels sehen, hören, riechen, schmecken und fühlen zu können – trotz aller Probleme, die uns im Alltag begegnen. Dieser Himmel, den wir als Kinder Gottes schon heute in uns tragen, ist sicher vor dem Zugriff der Welt, doch für uns ist er in greifbarer Nähe.

Entspanne dich mit Gott

Jesus kam nicht, damit du mehr tust oder härter arbeitest. Er kam, um dir *Ruhe* zu geben!

Jesus ruft uns auf, das schwere Joch um unseren Hals gegen etwas zu tauschen, von dem er sagte, es sei »sanft« und »leicht«. Warum fühlen sich dann so viele Christen niedergedrückt und ausgebrannt? Die einfache Antwort lautet: Weil uns ständig gesagt wird, dass wir für Gott »mehr tun« und »mehr sein« sein sollten.

Bestsellerautor Andrew Farley nennt es das, was es ist – eine auf Werken beruhende Religion –, und konfrontiert uns mit einem scheinbaren Widerspruch: Gute Werke entspringen geistlicher Ruhe. Wenn du also echte Befreiung von den erdrückenden Erwartungen erleben möchtest, mit denen die Welt – und die Gemeinde – dir oftmals das Leben schwer macht, findest du in dieser überraschenden Botschaft eine anhaltende Hoffnung.

Seine Herrlichkeit heilt meinen Schmerz

Bist du bereit zu entdecken, wie Jesus der Heiler deiner Wunden sein kann?

Furcht. Scham. Einsamkeit. Eine zerrüttete Familie. Wir alle leiden, und wir alle brauchen Heilung. Wir wissen nur nicht, wo sie zu finden ist. Dieses Buch zeigt dir, wie Jesus unsere Herzen nehmen und sie wieder zum Leben erwecken kann. Wie die Gnade für immer Einzug hält und dass da jemand ist, der alle unsere Narben versteht.

Christus wird alles *für dich* tun. Er wird alles *in dir* tun. Er wird alles *durch dich* tun.